微信扫描二维码,获取本书教学资源

悦纳·完善·成长

大学生心理健康教育

第2版

YUENA · WANSHAN · CHENGZHANG
DAXUESHENG XINLI JIANKANG JIAOYU

主　编　胡　晓
副主编　黄晓梅　韦　敏　吴康妮
编　委　（以姓氏笔画排序）
朱　琳　杨　化　张艳娣　欧阳含璐
罗丽琳　金家新　谢明星

西南大学出版社
国家一级出版社　全国百佳图书出版单位

图书在版编目(CIP)数据

悦纳·完善·成长：大学生心理健康教育 / 胡晓主编. —2版. —重庆：西南师范大学出版社，2019.8
ISBN 978-7-5621-9899-4

Ⅰ. ①悦… Ⅱ. ①胡… Ⅲ. ①大学生—心理健康—健康教育—高等学校—教材 Ⅳ. ①G444

中国版本图书馆 CIP 数据核字(2019)第 168696 号

悦纳·完善·成长——大学生心理健康教育(第 2 版)
主　编：胡　晓
副主编：黄晓梅　韦　敏　吴康妮

责任编辑：郑先俐
责任校对：雷　兮
封面设计：千　寻
排　　版：张　祥
出版发行：西南大学出版社（原西南师范大学出版社）
地址：重庆市北碚区天生路 2 号
邮编：400715　市场营销部电话：023-68868624
网址：http://www.xdcbs.com
经　　销：新华书店
印　　刷：重庆紫石东南印务有限公司
成品尺寸：185mm×260mm
印　　张：16.5
字　　数：381 千字
版　　次：2019 年 8 月　第 2 版
印　　次：2024 年 7 月　第 6 次印刷
书　　号：ISBN 978-7-5621-9899-4

定　　价：48.00 元

前　言

当前，随着社会转型的加剧和个体多元价值的呈现，大学生面临的问题愈来愈复杂，既有传统难题的困惑，亦有新生问题催生的焦灼，如何维护大学生的心理健康成为实践“立德树人”根本目标进程中的重要议题。党的二十大报告特别强调“重视心理健康和精神卫生”，这充分体现了党中央对人民健康的高度重视，也对改进和加强大学生心理健康教育工作提供了根本遵循。2023 年 4 月，教育部等十七部门联合印发了《全面加强和改进新时代学生心理健康工作专项行动计划(2023—2025 年)》。该计划是对党的二十大精神的具体落实，也为加强新时代大学生心理健康工作的教师培养、教材编写、课程建设等方面提供了新思路。

基于时代背景和现实考量，西南政法大学心理健康教育工作团队，立足本职，结合实际，整合学校心理健康教育的骨干力量，将经验素材与心理理论相结合，于 2017 年编纂成书，并于 2019 年、2021 年根据教材使用过程存在的问题、“00 后”大学生的特点以及最新的行业规范对教材进行了修订，增加了大学生创业心理、危机预防与干预、网络依赖心理等几个方面的内容，力求对大学生针对性地解决心理问题发挥指导性意义。

本教材体例新颖，特色突出。

在编写理念层面，教材以学生为本，人性化特色明显。本书突破了以著书者为中心的传统编写思维，在编写过程中以大学生面临的普遍性心理问题为导向，同时关注新生性、差异性、个体性因素的影响；注重听取和吸收学生意见，强化教材的可接受性和认同度；注意设计参与环节，尊重学生的教育主体地位，力求提升教育效果。

在体例结构层面，本书内容丰富，板块多元新颖。教材共分为 12 章，涵盖大学生心理健康教育层面的主要问题，层次鲜明，要点突出。本书在普及知识之外，增设“心理百草园”“心理活动方案”“心理测评”板块。这样既能够拓宽学生视野，强化学习积极性，又能促进师生互动，有针对性地识别自身问题，促进教学的实践转化，增强育人效果。这有益于为教学方式的创新提供探索的场域，增强大学生自我疏解心理问题的能力。

在实践运用层面，教材贴近生活，易于学生掌握。在本书的编写过程中，编写团队注重与学校相关现实案例的结合，部分素材来源于西南政法大学学生面临或经历的现实问题，教材的诠释具有较强的指导意义。“心理活动方案”的实践教学也会提升学生参与课程的积极性，增强课堂的活力。

在编纂团队层面，本书的编写者实践经验丰富，务实性较强。参与本书撰写的人员均是来自高校心理健康中心的专、兼职教师或学院一线心理工作教师，有丰富的心理健康教学、心理咨询和干预处置心理危机案例的丰富经验，教材编写贴近工作实际，有利于保证教材的适用性。

本教材是高校一线心理教育工作者经验与智慧的结晶，是关于当代大学生面临的心理问题的现实写照与详细分析，对大学生心理健康工作具有较强的指导意义。

在本书编写过程中，编写团队参阅和借鉴了大量国内外相关文献和研究成果，书中已尽量列出，若有疏忽和遗漏之处，在此一并表示歉意和感谢！

目 录

第一章

幸福人生的基石

——大学生心理健康导论

今天，我们经过“万人过独木舟”的高考，走进了梦寐以求的高等学府，此时此刻，大部分人或许会认为这就是人生的成功，以后就不需要太多的努力和改变。殊不知，考上大学只是表明前面十几年的学习与付出得到了学校的肯定，而后面的大学之路，仍然需要风雨兼程、不断修炼。

心理学家乔治·斯格密曾经说过：“如果说人生的成功是珍藏在宝塔顶层的桂冠，那么，健康的心理就是握在我们手中的一柄利剑，只有磨砺好这柄利剑，才能一路披荆斩棘，最终夺取成功的桂冠。”因此，我们在大学阶段面临的一个重要且艰巨的发展任务正是追根溯源，探索自我的内心世界和人性的本质，使心理日益成熟，成为一个心理健康的成年人。那么，什么是心理？什么是心理健康？怎样才能做一名心理健康的大学生？接下来希望我们可以在轻松的心境下，听听故事，悟悟人生，为心灵打开尘封的锁，给心灵找个歇脚的地方，从而体味超越自我的美好人生。

第一节　打开心理的神秘之门

案例导入

张某是某高校大三在读学生，从小对教师这个职业比较崇拜，想报考师范类院校，因高考填报志愿时，家长觉得师范类专业就业前景不太好，她最终听从家人意见选择了现在的专业和学校。入校后，她总觉得是父母给她选择的专业，就有抵触情绪，经常逃课，也不积极参加社会实践活动，长期沉迷于电视剧、网络，还有多门课程考试不及格。前不久，她突然间发现自己对目前的专业和学校还是比较喜欢的，想要毕业后有一番作为。但是她也发现自己的专业基础基本是零，马上要面临多门课程的重修以及接下来的司法考试，很是焦急，常常失眠。张某更是责备自己不听家长的意见，心中虽有些后悔，但表面上还不肯承认。还有几个月就要参加司法考试了，她感到希望渺茫，对生活中的一些事情也打不起精神，听课时注意力不集中，复习时也常常什么都记不住，因此找到心理咨询师求助。

像张某这样的问题，是心理问题吗？心理咨询师能帮到她吗？要想寻找答案，我们首先要认识一下人的心理活动，打开心理的神秘之门。

一、心理的实质

1.“心理”不是“心里”

提到心理和心理学，大部分人会觉得玄妙与神秘，认为懂心理学或学心理学的人“一定知道别人心里在想什么”。实际上，“心理”不是“心里”，“心理学”也不是“心里学”，哪怕是一位杰出的心理学家，也未必能对一个人“正在想什么”了如指掌。

《汉语大词典》中对“心理”的解释是：心中包含的情理，思想感情；我国古代哲学名词；心理学名词，感觉、知觉、记忆、思维、情感等内心活动的总称，是客观事物在头脑中的反映。人的心理是心理发展的最高阶段，是在劳动和语言的影响下产生和发展起来的，与动物心理有本质的区别。《汉语大词典》中对“心里”的解释是：胸膛里面；思想里，头脑里；犹心中。从两个词的语义分析可以明显看出两者的不同。

2.心理是脑的机能

人们曾经认为心脏是产生心理活动的器官。汉字“思”“念”“想”等均与心脏有关。孟轲说：“心之官则思，思则得之，不思则不得也。”亚里士多德也提出心脏是思想和感觉的器官。

1863 年，俄国著名生理学家谢切诺夫在其著作《脑的反射》一书中，把脑的全部活动解释为对事物的反射。此后，苏联著名生理学家巴甫洛夫提出的高级神经活动学说，进一步科学地揭示了心理活动的脑机制，正式开启了心理是脑的机能的研究历程。其实，在日常生活中，我们也会发现脑是心理活动的器官。例如，当我们在睡眠时，心脏活动与清醒时并无多大差别，但精神状态与清醒时大不一样；当我们在运动或登台表演时，心脏活动的频率会大幅增加，心率变化如此相似，但两者的心理活动状态却迥异。临床证据也表明，一个心脏机能正常的人，如果大脑受到损伤，心理活动就会部分或全部丧失，如植物人。

心理是脑的机能，脑是人体的中枢神经系统，是思想活动的摇篮，是人体的最高“司令部”，我们的一切生理活动，从心脏跳动、消化液分泌到复杂的思维、紧张的劳动，都由脑指挥。

3.心理是对客观现实的主观反映

心理是人脑对客观现实的主观反映，人的心理是客观的也是主观的，反映的对象是客观存在的现实，而反映本身是一个积极的主观能动过程。

列宁说：“没有被反映者，就不能有反映。”人的一切心理活动都是以客观现实中的事物为源泉的。在客观现实中，社会现实对人的心理形成起了决定性的作用。人之所以为人，是因为人生活在人类的社会现实中，生活在一定的社会制度、社会文化、社会风尚以及各种各样的社会关系之中。人一旦离开了人类社会，其心理的发展也就无从谈起。人们曾经发现多例与野兽生活在一起的人类的后代，他们的心理活动方式与野兽无异，“狼孩”卡玛拉就是其中一例。幼年时脱离人类的社会现实不能形成正常人的心理，即使是成年人长期脱离社会现实也会导致已经发展起来的心理水平下降。大学校园里沉迷于网络的学生，他们将自己与现实生活相隔离，长期生活在网络的虚拟世界中，以致其社会功能和适应能力下降，心理健康状况令人担忧。

二、心理活动的表现形式

心理活动是脑的机能，心理活动的表现形式是心理现象。心理现象一般是指个人在社会活动中通过亲身经历和体验表现出的情感和意志等活动。一般而言，心理现象可以分为心理过程与心理个性两类。

1.心理过程

人们在活动的时候，通过各种感官认识外部世界，通过头脑的活动思考着事物的因果关系，并伴随着喜、怒、哀、乐等情感体验。这折射着一系列心理现象的整个过程即心理过程。心理过程按其性质可分为三个方面，即认知过程、情感过程和意志过程，简称知、情、意。简单来说，当外界事物作用于人的感觉器官的时候，人们总要认识它，在认识它的同时，人们又会产生对它的态度，由此引发情绪活动。在这一系列的活动过程中，感觉、知觉、想象、记忆、思维等统称为人的认知过程；对客观事物的态度如高兴还是不高兴、满意还是不满意、喜欢还是厌恶等属于人的情感过程；对满意的事物就维护，对不满意的事物就破坏属于意志过程。这就是人的认知、情绪和情感、意志活动，它们是结合成为一体的。

2.心理个性

每个人的心理过程都会表现出他个人的特点，构成他独特的心理面貌，这就是他的心理个性，即他的个性倾向性、个性心理特征和自我意识。此外，在社会生活及与人交往中，人的心理活动又具体表现为动机、态度、人格、群体意识、大众心理等社会心理现象。可以这样说，人的心理现象是世界万事万物中最为奇妙、最为复杂的现象。心理健康教育无异于引导大学生探索人类的心理万象，解读自己的心灵密码，构建未来的心灵大厦。

三、心理健康的概念与标准

1.心理健康的概念

案例链接

李某是某高校大二学生，学习成绩在班上名列前茅，但是他非常自卑，经常看不起自己，在公开场合不敢发言，尤其是跟陌生人或者不熟悉的同学谈话就会脸红得厉害，不知道讲什么好。虽然他尝试过改变现状，但效果一直不是很明显。他内心非常苦恼，特别羡慕那些在任何场合都能侃侃而谈的人。入校两年来，除了同宿舍的人，他跟其他同学基本上没有什么交流。李某非常担心这种情况继续下去，毕业后无法适应社会，但是自己却无力改变。慢慢地，他与同学的交流越来越少，内心也越来越矛盾与苦闷，最后来到心理健康中心求助。

说起健康，人们关注的焦点总是与生命息息相关的生理健康，却往往忽视了一个人的内在健康——心理健康。就像案例中的李某，从生理上来说，没有什么疾病，但是该生由社会适应挫折所引发的心理问题，却导致其无法像正常人一样与同学们进行沟通、交往、和谐相处。由此可见，心理健康对于我们来说尤为重要。

1946 年，第三届国际心理卫生大会将“心理健康”定义为：“心理健康是指在身体、智能以及情感上，在与他人的心理健康不相矛盾的范围内，将个人心境发展成最佳的状态。”

1989 年，联合国世界卫生组织（WHO）对健康下了定义，即“健康不仅是没有疾病，而且包括躯体健康、心理健康、社会适应良好和道德健康”。

精神病学家孟尼格尔认为：“心理健康是指人们对于环境及相互之间具有最高效率以及快乐的适应情况。心理健康者应能保持平静的情绪，有敏锐的智能、适合于社会环境的行为和令人愉快的气质。”

心理学家英格里斯指出：“心理健康是指一种持续的心理情况，当事者在那种情况下能进行良好的适应，具有生命力，并能充分发展其身心的潜能。这是一种积极的丰富的情况，而不仅仅是免于心理疾病。”

虽然人们所站的角度不同，对心理健康的理解也有一定的差异，但都同时指出了心理健康要兼顾三方面的意义，即生理、心理和社会行为方面的意义。

从生理上看，一个心理健康的人，其身体状况，特别是中枢神经系统应当是健康的。心理是脑的机能，拥有健全的大脑，我们才具备心理健康的基础，个人的情感、意识、认知和行为才能正常运作。

从心理上看，心理健康的人不仅各种心理功能系统正常，而且对自我通常持有肯定的态度，有自知之明，清楚自己的潜能、长处和缺点，并发展自我。现实中的自我既能顾及生理需求，又能顾及社会道德的要求，还能面对现实问题，积极调适，具有良好的情绪感受和心理适应能力。

从社会行为上看，心理健康的人能有效地适应社会环境，妥善地处理人际关系，其行为符合生活环境中文化的常规模式而不离奇古怪；角色扮演符合社会要求，与社会保持良好的接触，且能对社会有所贡献。

2.大学生心理健康的标准

由于文化差异和个体差异的存在，国内外学者对于心理健康的标准众说纷纭、莫衷一是。清华大学的樊富珉教授针对我国大学生的实际情况提出了我国大学生的七大心理健康标准。

(1)能保持对学习较浓厚的兴趣和求知欲望

学习是大学生活的主要内容，心理健康的学生首先在生理上应该具有正常的智力(智商中等以上)；在学习动机上，学习目标明确，求知欲望强烈，乐于学习和工作；在学习方法和效率上，能有意识地培养自身的学习技巧，能根据学习内容迅速转换学习方法，学习效率高，学习成绩稳定；在学习意志品质上，他们能够克服学习中的困难，制订并执行明确的学习计划，反思自身的不足，并不断改正进步。

(2)能保持正确的自我意识，接纳自我

自我意识是人格的核心，指人对自己以及自己与周围世界关系的认识和体验。心理健康的大学生的自我意识应当恰当而清晰，能够正确地认识、了解和悦纳自己，既不目空一切，也不妄自菲薄，对自己的长处、优点以及短处、缺点等都有恰如其分的认识，并有意识地不断改正缺点、发扬优点，对于自己的一些不可改变的缺陷(如身材矮小、长相丑陋、肤色不美等)也能够接纳。

(3)能协调与控制情绪，保持良好的心境

情绪会影响人的健康，影响人的工作效率，影响人际关系。心理健康的学生应当是情绪协调的人，他们心情愉快，情绪稳定，心态积极，快乐有度，悲伤有制；喜不狂，忧不绝，胜不骄，败不馁。

(4)能保持和谐的人际关系，乐于交往

人际关系状况最能体现和反映人的心理健康状况，心理健康的大学生应当有自己的知心朋友，能够建立良好的人际关系，乐于与人交往、沟通和合作，乐于帮助他人；在人际交往中能够掌握基本的交际和沟通技巧，具有宽容、信任、友爱、诚恳、谦虚、尊敬、忍让等良好性格特征。

(5)能保持完整统一的人格品质

人格是指人的整体精神面貌,人格完整是指人格构成要素的气质、能力、性格和理想、信念、人生观等各方面平衡发展。心理健康的大学生应当心胸坦荡、言行一致、表里如一,有明确的人生观和世界观,并以之为中心把自己的需要、兴趣、动机、愿望、理想等统一起来。他们有强烈的社会责任感,注重培养自己的优良品格。

(6)能保持良好的环境适应能力

环境适应能力包括正确认识环境及处理个人和环境的关系的能力。心理健康的学生在环境改变时能面对现实,对环境做出客观的认识和评价,使个人行为符合新环境的要求,能和社会保持良好的接触,能及时修正自己的需要和愿望,使自己的思想、行为和社会协调一致。

(7)心理行为符合年龄特征

在人的一生中,不同的年龄阶段有不同的心理特征和行为表现。同时,男女两性在社会生活中也有相应的性别角色特征。一个心理健康的人,其心理特征和行为表现必须符合其相应的年龄特点和性别特征。

从上面可以看出,人的心理健康是指一种持续的、积极的心理状态。个体在这种状态下,能够很好地适应环境,生命具有活力,能充分发挥身心潜能。其实,人的心理健康与不健康并无明显的界限。首先,它是一个连续性的过程。如果将健康比作白色,将不健康比作黑色,那么八成左右的人会处在白色与黑色之间的一个巨大的灰色缓冲区域——亚健康。其次,它也是一个动态的过程。随着学生的成长或生活突发事件的产生,心理健康和不健康可以相互进行转化。

对于多数大学生而言,在人生的发展过程中面临心理问题是正常的,心理健康的标准只是一种理想尺度,它一方面为人们提供了衡量心理是否健康的标准,另一方面也为人们指出了提高心理健康水平的努力方向。只有正确地认识和识别心理健康的表现,掌握调控心理的方法,提高自我保健意识,及时调整自身心理状态,才能够长久地保持健康快乐的生活状态,让阳光洒满大学生活的每个角落。

第二节　大学生心理健康的影响因素

案例导入

杨某是某高校一名大四的学生，该生在大四上学期某一天到辅导员办公室谈心，用 3 个小时表达了自己的心声，言谈之间又哭又笑，语言表达能力较弱，边画边说，从"家人"说到"人口普查"再到"查课"，话语间丝毫不具逻辑性。以辅导员平时对该生的了解，该生比较内向，不够自信，人际交往圈窄，学习认真踏实，成绩优良，平时很注重自我形象管理，在乎别人对她的评价。经辅导员向宿舍同学了解，该同学最近出现行为意志减退的现象，如嗜睡，两周时间每天都坐在电脑前修改论文但毫无进展，时而发呆，落泪，忘记吃饭；时而大声喧哗，自言自语，夸大其词，手舞足蹈。近期又面临失恋，开学后便出现了以上的异常表现。

后向杨某大姐了解，杨某是家中小妹，父母比较溺爱，中学一直非常优秀，家人对她期望很高，但上大学后，面对激烈的竞争，该生一直觉得壮志未酬。进入大三后，家人要求她考研、过司法考试，在双重学业压力下，她日渐力不从心。这个时候她又开始谈恋爱，告诉家人后遭到哥哥姐姐的强烈反对和批评，情绪日渐低落，司法考试没去参加，家人更是严厉地批评和责问她；同时，看到宿舍同学保研的保研、就业的就业、考研的复习状态也很好，更是感觉自己无所适从、压力大，于是出现心理问题。

大学生正处于人生发展的青年期，有学者将青年期定义为人生发展过程中"狂风骤雨"的时期，也称为人生的"第二次断乳"。青年期是脱离儿童期的稳定世界以后，进入成人期的固定的心理结构之前的不稳定的时期。由于心理发展不成熟，情绪不稳定，心理冲突时有发生，很容易产生适应不良的现象，从而出现各种心理问题。案例中，杨某面对生活中的连续压力事件，表现出了双向情感障碍的精神症状。其之所以产生此心理问题，正是因为该生在某些认知因素（完美主义、过于在乎他人评价）、性格因素（内向、自卑）、家庭因素（家人期望高、要求高、关心少、支持少）等共同影响下，面对重大生活事件（失恋、司法考试失败），产生多重心理矛盾（考研与就业、司法考试的矛盾；个人感情与家庭的矛盾；自我高期望与现实低成就的矛盾），自身无法化解，也未寻求外界帮助，导致出现心理障碍。

可见，心理问题的产生不是单个因素作用的结果，大多时候是多重因素共同作用的结果。心理学家们将这些因素中和个体自身相关的叫作内因，和个体自身无关的外部因素称为外因。

一、影响大学生心理健康的内因

1.生理因素

(1)遗传

生理是心理的基础,遗传在很大程度上决定了我们的先天生理素质。心理学家们曾用家谱分析的方法研究遗传因素对个体心理健康的影响,结果发现,在心理异常的学生中,家族中存在癔症、活动过度、注意力不集中等病史情况的比例明显更大。国内的资料表明,诸如重性神经症、精神分裂症等,遗传占有非常重要的地位。

虽然遗传因素在一定程度上对个体的心理健康有影响,但其作用也不是注定不能改变的。遗传只是提供了一种可能性,个体是否表现出心理障碍或心理异常,关键还看后天环境的作用。在遗传与环境的相互作用中,遗传因素所决定的不良发展倾向可以得到防止和纠正。

(2)脑损伤或躯体疾病

除了遗传因素之外,病菌、病毒干扰、大脑外伤、化学物质、严重躯体疾病等都可能会导致心理障碍甚至精神失常。例如,脑梅毒、流行性脑炎等中枢神经系统传染病,会导致器质性心理障碍;脑震荡、脑挫伤等可能引起意识障碍、遗忘症、言语障碍和人格改变等;甲状腺功能亢进可出现敏感、易怒、暴躁、情绪不稳和自制力减弱等心理异常表现。生理疾病对个体心理活动的影响是可变的,随着疾病的消除或加重,心理症状会随之消失或加剧。

(3)神经活动类型

人的高级神经活动过程具有强度、平衡性和灵活性三个基本特征,这三个基本特征的不同组合构成四大神经类型:活泼型、安静型、兴奋型和抑制型。四种神经类型又对应四种气质类型:多血质、黏液质、胆汁质和抑郁质。虽然气质类型并不会直接导致心理障碍,但不同气质类型的人患某种心理疾病的概率不同。例如,胆汁质的大学生容易发生冲动性、激惹性方面的心理障碍,而抑郁质的大学生则容易发生孤独、自卑等方面的心理障碍。

(4)性别和年龄

男性和女性由于在生理结构和社会角色上的不同,他们在心理能力上也表现出多样的两性差异。女性知觉速度快,更敏感,情绪活动的稳定性相对男性更低,她们患功能性精神病、神经质、异常心理、心身失调症、暂时性精神失调、焦虑症、抑郁症的概率,甚至自杀的概率,都明显高于男性。

在年龄方面,不同阶段的大学生出现心理问题的概率也存在差异,大一新生面临适应问题,更容易出现适应心理障碍;而大四毕业生面对就业压力,更容易产生迷茫和无助感。相对而言,大二、大三阶段的学生出现心理困扰的概率更低。

2.心理因素

一个乐观外向的大学生在遇到学业挫折时，他可能会经历短暂的情绪低点，随后积极分析受挫原因，努力去改变现状；而一个悲观消极的大学生如果遇到相同的情况，事件可能会促发他本就消极的自我概念，导致他一蹶不振，情绪长期低迷，最终出现心理问题。可见，个体自身的心理特质对心理健康的影响也是非常重要的。

(1)认知方式

认知心理学认为，决定人的态度和情绪感受的不是事件本身，而是人对事件的认知。不同的人，所受的学校教育与生活经历不同，形成了不同的认知态度与价值观，在对待同一事物时，根据自己惯有的认知模式，采取不同的评价态度和归因方式，进而产生不一样的情绪体验，引发个体与之对应的特有的应对方式。久而久之，我们每个人都有一套自己比较固定的认知图式，在应对外部事件时该图式自动发生作用。如果这些认知图式里存在非理性的认知方式，那么个体在应对外部事件时就会不自觉地体验到不合理的负面情绪。消极情绪长期郁积，影响个体的心理健康。

(2)性格特征

性格是人对现实的态度和相应的行为方式中比较稳定的、具有核心意义的个性心理特征。每个人都有自己独特的性格特征，而性格特征又有优劣之分，良好的性格特征对于我们更好地适应社会生活、保持心理健康具有重要的意义。有研究表明，大学生的自杀意念、孤独感、失眠等，都与性格特征有密切关系。研究还表明，依赖性强、循规蹈矩、保守退缩、急躁、骄傲、嫉妒、内向、孤僻、压抑、多疑、固执、偏激等性格特征对心理健康发展不利；反之，外向、豁达、谦虚、情绪稳定等个性特征有利于心理健康发展。

(3)心理冲突

大学生处于心理发展自我同一性的形成期，在这一过程中，整合心理发展中的各种冲突成为这一时期的主要任务，其中包括：独立性与依赖性的矛盾、自信与自卑的矛盾、理想与现实的矛盾、感情与理智的矛盾、知与行的矛盾、开放性与闭锁性的矛盾、生物性与社会性的矛盾等。这些矛盾使他们经常处在情感波涛中。长期的内心矛盾或者内心矛盾冲突强度过大，容易使他们的心理平衡遭到破坏，从而引发心理与生理上的疾病。

二、影响大学生心理健康的外因

美国行为主义心理学家华生在《行为主义》一书中写道：“给我一打健康的婴儿，并在我自己设定的特殊环境中养育他们，那么我愿意担保，可以随便挑选其中一个婴儿，把他训练成为我所选定的任何一种专家——医生、律师、艺术家、小偷，而不管他的才能、嗜好、倾向、能力、天资和他祖先的种族。”虽然华生完全否定遗传因素对个人的影响使他的理论存在一定的缺陷，但更重要的是他提出并证实了环境对人的心理和行为的决定作用，这也告诉我们外部环境对心理健康有着非常重要的意义。

1.社会环境

许多心理问题是由于对环境适应不良而引起的。当前,网络的普及,信息时代的到来,社会的变革,快节奏的生活方式,无一不冲击着大学生。全球一体化的进程,使东西方文化发生了前所未有的猛烈碰撞,面对不同于以往的文化背景和多种价值取向,大学生常常感到茫然、疑虑、混乱。互联网等新媒体的普遍使用,使信息量暴增,更多未经过滤的媒体信息直接进入大学生的认知世界。大学生求知欲强但辨别能力不成熟,崇尚科学但欠缺辩证思维,对于一些不健康的负面信息,往往不能很好地面对和处理,极易造成心理困扰。

2.家庭因素

家庭是社会的细胞,是儿童的第一所学校。每个家庭都有自己个性化的教养方式。美国心理学家戴安娜·鲍姆林德曾从要求性和反应性两个维度提出了四种不同的家庭教养方式:权威型、专制型、溺爱型和忽视型。一般而言,权威型是对孩子最有利的一种教养方式。家长会给孩子提出合理的要求,并对孩子的行为进行适当的限制。他们会表现出对孩子的爱,并认真听取孩子的想法。在这种教养方式下长大的孩子,有很强的自信心和较好的自我控制能力,并且比较乐观、积极。而在专制型的教养方式下长大的孩子,可能会较多地表现出焦虑、退缩等负面情绪和行为。溺爱型的教养方式则容易使孩子表现得很不成熟且自我控制能力差。在忽视型的教养方式下长大的孩子,很容易出现适应障碍。

可见,家庭结构及关系、经济条件和文化水平、父母教养方式等对个体的个性发展和心理健康具有十分重要的影响。结构完整且气氛和谐的家庭,有利于个体心理健康成长;破裂家庭或父母关系不和谐,以及单亲家庭环境,容易使个体产生躯体疾病,同时心理障碍的发生率也较高。

3.学校因素

从大学生的成长来看,从出生到大学约1/3的时间是在学校里度过的。学生与学校的关系非常紧密,因此,学生的心理健康不可避免地会受到学校因素的影响。就大学生而言,长期以来,我国的应试教育使得他们在中学阶段的身心发展受到严重制约和影响,致使他们的心理素质不能达到应有的水平,主要表现为自我管理能力差、人际沟通能力差、过于单纯和幼稚、情绪不稳定、性格懦弱、意志比较薄弱、挫折承受力低等。进入大学后,自然而然不能很快适应大学生活。再加上学校的激烈竞争环境、大学的教育内容和方法、学校的管理制度和奖惩措施等都在时时刻刻影响着大学生对大学生活的适应和心理的成长。

4.重大生活事件

心理异常有其内外在的影响因素,但很多时候少不了引发它的导火索。个体遭遇的各种生活变化尤其是灾难性事件,常常是导致心理失常或精神疾病的直接原因,如家人死亡、失恋、天灾、疾病等。由于个体每经历一次生活事件,都会给其带来压力,都要付出精力去调整、适应，因此，如果在一段时间内发生的不幸事件太多或事件较严重、突然，个体的身心健康就很容易受到影响。从近年来的调查结果看，影响我国大学生心理健康的生活事件主要有以下几种：受人歧视和鄙视；本人患重病；当众受侮辱或名誉受损害；恋爱受挫；学习遇到困难或学习负担重；不喜欢本专业；家庭亲人死亡或家庭经济困难；被人误会、错怪；期待中的评优（如三好生、奖学金等）落空；人际关系发生冲突；等等。

综上所述，大学生的心理健康不仅受遗传与环境的影响，同时也受自身心理因素的制约。可见，对大学生开展心理健康教育，提高大学生的心理素质，对于维护其身心健康十分重要。

第三节 大学生心理健康的构建途径

案例导入

周某是某高校大一的新生，小学和中学学习成绩都很优秀，在老师和同学们的眼中是天之骄子。升入大学后，刚开学，身边不少同学利用自身优点积极参加各种社团组织的招聘，表现出色的顺利被录用。周某也尝试参加了多个社团组织的面试，结果都不理想。突然之间，他觉得自己没有什么兴趣特长，并没有那么优秀，有自卑感。现在，他什么事情都不想也不敢做，对未来充满了迷茫。着急，但是不知道从何处入手，后来听从辅导员老师的建议，来到咨询室，希望得到咨询师的帮助。

同学们，当你们开始大学生活时，会像周某一样，发现大学有别于中学时代，作为大学生的自己也不完全如高中时代的自己。那么，如何迅速地融入这里的生活，做一个心理健康的大学生呢?

回答这个问题我们有必要首先了解一下当代大学生的特点。在中国的文化背景下，大学生是一个非常独特的群体:他们经过中学教育以优异的成绩进入高等学府，是具有高教育水平、高智商和高自我价值感的群体。同时，他们年龄相对集中，一般在18～22岁，个体发展的年龄特征以及大学阶段的社会文化特征(生活更加丰富多彩、学习目标多元化、学习自主性要求高、人际关系更加复杂等)，使得这一阶段的个体心理特质表现出许多发展性的共性特点。

一、大学生的生理特征

大学生处于人生发展的青年期，这个时期正是个体身体的“第二生长高峰期”后期，生理发育已全面接近或达到了成年人的水平，人体各器官的功能已趋于完善和成熟，进入相对稳定期。此时，身高、体重、三围、腿长等指标增长缓慢，已接近或达到成人水平，内脏器官与功能趋于成熟，运动能力也显著增强，各种内分泌的发育趋向成熟，性激素和其他内分泌激素的分泌增多，容易引发较强的性生理冲动，从而产生求爱的心理，表现为有强烈的与异性交往的欲望和行为。与此同时，与学习能力直接相关的神经系统(主要是大脑皮质)的发育也已接近成人水平，大脑皮质的分析与综合能力迅速提高，为其分析和综合事物的客观规律，从事长期的、复杂的和繁重的脑力劳动奠定了基础。

二、大学生的心理特征

1.认知的发展

认知指通过心理活动获取知识，是个体认识客观世界的信息加工活动。它是人最基本的心理过程，包括感觉、知觉、记忆、想象、思维和语言等。

大学生的各种认知能力均已达到比较成熟的水平，就思维的发展来说，思维的独立性、批判性进一步增强，思维的广度和深度进一步发展，思维的灵活性、敏捷性显著提高。美中不足的是大学生的辩证逻辑思维水平还有待发展，在观察、分析事物特别是复杂的社会现象时，主观、片面、固执和过于自信等偏颇时有发生，这些显然需要恰当的引导和教育。

2.情感的发展

情感是指人对客观事物是否满足自己的需要而产生的态度体验。

大学生的情感发展已经达到较高水平，诸如，社会情感在良好教育的影响下获得充分发展，他们朝气蓬勃，勇往直前，珍视友谊，向往美好的爱情，道德感、理智感和美感的发展已接近成熟，但还没有真正成熟，仍然存在一些明显的弱点和缺陷。大学生情感发展的特点主要表现在：大学生的情绪还有较大的情境性和波动性，情绪控制能力还有待提高；大学生情绪的外显性与内隐性在矛盾中并存、在冲突中发展，这种局面给大学生的情绪适应带来了一定的困难；不少大学生在爱情问题上也逐步有了自己的体验，但由于多种因素的影响，大学生在爱情问题上的烦恼很多，亟须正确的引导和教育。

3.意志的发展

意志是人自觉地确定目的，并支配行动，克服困难，实现目的的心理过程，是人类特有的心理现象。

人们认识世界的主观意识过程通常分为三个阶段：一是认知阶段，目的在于解决“是什么”的问题；二是评价阶段，目的在于解决“有何用” 的问题；三是意志（或决策）阶段，目的在于解决“怎么办”的问题。

大学生的意志已达到较高的水平而且接近成熟，意志水平明显提高但不平衡、不稳定。多数大学生已能逐步自觉地确定自己的奋斗目标，并根据目标制订实施计划，排除内外障碍和困难，努力实现奋斗目标，意志的自觉性、坚韧性、自制性和果断性都有了较大的发展。但处于意志形成时期的大学生，意志的果断性和自制性品质的发展却相对缓慢。此外，在不同的活动中，大学生意志水平的表现也不一样。即使在同一活动中，其意志水平的表现也有较大差异，心境好时意志水平较高，心境差时则显得较低。

4.人格的发展

大学期间是大学生性格发展塑造成型的关键阶段，在此阶段，就自我意识和自我教育能力的发展来看，大学生深切地关心自我的发展，独立感、自尊心、自信心十分强烈，自我分析、自我评价、自我监督、自我教育的能力有了较大提高。就大学生理想的发展来看，多数学生的理想是明确的、丰富多彩的，他们积极向上，憧憬未来，对生活持肯定态度，不少学生能把个人的生活理想、职业理想和崇高的社会理想联系起来，这是大学生理想发展的主流。就大学生个性的发展来看，一方面，他们的性格已相对稳定和成熟；另一方面，仍存在一定程度的可塑性。

5.性意识的发展

大学生处在青年期，生理发育已基本完成，性意识的明朗化与发展成为这个时期的重要特点。其一，表现为对异性充满好奇、更加关注（每晚寝室里“卧谈会”的主题往往都是异性、友谊和爱情），感受到来自异性吸引的存在，总是以直接的或间接的方式接近异性，以各种方式引起异性的注意；其二，表现为对文学艺术作品中性现象的描写及其表现手法极为敏感，甚至一些极为正常的生活现象也被他们给予超乎寻常的关注；其三，表现在对爱情生活的追求上。这种心理的发展带来了强烈的按照性别特征来塑造个性和形象的精神向往，每个学生都会在心里产生一种愿望，即成为什么样的男子或女子；同时，也带来对异性的倾慕和追求。而这种愿望会与大学生还不善于处理与异性之间的关系或者他们的经济地位和心理成熟度还不足以应付这种问题相矛盾，从而带来了种种烦恼和不安。这是大学生成长过程中一个十分突出的特点。一部分学生能合理选择恋爱时机，处理好学业与爱情的关系，并采取文明健康的恋爱方式，使之成为人格完善的契机。但也有部分大学生在尚不了解爱情真谛时就匆忙涉足爱河，陷入感情漩涡，影响学业，或者不能慎重处理两性关系，酿成悔恨的苦酒。

三、大学生发展过程中的心理矛盾

从大学生的心理特点可以看出，大学生正处于迅速走向成熟但又未达到真正成熟的阶段，既存在积极方面，又存在消极方面，因此，在心理发展过程中，就难免出现矛盾和冲突。

1.独立感与依赖感的矛盾

走进大学，社会地位的变化带来的“成人感”使得大学生在时间和空间上都获得了较大的独立行动的自由，这就必然会使其想尽快摆脱依赖性，得到和成人一样的尊重和理解。但实际情况是，事事不能完全自己做主，在经济上还需要依靠家庭，在学习上还缺乏自学能力，在思想上还比较单纯，社会阅历和经验还不够，需要具体的帮助。这种依赖性最具体的表现就是等待心理，等待父母的经济支持，等待老师的关心和指导，等待同学的友谊之手等。

2.理想与现实的矛盾

几乎所有的大学生都是怀着美好的愿望和要求走进大学校门的：名牌大学、一流教师、高质量的教材、包罗万象的图书资料、丰富多彩的娱乐活动、舒适的宿舍、幽雅的校园、价廉物美又富有营养的饭菜……然而，大学生们遇到的现实常是：非理想的大学，多数教师算不上一流，资料室太小，伙食差、价钱贵，校园“脏乱差”，课堂外面噪声太大……于是，种种埋怨、后悔涌上心头。刚刚迈进大学校园的学生，对所学专业、生活环境、人际关系等在重新认识的过程中必然会产生理想与现实的矛盾，这种矛盾在很大程度上阻碍了学生积极性的发挥。

3.交往需求与闭锁性的矛盾

随着年龄的增长，大学生逐渐开始发现自我、认识自我、设计自我，但他们对自我内心世界的认识还处在模糊不清、很难把握其实质的阶段。他们会把一些事情看得很“神秘”，羞于对人启齿；会因为一些小事把自己的心灵之门关闭起来；还常常会莫名其妙地陷入孤独寂寞的心境之中。然而，青年人又有着与人交往的强烈需要，不仅需要有亲密交往的知己，也需要加入一个团体以满足心理上的归属感，这就造成了大学生的交往需求与闭锁性的矛盾和冲突。

4.情绪性与理智性的矛盾

人的活动是一个知、情、意、行的过程，大学生精力充沛、风华正茂、朝气蓬勃，浑身有使不完的劲。一遇到适当的情境，他们就会热情奔放、勇往直前；一遇到困难和挫折，他们就会兴致全无，情绪一落千丈，表现出大学生情感变化的两极性，忽冷忽热，难以驾驭，从而形成了处理问题时情绪性与理智性之间的矛盾。

5.自豪感与自卑感的矛盾

大学生大都具有自豪感，同时也存在着自卑的心理。刚入学的学生既认为自己有幸升入大学，往往以胜利者的姿态出现，对自己的先天缺陷和后天不足缺乏清醒的认识，又因知“山外有山，楼外有楼”，痛感自己的渺小和浅陋，或因遭受一些失败和挫折，遂自惭形秽，自视处处不如人，于是终日郁郁寡欢，压抑自怨，离群索居，失去交往的勇气和信心，从而逐渐引起深重的自卑心理。具有此种心理的大学生的心理承受能力极弱，不愿与人交往，经常游离于集体之外，故步自封，放弃自我努力，心理上极为痛苦，由此产生了学习能力不强和生活上不适应等情况，进而容易导致神经衰弱症。有资料表明，在大学新生中有近50%的学生有情感上焦虑、忧郁，行动上犹豫和退缩的现象。

总之，大学时期是“心理断乳”的关键期，意味着大学生离开父母、家庭的监护，摆脱对成人的依赖，成为独立的个体，开始建立属于自己的内心世界。在这一过程中，众多的矛盾冲突交织在一起，如果处理不善，就有可能产生心理问题。

四、寻找健康快乐的自我

从大学生的身心发展特点以及发展过程中存在的矛盾来看，要做一名心理健康的大学生需要从以下几个方面入手。

1.构建合理的认知结构

认知决定行为，一个人头脑中的知识结构愈合理，愈能发挥其主动性、能动性和创造性，也就愈有利于促进其心理健康的发展。要构建合理的认知结构，首先，要正确处理文与理、专与博、应用知识与理论知识的关系，通过学习，逐步构建自我发展、自我完善、自我充实的知识结构；其次，要学会认识自我、悦纳自我，从而实现自我教育、自我发展。此外，还要使原有观念与外界影响产生有效互动，实现个体特点与外界影响的最佳结合。

2.树立明确的人生目标

大学阶段是大学生世界观、人生观、价值观形成的关键时期，对于大学生来说，人生理想将在这里形成，人生道路将从这里起步，美好生活将从这里开始。这一关键时期对个人生涯的规划、目标的确定尤为重要。虽然关于生涯规划的内容在后面的就业心理章节会有所涉及，但这里还是有必要把目标设定问题提前强调一下。大学生在校期间，要努力学习政治理论，培养自己的爱国、敬业、奉献意识，树立明确的目标，拥有积极乐观的人生态度，在实践中接受锻炼；要结合自己的专业特长，积极参加各种社会实践活动，不断提高自身素质，使自己的人生价值得以实现。

3.建构良好的人际关系模式

人际交往不仅是个体的基本心理需要，还是个体心理健康的晴雨表，更是个人事业成功的重要因素，可见，建构良好的人际关系模式是走上健康之路的必要条件。大学生的人际关系充满了各种心理效应，因此，其人际关系是适应还是障碍，在很大程度上取决于个体的主观感受。相同的人际情境，不同的个体之间，有的大学生能体验到充分的人际安全，有的却感受到强烈的人际张力；熟人见面打个招呼问声好，有的人却总是不知道说什么恰当，难以应付；课堂上正常回答问题，有的人却像遇到洪水猛兽般极力回避。

在大学生活中，要注意人际关系与人际期望。个体的人际期望在许多情况下会使自己的交往变得困难。有的人斤斤计较，总觉得别人也应该是这样；自己如果处于困难之中，总以为自己不说别人也能注意到并来帮助自己。这是人际认知偏差和投射的心理机制。殊不知，别人有别人的情况，自己的人际期望只能是期望，而且很有可能与别人的人际行为并不相同。例如，没有特长的学生总是担心别人会注意到自己的不利处境而受到嘲笑或鄙视，实际上，这仅仅是自己敏感罢了，别人关注的焦点可能在别人自己的短板之上，而不在你身上。每个人关注的焦点不同，你的不一定同于他的，并没什么可怕的。当然，在良好人际关系模式的建构中还有其他需要注意的地方，这里不再赘述，详情请见第六章。

4.学会合作，培养自身的团队意识

当前，团队意识已经成为企业和社会衡量大学生素质的一项重要指标。近年来，用人单位在选择录用人才时，十分重视考核其团队意识和团队精神状况，有的单位还把这一素质列为必备条件。由此，团队精神理应成为当代大学生心理健康的重要内容。但在新时期，大学生以自我为中心，行为取向功利化；心理素质脆弱，自我控制能力下降；人际交往庸俗化，人际关系不和谐；个人本位主义抬头，为人民服务意识淡化等问题大量存在。因此，大学生在读期间，要注意积极参加各种社会实践活动，利用各种社团组织和平台，培养自己的群体意识，增强自身的团队精神。

5.培养应对问题的能力，提高抗挫能力

抗挫能力的培养在大学生的成长和成才中起着至关重要的作用。当前，由于高校大学生自身心理脆弱、抗挫能力差导致的自杀以及其他恶性事件屡屡发生，因此，着力提高当代大学生的抗挫能力已成为大学生心理健康教育中不可回避的重要内容。高校学生要自觉主动地参加各种社会实践活动和相关抗挫能力培养方面的课程教学，并在生活中多尝试、多挑战、多总结、多反思，在挫折中成长成才。

心理活动方案

活动1：名字串联

活动目的：新同学之间尽快相识，加深大家之间的感性认识。

活动准备：每人一张纸、一支笔。

活动方法：6～8名同学一组围成圈，每个成员先在纸上写上自己的名字和来自的地区，然后依次做自我介绍并重点介绍自己名字的由来。小组交流完毕后，用10分钟左右的时间小组成员一起用一首诗、一个故事或者一句话将小组所有人的姓名串联起来。

活动2：滚雪球

活动目的：新同学之间尽快相识，加深大家之间的感性认识。

活动准备：准备容纳一定活动人数并可以自由活动的场地。

活动方法：每一位同学去找一个自己不熟悉的同学，两个人互相做自我介绍；然后这两位同学作为一组去找另外一组的两位同学，分别将自己一组的一方介绍给另外一组；接着，4位同学为一组再与另外4人一组的同学形成一个8人组互相介绍，依此类推。

心理百草园

1.图书：岳晓东.《登天的感觉——我在哈佛大学做心理咨询》

在书中，作者像讲故事一般娓娓道来，生动讲述了他在哈佛大学所做的10个心理咨询个案，以及他对每个个案的深入分析和处理技巧。作者在书中还深入浅出地介绍了心理咨询方面的科学知识。“我恨我自己，我实在太愚蠢了！”“我们的爱情还有救吗？”这些日常生活中随处可见的问题，妨碍着我们对幸福的追求。在处理这些心理个案的过程中，作者展现了心理咨询的神奇技巧——原来一个人的人生道路可能因为几句话而改变！日常生活中许多困扰我们的问题实际上都是心理问题。

2.图书：[美]M.斯科特·派克.《少有人走的路：心智成熟的旅程》

或许在我们这一代，没有任何一本书能像《少有人走的路：心智成熟的旅程》这样，给我们的心灵和精神带来如此巨大的冲击。仅在北美，其销售量就超过700万册；被翻译成23种以上的语言；在《纽约时报》畅销书榜单上，它停驻了近20年的时间。这是出版史上的一大奇迹。本书处处透露出沟通与理解的意味，它跨越时代限制，帮助我们探索爱的本质，引导我们过上崭新、宁静而丰富的生活；它帮助我们学会爱，也学会独立;它教诲我们成为更称职的、更有理解心的父母。归根到底,它告诉我们怎样找到真正的自我。

3.书信:江西财经大学人文学院副教授吴辉给女儿的一封家书

这是一位父亲在女儿进入大学时的谆谆教诲,也是一则极致简约又富含深情的心理健康教育案例。关于道德、关于专业、关于知识、关于阅读、关于竞争、关于漂亮、关于恋爱、关于交友、关于时间,九个方面,全方位解读一名心理健康的大学生应该具备的基本素养。一封家书,也是一堂绝好的入学教育课。

心理测试

NASA 4D识人测试表

4D识人测试来源于美国国家航空航天局(NASA),查理·佩勒林博士曾经是美国国家航空航天局天体物理学部主任,曾经亲身经历了那几个著名的事故,在思考为何这些天才会犯如此显而易见的错误之后,查理·佩勒林博士发明了4D系统。此测试,虽然仅靠表测试,不能保证完全准确,但也有一定的借鉴意义。

第一个是天生决策倾向测试,感觉自己倾向于哪边,就在哪边打"√"。打"√"的时候不要反复思索,如果拿不准,可以想想自己小时候的习惯,按照小时候的模式来勾选;实在拿不准的话,可以咨询家人和对你比较熟悉的人,看看他们对你的印象。这7道题每一题都要打"√",看看前面半边打的"√"多还是后面半边打的"√"多。如果前面半边打的"√"多,你就属于情感型决策者;如果后面半边打的"√"多,你就属于逻辑型决策者。

第二个是天生资讯倾向测试,也是7道题,选择方法一样。如果前面半边打的"√"多,你就属于直觉资讯型;如果后面半边打的"√"多,你就属于感知资讯型。

天生决策倾向测试

情感型决策者	勾选		逻辑型决策者
1.基本上,和谐很重要			1.和谐是达成目的的手段
2.凭"感觉好不好"行事			2.凭"合理不合理"行事
3.首先考虑的是人			3.首先考虑的是事
4.倾向和谐的关系			4.倾向做对的事
5.通过获得共识来决策			5.根据自己的想法来决策
6.重要的是,信赖我的情感			6.重要的是,信赖我的理智
7.不能忍受冲突对立			7.可以忍受冲突对立

天生资讯倾向测试

直觉资讯	勾选		感知资讯
1.依赖我的内在觉知			1.依赖我的观察
2.偏重思考“可能会如何”			2.偏重思考“是什么”
3.倾向创意			3.倾向常识
4.行为依据闪现的灵感			4.行为依据仔细分析
5.喜欢研究概念			5.喜欢研究事实和数据
6.注重全局考虑			6.注重细节
7.喜欢远大的构想			7.喜欢确定的事实

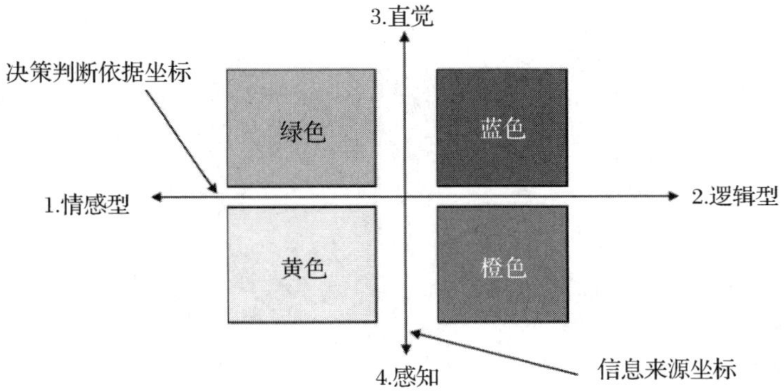

参考答案：

对照上面的四象限对比图，如果你是情感型加直觉的，就是绿色；如果你是情感型加感知的，就是黄色；如果你是感知加逻辑型的，就是橙色；如果是直觉加逻辑型的，就是蓝色。

绿色：培养型

绿色人比较关注人的需要，愿意为别人服务，追求的是对人没有伤害的成功。绿色人往往是理想主义者，热心且胸怀慈悲，能够感受他人的感受，具有崇高的价值观和崇高的目标。同时，绿色人也容易过度敏感、情绪化，容易出现受害者心态，爱批评，有时候容易不切实际。

黄色：包容型

黄色人胸怀比较宽广，有同情心，信任他人，忠诚友好，有合作精神。许多对别人来说觉得无法忍受的事，对黄色人来说，则是差不多就行了，因为黄色人最注重和谐的关系，害怕冲突，害怕矛盾；注重大家在一起的感受，注重团队。黄色人最大的优势就是包容性；而最大的劣势则是过度的包容，就显得没有原则和立场，有些过度服从和压抑自己的观点。

蓝色:远见型

蓝色人关注一些大胆的想法、新的创意,产生想法通常比别人快。喜欢创新、聪明、善于分析、追求卓越是其最大的优势。同时,包容性差,容易挑剔,好争辩;有时会苛求完美,容易不满;不太考虑别人的感受,不容易服从权威,所以有时可能会伤害别人。

橙色:指导型

橙色人的特点就是关注任务、流程和确定性。他们负责任,有序,一丝不苟,有逻辑性,专注任务,喜欢有计划的工作,并会严格按照纪律去执行。橙色人最大的优势是通过流程和坚持来取得成功;他们最大的不足是容易对别人不满,因为他们的要求比较多,标准也比较多,而且很少注重别人的感受。

第二章

开启心灵的大门

——自我与自我意识

古希腊哲学家苏格拉底有句名言：“认识你自己。”20世纪80年代，一位美国心理学家邀请50位成功人士写下影响他们成功的前三个因素，这些人迅速完成了他们的答卷，这些答案中最多的首要因素都是“自己”。人们因为认识自己而清醒、泰然，也会因为迷失自己而困惑、沉沦。自我意识是心灵世界的统帅，如何认识自我、评价自我、完善自我是人发展的重大课题。本章将探讨自我意识的内容，解释“我”与事、与他人、与自己的关系，修正自我认知偏差，探求自我意识茁壮成长的路径。

第一节　自我意识概述

案例导入

小明，男，某高校学生。升入大学后，小明每天按时起床、按时上课，晚上的公选课也认真对待。大学第一学期期末考试，小明由于平时上课认真、基础扎实、复习充分，取得了优异的成绩，获得了三等奖学金。第二学期，小明依然早出晚归，认真学习，期待获得更好的成绩。同寝室的另外三名同学觉得大学里成绩及格就可以了，没有必要那么认真，经常逃课打游戏，有时会有意无意地嘲笑小明是"书呆子""假正经"。小明一方面不想跟室友产生隔阂，另一方面也发现偶尔不去上课老师根本不会察觉。在室友的影响下，小明也开始玩起了游戏。渐渐地，小明逃课的次数越来越多，学习成绩一落千丈。

小明本来有一个好的学习、生活习惯，可是在面对和他人的不一致时，小明缺乏对自己以及他人的清晰认识、正确评价、准确定位，最终荒废了大学生活。本章将带领大家一起来认识自我、理解自我、悦纳自我、完善自我。

一、自我意识的含义

1.什么是意识

意识是指人对客观现实的自觉能动的反映。意识是人类大脑所特有的反映功能，是人的心理和动物心理的根本区别，是物质发展到最高阶段的产物，也是自然进化的最高产物。

人在清醒的状态下，会知道自己看见了什么、听见了什么、闻到了什么、触摸到了什么；也可以感知到自己是开心的、忧郁的、平静的还是索然无味的；还可以支配自己的行动，去达到自己预定的目标。所有这些心理活动，包括对外界事物的觉察、对自身内部状态的觉察以及对这些心理活动内容和对自身行为的评价，都是对意识现象的描述。也可以说，意识是在觉醒状态下的觉察，或者说是觉知。意识既包括对外界事物的觉知，也包括对自身内部状态的觉知；既涉及觉知时刻的各种直接经验，如感知、思维、情感和欲望，也包括对这些内容和自身行为的评价。

拓展阅读

弗洛伊德的意识层次理论

意识是一个多维度、多层次的心理系统，具有复杂的结构。弗洛伊德认为，人的意识可以分为不同的层次，包括意识、前意识和潜(无)意识。意识是个体能够觉察的心理部分，是人类理智作用的结果；潜意识(也有人称之为"无意识")包括个体的原始冲动、本能与欲望，它们受法律、道德以及习俗的控制而被排挤到意识之下，但依然存在并追求满足。弗洛伊德认为，人的整个意识就像一座冰山，意识只是露出水面的一小部分，而前意识和潜意识则是深藏在冰山之下的绝大部分(如图 2-1)。我们日常的行为不仅受到意识的影响，同样受到隐藏在水下的绝大部分的前意识和潜意识的影响。在一定情况下，潜意识可以被唤醒成为前意识，甚至意识。

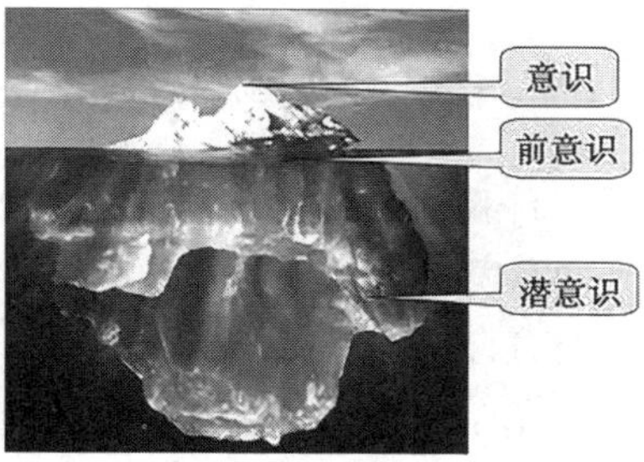

图 2-1 弗洛伊德的冰山理论

2.什么是自我意识

自我意识，又称自我或者自我概念，是指主体我对客体我以及与周围环境的关系的认识、体验和评价，是人的意识发展的高级阶段，是个体的思想、情感以及态度的总和。自我意识不是个别的心理机能，而是一个完整的多维度、多层次的心理系统。一个人根据对自己以及周围关系的认识来控制、调节自己的行为，使自己与周围环境保持动态平衡的能力，就是自我意识的能力。

拓展阅读

"主我""客我"与"镜中我"

"我是谁""我从哪里来""我要到哪里去"不仅是古老的哲学问题，也是重大的心理学问题。19 世纪末，美国学者詹姆士曾就这一课题进行过广泛而深入的研究。"主我"和"客我"是詹姆士关于自我意识的概念。他认为，"主我"是认识的主体，是主动的自我，是进行中的意识流。"客我"是认识的对象，即被观察者，它包括一个人所持有的关于他自己的所有的知识和信念。"主我"是自我动力成分，是活动的过程；"客我"则制约"主我"的活动。

"镜中我"是美国社会学家库利在 1902 年出版的《人类本性与社会秩序》一书中提出的，"镜中我"是社会角色和社会互动的经典概念。库利认为，我们是通过与别人的接触来了解自己的，别人就像一面镜子，告诉我们自己是一个怎么样的人。同时也用以强调个人与社会之间有机的和稳定的联系。"镜中我"的获得有 3 个阶段，简单概括起来：一是设想自己在他人面前的行为方式；二是做出行为后，设想他人对自己的行为的评价；三是根据自己对他人评价的想象来评价自己的行为，即对自己怀有的某种感情，如自尊、自卑等。其中，前两项只有在与别人的接触中、通过别人的态度才能够获得。

二、自我意识的结构

自我意识既是一种自我观念，也是一种自我教育能力。自我意识作为一种被意识到的自觉心理状态，贯穿于人的各种心理活动中，根据不同标准进行分类，可以实现从各个方面对自我的认识。

1.从构成和表现形式划分，自我意识可分为自我认知、自我体验、自我控制

(1)自我认知

自我认知是自我意识的认知成分，是人了解自我时所进行的心理活动，包括自我感觉、自我观察、自我观念、自我分析、自我评价等。自我认知是“主我”对“客我”的认知过程，而不是“客我”本身。自我认知回答了“我是一个什么样的人”“我为什么是这样的人”等问题。

在自我认知中，自我评价处于核心地位，自我评价是在自我感觉、自我观察、自我分析的基础上，按照一定的标准对自己的身体、行为、心理活动、个性品质以及自身和周围世界的关系等方面进行的评估。自我评价是自我体验和自我控制的前提，也是自我意识的核心。

(2)自我体验

自我体验是自我意识的情感成分，包括自尊、自信、自豪、自爱、自卑、自怜、自负、自恋、责任感、荣誉感、羞耻感、优越感等。自我体验是“主我”在对“客我”的认知过程中所产生的情感，这一情感的产生，跟“客我”有关，也跟“主我”所持有的观念有关。自我体验回答了“我是否喜欢自己”“我是否悦纳自己”等问题。

“金无足赤，人无完人。”世界上任何一个人都有优缺点或者优劣势，但是如何看待自身的优缺点或者优劣势，每个人却大相径庭。例如，同样来自农村、家庭经济条件不佳的两位大学生小张和小王，小张很自卑，觉得别人有的自己都没有，从而感到自己处处不如人；而小王则很自爱，他觉得自己能够读大学是难得的机会，自己一定要好好珍惜。可见，自我体验是非常个性化的心理过程。

(3)自我控制

自我控制是自我意识的意志成分，是指个体对自身的心理与行为的主动掌握，调整自己的动机与行动，以达到所预定的模式与目标的自我实现过程，它包括自我检查、自我监督、自我激励、自我暗示等。自我控制回答了“如何调整自己”“如何改变自己”“如何成为自己想成为的那种人”等问题。

一般来说，初入大学的时候，很多大学生都对未来生活有着美好的期望和细致的规划，但是在日复一日的生活中，却很少有人能够坚持执行自己的规划、实现自己的期望，做了“思想上的巨人，行动上的矮子”，这就是缺乏自我控制的表现。

拓展阅读

有位心理学家做过一个实验，用来对比自我评价和他人评价之间是否一致。他选择了彼此熟悉的25位被试，让他们就文雅、幽默、聪明、交际、清洁、美丽、自大、势利、粗鲁9个方面分别给所有的被试包括自己打分，然后将自己对自己的打分与其他人对自己打分的平均分做对比。实验发现，自我评价和他人评价存在很大差异。例如，有一位被试认为自己的"文雅"程度应该排在前几名，可是其余24人对他的评价平均起来却排在二十几名之后；另一位被试对于"清洁"品质的自我评价排名比他人对此评价的排名提前5名，"聪明""美丽"提前6名，"势利""自大""粗鲁"退后5～6名。这说明，优良品质的自我评价常常比他人评价高，而不良品质的自我评价却比他人评价低。

2.从内容上划分，自我意识可分为生理自我、社会自我、心理自我

(1)生理自我

生理自我是指个体对自身生理状态的认识和评价，是对自己身高、体重、容貌、身材、性别等的认识以及生理病痛、温饱饥饿、劳累疲乏的感受等。如果个体对自身的生理状态有较多的负向认识和评价，那么他就会讨厌自己，表现出自卑心理。

(2)社会自我

社会自我是指个体对自身与外界客观事物关系的认识、体验和愿望，包括个人对自己在客观环境及各种社会关系中的角色、地位、权利、义务、责任、力量等的认识、评价和体验。

(3)心理自我

心理自我是指个体对自我的心理活动、个性特点、心理品质的认识、体验和愿望，包括对自己的能力、兴趣、爱好、性格、气质等的认识和体验。

生理自我、社会自我、心理自我，是自我意识内容的不同层次，是一个由低到高的发展序列，三者之间是密切联系的。其中，每个层次都有自我意识的心理过程，即自我认知、自我体验和自我控制。将自我意识内容的三个层次和过程的三个方面相结合，会形成不同个体的自我意识(见表2-1)。

表2-1 不同个体的自我意识

	自我认知	自我体验	自我控制
生理自我	对自己的长相、身高、体型、衣着、风度等的认识	高大或者矮小、漂亮或者丑陋、苗条或者健壮等	追求身体呈现的状态、追求对外在物质的占有等

续表

	自我认知	自我体验	自我控制
社会自我	对自己的性别、角色、职业、社会地位等的认识	自信或者自卑、自爱或者自怜、自豪或者自负等	追求名誉地位、追求他人对自己的好感等
心理自我	对自己的性格、气质、爱好、能力、品质等的认识	聪明或者愚笨、优秀或者落后、敏感或者迟钝等	追求信仰、追求自我发展、追求生命意义等

3.从存在方式划分，自我意识可分为现实自我、投射自我、理想自我

(1)现实自我

现实自我是指个体从自己的角度和标准出发，对现实的自己的各种特征的认识，包括生理特征、行为特征、人格特征以及性别、种族、角色等特征。

(2)投射自我

投射自我又叫镜中我，是指个体所感知到的他人对自己的评价从而产生的自我认识。个体通过觉察并认同他人对自己的评价，从而不断调整自我认知。投射自我需要借助他人的角度来认识自我，更强调个体对他人评价的感知。

投射自我来源于现实自我，但是往往和现实自我之间是不一致的。当投射自我和现实自我相差较大的时候，我们会产生自己没有被理解、没有被接纳的感觉，产生“知音少，断弦有谁听”的孤寂感。

(3)理想自我

理想自我是指个体要实现的比较完善的一种自我境界或形象，其中涉及的根本问题是“我想成为怎样的一个人”“我应该成为怎样的一个人”。它是个人追求的目标，与现实自我不一定一致。理想自我是个人行为的动力和参考。

案例链接

小廖，男，某高校大二学生。小廖从小到大一直是学生干部，有很强的集体荣誉感和组织纪律性，工作方法细致，工作态度积极，高中时所在班级曾做过学生干部民主选举，小廖曾全票当选班长。升入大学后，小廖依然热心于学生工作，主动竞聘担任了班长一职。在整个大一的学习与工作中，小廖虽然遇到了很多困难，但是都努力想办法克服，所在班级在学院的各项比赛中屡获佳绩，呈现出了良好的班风班貌。大二开学的时候，根据学院的要求，小廖所在的班级举行学生干部换届选举，小廖依然主动参加，他觉得自己应该全票当选。参加竞聘班长一职的一共有三位同学，小廖最后的得票最高，大概占班级总人数的三分之二，其他两位同学也有人支持。最终小廖以明显的优势胜出。但是事后，小廖却提出了辞职！他认为自己在大一担任班长的时候全心

付出却没有得到全体同学的一致肯定，是自己的失败，自己不适合再做班长。

本案例中，小廖觉得自己应该得到全班同学的所有选票，这是理想自我。他得到班级同学的三分之二选票，这是现实自我。他觉得自己没有得到全体同学的一致肯定是自己的失败，这是投射自我。

三、自我意识的特性

1.主客体的同一性

自我意识是自己对自己的意识，以自我为反映对象，如认识自己、反省自己、解剖自己。它的主体是“我”，而客体还是“我”。主客体是同样的一个“我”，因此我们说自我意识的主客体具有同一性。

2.过程的自觉性

自我意识与一般心理现象的不同在于自我意识有着明确的目的性，那就是认识自己、悦纳自己、控制自己，因此无论是自我认知、自我体验还是自我控制等过程，都具有高度的自觉性。

3.效果的效能性

自我意识的效能性是指自我意识对自我发展、自我完善等方面的作用程度。自我意识的效果和作用是以优化自我素质和形象为第一效应的，例如，发扬自身的优点，克服自身的缺点和不足，通过自我教育达到自我提高、自我完善。自我意识越正确，越能够促使人的进步和发展。相反，自我意识出现偏差，就会影响自我发展。

四、自我意识的功能

自我意识主要作用于对人的行为的调控上。人们之所以具有主观能动性，能够主动地适应生活、改变生活、创造生活，就是因为人们具有自我意识。

1.自我意识促进个体心理发展

自我意识从构成和表现形式上看，可分为自我认知、自我体验和自我控制三个层面，而正确的自我认知、清醒的自我体验和良好的自我控制均能促进个体的心理发展。

首先，正确的自我认知能提升人的认识水平。人的认识活动不论感觉、知觉、记忆、想象、思维等，都由于自我认知的存在而更加自觉、合理和有效。同时，自我意识也决定了个体对认知经验的解释。不同的人可能有过同样的经验，但几乎不可能对这些经验有同样的解释。对于一个人来说，正确的自我认知能够使人明白自己的处境，找准自己的定位，并赋予其积极的含义，从而做出对自己有利的决定；而错误的自我认知就会使人从经历中取得不现实甚至错误的经验，从而导致自己的失败。

其次，清醒的自我体验能丰富人的情感世界。由于自我意识的存在，人们不仅仅能够对自身之外的世界产生情感，并且能够对自身产生情感，例如，生理自我方面的羞耻感、满足感;社会自我方面的孤独感、自卑感;心理自我方面的自尊感、自信感。自我体验是一种高级情感,人们在混沌不理智的状态下,对自我的体验往往会出现偏差,只有在冷静清醒的时候,才能正确认识到自己真正的情感,从而提高自己的情感水平,丰富情感世界。

最后,良好的自我控制能促进人的意志发展。意志的核心是自觉克服困难、实现目的,这就要求在意志行动过程中善于自我控制,充分发挥主体的主观能动性,通过改造客观世界和主观世界,最终实现目的、满足自己的需要。因此,意志过程与人的自我意识特别是自我控制密切相关,积极的自我意识可以有效地促进意志的发展。

2.自我意识调控个体行为

自我意识使个体在生活中根据自己的需要确立不同的目标,在目标的导航下,个体会调整自己的行为,朝向更符合目标期待的方向前进,并在实施自己行为的过程中进行自我评价、自我监督以及自我控制,从而决定保持或者改变行为的方向、内容、手段和强度等,实现对个体行为的调控。

自我意识不仅影响个体现实的行为方式,也会影响个体对未来的判断和期待。研究发现,学困生的成绩落后并不是孤立存在的,而是他的整个行为动力系统都出现了偏差。普通学生是不会允许自己成绩落后的,所以在行为上就会有勤奋努力的表现。学困生会觉得自己考试成绩落后是正常的,所以在行为上就不会督促、鼓励自己努力奋斗。成绩落后正是学困生自己"期待"的结果。

3.自我意识促进自我实现

个体的发展过程是外界条件和内部因素相互作用的过程,是外部教育和自我教育的结果。自我教育是个体不断发展和完善的内因,是决定性因素。自我教育的过程就是自我意识不断发展、成熟的过程。健全的自我意识,通过合理的自我认知、良好的自我体验、自觉的自我调节和控制,促进自我实现,最大限度地发掘自身的心理潜力。

4.自我意识促进个体个性的整合

个体的个性包含了个性倾向性、自我意识和个性心理特征,是一个有机的整体。自我意识是个性结构的重要组成部分,如果没有良好的自我意识,个性的整体水平就无从谈起。同时,自我意识对个性的整体性起着重要的调节作用,使个性心理特征和个性倾向性等成分成为统一的整体。自我意识的充分发展保证着个体正确地认识世界,并使自己成为一个能动的力量与周围环境相互作用。

第二节　自我意识的形成与发展

案例导入

小吴，女，大一新生，长相甜美，多才多艺，为人谦和，成绩优异，在外人看来非常完美的她却非常自卑。升入大学后，小吴觉得身边的同学都比自己优秀，觉得跟他们相比自己一无是处，开始出现长时间情绪低落、注意力不集中、睡眠不好等症状。在全校的心理普测中，小吴的测试结果显示为异常，辅导员建议小吴预约心理咨询师进行心理咨询。

通过几次的会谈，心理咨询师了解到小吴的父母均为高级知识分子，对小吴要求严格，很少正面肯定小吴。小吴小时候，如果考试得了 99 分，父母会跟小吴分析失去的 1 分是如何造成的；如果考试得了 100 分，父母会跟小吴强调应该把附加题做好；如果附加题也做对了，父母会指出卷面不够整洁、字迹不够漂亮……在父母严格的教育下，小吴虽然取得了越来越多的成绩，但是总是觉得自己不够好，担心自己达不到父母的要求，让父母失望。

显然，小吴的自我评价较低，有较多的负向自我体验，她对自己不够满意、不够接纳。那么小吴的自我意识是如何产生的呢？小吴又应该如何提升自我评价，从而成为更好的自己呢？本节我们就一起来探讨自我意识的形成和发展。

自我意识不是随着人的出生而产生的，而是在人的不断社会化过程中逐步产生的。心理学家曾经做过一个实验，在婴儿的脸上贴一片红色的纸屑，然后将婴儿放在一面大镜子前。心理学家发现，只有出生时间超过 6 个月的婴儿，才会伸手将自己脸上的纸屑弄掉，从而让纸屑从镜子中的自己的脸上消失。这说明 6 个月大的婴儿已经能够意识到“自己”和“镜子中的自己”之间的区别和联系了。这是自我意识形成的重要证据。

一、自我意识的发展过程

自我意识的形成和发展大致经历了三个阶段，即从生理自我到社会自我，最后到心理自我。

1.生理自我

这是自我意识的原始形态，主要是指个体对自己躯体的认知，包括占有感、支配感与爱护感，是个体认识到自己的物质存在。生理自我始于出生后 6 个月左右，3 岁左右基本成形。换句话说，3 岁左右的孩子能够意识到什么样的感觉是饿、什么样的感觉是饱；能够说得清楚自己哪里不舒服、因为什么不开心等。

2.社会自我

从 3 岁到 14 岁，社会自我处于自我的中心，个体能够了解社会对自己的期待，并根据社会期待调整自己的行动。

社会自我是处于社会关系、社会身份与社会资格中的自我，即个体扮演的社会角色，是社会如何看待个体，同时被个体意识到的层面。人是社会性动物，社会自我的形成是个体不断社会化的过程。社会化涉及社会以及个体两个方面。从社会角度看，社会化是社会对个体进行教化的过程；从个体角度看，社会化是个体与其他社会成员互动，成为合格的社会成员的过程。家庭、学校、大众传媒、参照群体是个体社会化的主要载体。

3.心理自我

这个阶段需要 10 年左右，大约从青春期到成年。发展到此阶段，个体能知觉和调节自己的心理活动及其特征和状态，并根据社会需要和自身发展的要求调控自己的心理和行为。

自我意识发展的三个阶段并没有泾渭分明的分界线，很多时候它们是彼此交融、彼此促进的。只不过在个体不同的年龄段，其自我意识的发展各有侧重，并且是从生理自我开始，逐步发展出社会自我和心理自我的。

拓展阅读

杨绛《一百岁感言》

——世界是自己的，与他人毫无关系

我今年(2011 年)一百岁，已经走到了人生的边缘，我无法确知自己还能走多远，寿命是不由自主的，但我很清楚我快“回家”了。

我得洗净这一百年沾染的污秽“回家”。我没有“登泰山而小天下”之感，只在自己的小天地里过平静的生活。细想至此，我心静如水，我该平和地迎接每一天，准备“回家”。

在这物欲横流的人世间，人生一世实在是够苦。你存心做一个与世无争的老实人吧，人家就利用你、欺侮你。你稍有才德品貌，人家就嫉妒你、排挤你。你大度退让，人家就侵犯你、损害你。你若要不与人争，就得与世无求，同时还得维持实力准备斗争。你要和别人和平共处，就先得和他们周旋，还得准备随时吃亏。

少年贪玩，青年迷恋爱情，壮年汲汲于成名成家，暮年自安于自欺欺人。

人寿几何，顽铁能炼成的精金，能有多少？但不同程度的锻炼，必有不同程度的成绩；不同程度的纵欲放肆，必积下不同程度的顽劣。

上苍不会让所有幸福集中到某个人身上，得到爱情未必拥有金钱；拥有金钱未必得到快乐;得到快乐未必拥有健康;拥有健康未必一切都会如愿以偿。

保持知足常乐的心态才是淬炼心智、净化心灵的最佳途径。一切快乐的享受都属于精神,这种快乐把忍受变为享受,是精神对于物质的胜利,这便是人生哲学。

我们曾如此渴望命运的波澜,到最后才发现:人生曼妙的风景,竟是内心的淡定与从容……我们曾如此期盼外界的认可,到最后才知道,世界是自己的,与他人毫无关系。

二、自我意识的发展路径

自我意识是个体在社会环境中、在与他人的互动中逐渐形成的,简而言之,自我意识是在"关系"中形成的。一般而言,自我意识的形成主要有以下三个路径。

1.从我与人的关系中认识自我

如果有人问"你的身高是多少",我们知道用尺子量就可以得到正确的答案了。但是如果有人问"你喜欢我吗"或者"你觉得我是怎样的一个人"等问题时,什么样的答案才是正确的呢? 一般而言,这就要去观察这个人的人际关系了。

在交际过程中,我们时常会得到他人对我们的能力、性格、品质等给予的清晰反馈,这会增强我们对自己的了解,从而逐步形成清晰的自我认知、自我评价、自我体验。例如,读小学的时候,如果被老师告诫做作业要更认真、课堂上要更主动,我们会从中得知:自己有些马虎、有些害羞,学习不够认真、不够积极。如果从小到大很多老师都这样认为,那么我们就更倾向于相信这样的看法是正确的,从而认为自己就是这样的人。

他人对我们的态度和评价,可能是正确的,也可能是错误的;可能是全面的,也可能是片面的;可能是正面的,也可能是负面的。因此,我们要在尊重他人的态度与评价的基础上,冷静分析,既不能盲从,也不能忽视。只有这样,才能够帮助我们正确、全面地认识自己、了解自己,帮助我们发展自己、完善自己。假设我们经常能从身边的人特别是重要他人的身上得到正向的、肯定的、及时的反馈,就会逐步形成积极的自我意识;相反,过多否定性评价会让我们产生"习得性无助",从而形成消极的自我意识。

拓展阅读

习得性无助

"习得性无助"是美国心理学家塞利格曼于1967年在研究动物时提出的,他用狗做了一项经典实验。起初,塞利格曼把狗关在笼子里,只要蜂音器一响,就给以难受的电击,狗关在笼子里逃避不了电击,每次都需要承受痛苦。多次实验后,塞利格曼改变流程,他首先触动蜂音器,但是在给电击前,把笼门打开,此时狗不但不逃反而不等电击出现就先倒在地上开始呻吟和颤抖。实验中狗本来可以主动地逃避，但是却绝望地等待痛苦的来临，这就是习得性无助。

塞利格曼在无助感理论中对无助感产生的原因进行了说明。根据他的理论，无助感的产生过程可分为四个阶段。

(1)在努力进行反应却没有结果的“不可控状态”中体验各种失败与挫折。

(2)在体验的基础上进行认知。这时人会感到自己的反应和结果没有关系，产生“自己无法控制行为结果和外部事件”的认知。

(3)形成“将来结果也不可控”的期待。“结果不可控”的认知使人觉得自己对外部事件无能为力或感到无所适从，自己的反应无效，前景无望，即使努力也不可能取得成果，也就是说“结果不可控”认知和期待使人产生无助感。

(4)表现出动机、认知和情绪上的损害，严重影响后来的学习。

2.从我与事的关系中认识自我

从我与事的关系中认识自我是指人可以从自己做事的经验中了解自己。人们根据自己所做过的事、所取得的成败来体会自身的优缺点，从而增加对自我的认识。例如，当我们发现自己可以很轻易地搬动一把椅子的时候，我们会试着搬动更多的椅子。“实践出真知”，在个体从事实践活动中，个体会不断调整自我意识，以便更贴近现实。人们从事活动的成果价值有时直接标志着自身的价值。社会衡量一个人的价值主要是通过活动成果的价值来认定的。理想的活动成果价值可以使个体进一步认识自我的能力，发现自我的价值，从而进一步开发潜能、激发自信。

3.从我与己的关系中认识自我

从我与己的关系中认识自我即自己眼中的我，自己心中的我，自己反思中的我。人们可以通过观察自己的行为认识自我，也可以通过观察自己的心理过程认识自我。

贝姆的自我觉知理论认为，在内在线索微弱或者模糊的情况下，或者缺乏有关个人态度的外在反馈源的情况下，人们会根据内在标准与价值观来评价和比较自己的行为；同时可以根据观察自己外显行为和行为发生时的情景来推论自己的态度和感受。例如，当学生认真参加每一次班级活动时，他会倾向于认为自己是一个热情开朗的人。孔子云“吾日三省吾身”，说的就是这个道理。引导个体通过“我与己的关系”不断提升自我意识，就是要求个体要经常检查自己的行为和动机正确与否、行为过程中有什么不足、结果如何、有哪些收获和缺憾，从中发现长短得失，从而使个体可以有的放矢地进行自我调整。要正确认识自我，我们必须要做一个有心人，经常反省自己在日常生活中的点滴表现，总结自己是一个什么样的人，找出自己的优点和缺点。自我观察是我们自己教育自己、自己提高自己的重要途径。

拓展阅读

乔哈里视窗理论

美国心理学家乔(Joe Lufthe)和哈里(Harry Ingam)对于"自我认知"进行了多年的研究,提出了关于自我认知的窗口理论,被称为"乔哈里视窗理论"。他们认为,人对自己的认识是一个不断探索的过程,因为我们每个人的自我都分为四个部分:公开的我、盲目的我、隐秘的我和未知的我(见表2-2)。

表2-2 乔哈里视窗理论

	自知	自不知
他知	A公开的我	B盲目的我
他不知	C隐秘的我	D未知的我

1.不断展现"公开的我"

"公开的我"是指那些自己知道、别人也知道的信息,比如姓名、性别、学历、某些经历或者个人偏好。"公开的我"是具有相对性的,有些信息对于一些人是公开的,对于另一些人可能就是隐秘的,比方说年龄、收入、婚姻状况等。在人际交往中,共同的开放区越多,沟通起来也就越便利,越不容易产生误会。因此,我们要勇于表现自我,不要害怕犯错,犯错也是自我的一部分,而且是真实的一部分。

2.不断探索"盲目的我"

"盲目的我"是指自己不知道、别人却可能知道的盲点,比如他人对自己的一些感受或者自己性格上的盲区等。为了了解别人知道而自己不知道的"盲目的我",我们应该多听听别人对自己的意见,以便结合自己主观的自我评价,获得对自己的客观认识,来提高自我认识水平。

3.适度展示"隐秘的我"

"隐秘的我"是指自己知道、别人却可能不知道的秘密,比如自己的某些经历、希望以及好恶等。每一个人都需要隐秘区,完全没有隐秘区的人是心智不成熟的。但在有效的沟通中,适度地展示"隐秘的我",是增加沟通成功率、增进亲密度的有效方式。

4.努力探索"未知的我"

"未知的我"是指自己和别人都不知道的信息。"未知的我"是尚待挖掘的黑洞,也许通过某些偶然或必然的机会,会被他人或者自己所认识成为"盲目的我"或者"隐秘的我"。努力探索"未知的我",有利于发掘人的各类潜能,更好地实现自我。

三、大学生自我意识发展的主要任务

大学生的年龄大多在18～22岁，其自我意识经过婴儿期、幼儿期、童年期、少年期的发展，开始进入青年期的发展。个体进入青年期后，生理发育和心理发展趋于成熟。此刻，个体进入了身体健康的鼎盛时期，生活空间不断扩大，生活事项不断丰富，特别是随着性器官的成熟以及性意识的发展，个体开始产生恋爱、结婚等愿望。同时，个体的自我意识、人格发展日趋完善，开始形成稳定的人生观、价值观和世界观。自我意识发展到这个阶段的主要任务是通过自我意识的分化、自我意识的冲突，实现自我同一感的形成。

1.自我意识分化

在这个阶段，大学生的自我意识会逐步分化为两个我，即"主观我"与"客观我"。"主观我"用来表示我是什么，我要做什么；"客观我"表示别人怎样看待我，给我什么。随着自我意识的分化，大学生通过自我观察、自我反省、自我分析、自我评价、自我监督，察觉到自己既有主动构建自我的一面，也有被动被评价的一面。他们开始通过复杂的现象思考本质，通过既有的现在思考缥缈的未来，通过他人的眼光探索自己的定位，开始不断丰满自己的社会角色、心理角色，从而达到完善自我的目的。

2.自我意识冲突

自我分化意味着"自己如何看待自己"以及"别人如何评价自己"日益成为两个独立的评价体系，二者之间势必存在冲突。大学生自我意识冲突主要体现在理想我与现实我的冲突、独立我与依附我的冲突、交往我与闭锁我的冲突、自负我与自卑我的冲突、理智我与情感我的冲突。

理想我与现实我的冲突。理想我是指个人想要达到的完美形象，是个人追求的目标，它引导着个体不断朝理想中的自我发展。现实我是指个人从自己的立场出发，对现实中自我的各种特征的认识。在现实生活中，理想我与现实我总是存在着一定的差距，合理的差距能够使人不断进步、奋发有为。但是，如果差距过大，则有可能引起自我的分裂，导致一系列心理问题。

独立我与依附我的冲突。大学生生理与心理的成熟使他们渴望独立，以独立的个体面对生活、学习和工作中遇到的问题。但由于长期的校园生活使他们应有的社会阅历与经验相对匮乏，当应激事件出现时，却又盼望亲人、老师、同学能够替自己分忧。同时，大学生心理上的独立与经济上的不独立也形成了明显的反差。

交往我与闭锁我的冲突。每个人都渴望爱与友谊，渴望交往与分享，渴望自我价值得到实现，渴望探讨人生真谛、寻找人生知己，渴望成为群体中受尊敬与欢迎的人。而另一方面，大学生的自我表露又受心灵闭锁的影响。大学生总是不经意地将自己的心灵深藏起来，与同学有意无意地保持着一定的距离，存在着戒备心理，不能完全敞开心扉交流，这也是大学生常常感到"交往不如中学那么自如真诚"的原因所在。

自负我与自卑我的冲突。自信是一种健康的心理，是一种健全自我意识与成熟人格的标志。但是，由于大学生的自我意识尚在发展过程中，心理尚未完全成熟，因而对自己的认知往往会出现自信偏差，出现自卑与自负的心理特征。自负是一种过度的自信，拥有这种心理的人，缺乏自知之明，往往以为自己对而别人错，把自己的意志强加在别人身上，不能与人和睦相处。自卑则是一种自我否定，表现为对自己缺乏信心，拥有这种心理的人更多看到自己存在着缺点、不足与失误，因而遇事总会胆怯、心虚、逃避、退缩，缺乏独立主见。自负与自卑总是紧密相连的，自负表现强烈的人往往也是极度自卑的。

理智我与情感我的冲突。这一对矛盾表现为自我控制的冲突。大学生情绪的一个显著特征是容易两极分化，波动性大，易冲动，不易控制。但随着身心的发展、认知水平的提高，大学生渐渐成熟，在遇到客观问题时，既想满足自己情绪与情感的要求，又想服从于社会及他人的需求。特别是当遇到失恋等人生打击时，尽管理智上能够理解，却在感情上难以接受。

3.自我同一感的形成

自我同一感是个体对自身内在一致性、统合性以及连续性的感觉和体验。自我同一感包含三个层次的内容：个体对自身的认识、个体对自身所处环境的认识、个体对协调自己以适应环境的认识。

自我分化为主观我与客观我的目的是达到主观我和客观我的统一。自我分化后，会经历自我冲突，当“自我”经过一段时期的矛盾冲突，主观我和客观我便在新的水平上协调一致，达到自我的整合和统一，形成自我同一感。自我同一感主要是通过自我接纳和自我排斥来实现的。

自我接纳是一种对自我积极肯定的心理倾向。这种积极自我的建立是经过痛苦的选择与调整之后，使自己的理想我与现实我趋于统一，主观我与客观我趋于一致，对自我的认识更加深刻、客观、理性。积极的自我不仅能了解自己的长处与优势，也能了解自己的不足与劣势，能够分析哪些是可以通过努力达到的，哪些是属于无法企及的，从而进行积极的自我接纳，向着理想我迈进。

自我排斥是一种对自我消极否定的心理倾向，具体表现为自我贬损与自我夸大。自我贬损是指由于总在积累失败与挫折的经历，对现实我的评价较低，并时常伴有自我排斥、自我否定、没有价值感。自我夸大则正好相反，是指个体对自我的评价非常高，往往脱离客观实际，常常以理想我代替现实我，盲目自尊，虚荣心强，心理防御意识强。自我贬损与自我夸大的共同特点是对自我的评价不正确，理想我不健全，缺乏实现理想我的手段，形成的自我虚弱而不完整。自我排斥和自我接纳一样，是自我意识发展过程中不可缺少的心理过程，是个体形成良好心理品质所必要的心理过程。

大学生经过自我分化、自我冲突，再通过自我接纳、自我排斥后，自我意识的发展便得到进一步深化和提高，在新的水平上达到整合统一，形成自我同一感。

四、大学生自我意识的主要特征

正值青春期的大学生们,独立感、自尊心、自信心、好胜心等逐渐完备,个体心理和身体不断发展,自我意识也愈发强烈,特别是自我认知、自我体验、自我控制三方面趋于协调。

1.自我认知较为深刻,认知途径多样

大学阶段,大学生的人格特质逐步完善。大学生们善于发掘自己的内心世界,使自己的情感得以宣泄、表达,并在广泛的人际交往特别是与老师、同学的交往中,对自我产生了更深刻、更全面的认识,可以理性地对待人生前进过程中的一些问题。大学生们对自我的评价也趋于多样化,往往能从多个方面和角度来认识自己。

2.自我体验敏感、丰富,过程具有波动性

大学生的自我体验不仅与自己的个性特点相联系,而且还与自己的生活信念和人格倾向相联系。大学生的自我体验具有明显的波动性,关乎于自我的事情都很容易引起大学生情感、情绪上的反应,因而大学生十分容易产生较为激烈的积极或消极的情感体验。这是由于,一方面,许多大学生是第一次独立地学习与生活,无法再接受来自家庭的无微不至的保护;另一方面,大学生活比以往的学习生活要丰富多彩,人际交往范围扩大,生活中要独自处理更多的事情。这两方面造成了大学生敏感、易波动的心理状态。

3.自我控制具有自觉性、独立性和稳定性

随着个体心理的成熟和个人价值观的确立,大学生有强烈的自我设计和自我规划的愿望,绝大部分学生都奋发向上、力求成才,并且根据自我设计的目标自觉调节行为。

第三节　大学生自我意识的提升与完善

案例导入

小南，女，福建人，独生子女，某高校大一新生，高中时成绩优异，表现突出，曾担任校学生会主席。同寝室另外三个女生分别为小西，重庆人；小北，河北人；小东，浙江人。有一次，小南跟妈妈通电话的时候，用家乡话告诉妈妈，同寝室的另外三个人都很烦，特别是北方女生，竟然不是天天洗澡，没想到这么不讲卫生。当时，其他三名室友都在寝室，谁都没有就此事跟小南理论，寝室表面上风平浪静。此后，小南觉得小北总是有意无意针对自己。

大学第一个学期结束后，小南成绩不理想，小北却排名第一。高中成绩一直很优秀的小南很难接受自己的排名，更难以忍受小北的成绩领先自己这么多。小南越发觉得小北难以相处，潜意识里希望其他两个室友可以跟自己抱有同样的观点，进而可以跟自己站在同样的立场孤立小北。而事实却是：小西本身是重庆人，经常回家不在寝室，对于寝室里的矛盾避而不谈；小东非常钦佩小北成绩优异，小北去哪里，她就跟着去哪里，两个人形影不离。在小南看来，全寝室的同学都跟自己作对，自己是无论如何都不能再跟寝室的同学相处下去了。

从案例中，我们可以感受到小南是非常难受的，她一方面要面对成绩不理想的打击，另一方面要面对寝室关系不和睦的压力。造成小南如此难受的原因是她的自我意识存在偏差。小南过于以自我为中心，不能换位思考，只在意自己的想法和感受。小南需要的不是调换寝室，而是提升自我意识。只有这样，小南才能够改变自己的处境，才能够促成自身的发展和提高。

良好的自我意识对个体的发展，尤其是对个体的心理健康发展有着重大意义。全面、正确、积极的自我意识是心理健康的重要标准。一般认为，自我意识符合以下标准才是健康的：

第一，自我肯定，自我统合；

第二，自我认知、自我体验、自我控制协调一致；

第三，独立的自我，同时又与外界保持协调；

第四，主动发展自我，且自我发展具有灵活性；

第五，不仅自己能健康发展，而且能促进社会文明和进步。

如果以上五个方面中的一个或者几个方面受到不同程度的负面影响，就会产生自我意识的各类问题。自我意识出现的问题主要有两类：一类是程度比较轻的一般性问题，称为自我意识偏差；另一类是比较严重的病态问题，称为自我意识障碍。前者可以通过自我调适、心理咨询等方式予以解决；后者则必须由心理医生通过药物来治疗。一般而言，大学生的自我意识或多或少都存在一些偏差，主要表现为自我认知不全面、不准确，继而产生不满的自我体验，导致自我调控上的被动。

一、大学生常见的自我意识偏差

苏轼有诗云："不识庐山真面目，只缘身在此山中。"人处于自己的经验和角度中，难免会出现不能客观理性地认识自己的情况。大学生自我意识偏差常见的情况有以下几种。

1.过度低估自我

过度低估自我主要是指自我认知不客观，往往只看到自己的缺点而忽略自己的长处，不能容忍自己的缺点和弱点，自我评价持续过低。过度低估自我的大学生，习惯性地把别人的长处与自己的短处做比较，内心有一种无力感，整个状态表现为能量低，缺乏活力，不愿参加集体活动，不敢表现自己，不敢表达真实意思，对学习和生活提不起兴趣，往往呈现出过度自卑的心理状态。这样的同学往往又比较敏感，别人的一句话、一个眼神，都认为是在针对自己、否定自己；又或者自己的一丁点失误、不足，都无法容忍。

2.过度自我接受

过度自我接受主要是指自我评价过高，以致脱离了现实基础，常常会导致自负、自高自大、目中无人等现象。经历高考成功进入大学校园的大学生，往往会有一种"天之骄子"的自豪感，渴望成功，不甘落后。自我悦纳固然是好的，对自我要求较高也可以成为促进自己发展的动力。但物极必反，过于高估自己的能力和魅力、自尊心太强、一味地渴望表现自己、把自己的优点和长处放大，就会造成自我认知脱离实际、人际关系紧张、自我成长受阻。

3.过分以自我为中心

一个过分以自我为中心的人，他的思想可能完全被自我意识所占据，习惯于把"我"作为注意力的中心，往往把自己的利益和需求放在第一位，与周围的关系都建立在"我"的得失上。其本质就是过分看重自我，认为别人都应该照顾自己的感受，都应该理解自己、接受自己、帮助自己。以自我为中心的思维决策和行为方式，只关注自己的立场，不考虑他人的立场和感受，很容易给人自私的感觉。与人交往中把别人对自己的好看成应当，以自己的好恶论人，容易嫉妒，甚至沉溺于"唐吉诃德"幻想式的自恋中，不愿正视现实，不愿付出实际行动。

4.过分从众

从众是指个体由于受到群体或者舆论的压力，在观点和行为上不由自主地趋向于跟多数人一致的现象，即通常所说的"随大流"。从众是一种常见的社会现象，可以分为积极从众和消极从众。在良好风气或者正确舆论的引导下，形成的正面进取的从众，是积极从众。比方说，寝室同学每天都按时上课，刻苦学习，处于这样的环境下，选择努力学习，就是积极从众。在不良风气或者错误舆论的影响下，自己缺乏分析，不做独立思考，不顾是非曲直地一概服从多数，就是消极从众，也就是过分从众。大学生很容易在消费、恋爱、考试作弊等方面形成过分从众的心理和行为，从而影响自己的发展。

5.过分追求完美

追求完美是人类健康向上的本能，但是过度追求完美则容易引发自我适应障碍。大学生都有追求自我完善的意向，对自我期望值很高，有较强的自我控制能力。这些促使他们的理想我发展相对较快，一般都有超过现实我发展水平的倾向。但并非所有的自我控制都是积极的。有的大学生对自己的要求过高，过分地追求完美，当在实际生活中由于这样或那样的主客观原因无法达到目标时，容易对自我产生怀疑和否定心理，甚至自暴自弃，变得平庸、碌碌无为。

二、提升自我意识的路径

形成正确的自我意识是大学生自我教育与自我成长历程中的一项关键任务，要完成好这一任务，必须有一个明确的总思路：形成正确的自我意识，理论修养是重要基础，实践锻炼是必经之路，"实践—理论—再实践"是基本方法。明确了总思路，大学生可以按以下途径加强自我意识的培养。

1.增强内省，建立客观的自我认知

无论是斯芬克斯之谜所揭示的"人，认识你自己"，还是泰戈尔所说的"你所看见的只是你的影子"，都说明认识自己是人的终极命题。你可以在学习、生活中尝试像一个旁观者一样观察自己的言行和念头、情绪、身体感受，通过持续观察发现自己内在隐藏的焦虑、紧张或某些不愿表露的恐惧，以及长期影响自己行为模式的核心信念，进而超越这些信念的程序式桎梏。我们可以自问"我是什么样的人"，同时向周边人请教他们认为"我是什么样的人"，客观地了解自己的特质、气质类型，把握自己的优势、劣势。世间没有完美的人，但每个自我都是独一无二的，你能客观地认识自己，就会更加平稳与笃定。

2.学会换位思考

人与人在本质上都是相似的，如对爱、被接纳、被欣赏的需求，对被伤害、充满不确定性未来的担忧，对幸福生活的向往，对美好事物的追求，这已经成为人类共同的文化。一个善于处理人际关系的人必定懂得观察和了解他人，懂得站在对方的位置来思考问题、处理事情，这叫作换位思考。我们在生活中处理一件事情，可以自问我是怎么以为的，然后转换去想他人会是怎么以为的。只要我们真正明白每个人都有他的"我以为"，就能从自我世界中跳出来，更好地与他人协调合作。孔子言"己所不欲，勿施于人"，意思是我不喜欢的不要强迫别人做。我很渴望得到的未必只应属于我，我的需求并非是人群中唯一重要的。明白了这个道理，我们才能学会妥协退让。

3.在积极行动中完善自我

行动代表着意志，意志的展现又给人带来力量。我自认为是什么样的人？我希望成为什么样的人？两者之间有哪些差距？如何才能缩小这些差距？可以给自己制订规划和详尽的计划，积极地行动起来。在行动中增强信心，在实践中发现自己的长处和不足，在做事情中学会与人相处。持久的积极行动有助于养成良好的习惯，良好的习惯又令我们受益终身。比如，我们害怕当众表达，只有尝试在不同的范围里把自己想说的话说出来，这样才能为自己树立信心；我们在人际交往中不敢说“不”，可以尝试诚实地说出自己的真实感受，你会发现事情并非如你想象般发展，进而突破自己设置的局限。

4.从更广阔的层面寻求自我实现

每个人总是在追求他认为重要、有价值的事物，并在此过程中寻求自我价值的实现。心理学家马斯洛认为，人类除了基本的生理、安全需求，较为重要的情感、被尊重等需求外，最高层次的需求是自我实现。如果把自我实现只放到学业成绩、物质拥有、他人评价等要素上，我们的注意力就会只局限于狭小的自我，在这个过程中我们难免伴随骄躁、挫败感，也难以获得持久深入的幸福。一个人如果能够把眼光放到我们所在的群体、国家乃至人类的需求上，积极主动地为社会服务，在自己能力范围内承担历史责任，这样的自我实现就不再是“小我”，而是“大我”。当我们发现人生真正的幸福是我能为别人做什么，而不是我能索取多少、拥有多少时，或许就发现了幸福的秘密。

拓展阅读

人生的五种境界

第一种	残缺不全的我	关心和追求的只是饮食男女、感官享乐	目光所及仅限于饮食男女、生活享受
第二种	渺小的自我	关心和追求的只是一己私利，对自己的父母、家庭、子孙后代漠不关心	目光所及只是孤零零的自我
第三种	平庸的自我	关心和追求的仅限于自己以及自己的父母、家庭和子女，有一定的献身精神	目光所及就在于小家房门内
第四种	平凡的自我	能够由己而人、由家而国、由现实而及先人后世	目光所及扩展到现实社会
第五种	无限开放的“大我”、崇高的“自我”	自觉主动地将个人的“小我”与社会乃至人类的“大我”融合为一，做到了“以天下为己任”，在“大我”的事业中体验人生无穷的乐趣，并做出了卓越的贡献	目光所及指向无限广阔的天地

心理活动方案

活动1:“我是谁”

活动目的:大学生的自我意识越清晰、越准确、越全面,对自身的成长就越有利。本活动可以测试大学生的自我意识发展程度,促使大学生反思“我是怎样的一个人”“我对自己的评价是什么”“我想成为一个什么样的人”等问题,从而促使大学生更好地把握现在、创造未来。

活动步骤:

(1)请选择一个安静、舒适的地方坐下,并放轻松。

(2)请在10分钟的时间里,完成20个“我是……”的叙述句式。不用思考对错或句式之间的逻辑关系,按照你思考的先后顺序写下来。

(3)请将以上20个叙述句式跟其他人分享,然后请求对方给予你真实的反馈。

(4)请将你的感受清晰地梳理出来,并跟他人分享。

活动2:打卡“小确幸”

活动目的:通过记录每天发生在自己身上的“小确幸”,正面激励自我,从而提升自我评价,悦纳自我。

活动步骤:

(1)关注每天发生在自己身上的正向事件。

(2)每天晚上从发生在自己身上的正向事件中,选取三件你觉得最重要或者记忆最深刻的正向事件予以记录。

(3)定期跟自己的重要他人分享这些正向事件,并从中获得反馈。

心理百草园

1.图书:【奥】A.阿德勒.《自卑与超越》

本书从个体心理学观点出发,以大量实例为基础,深入解析了个体内心中一系列自卑情节,并提供了克服自卑心理、化自卑为动力并不断超越自己的有效途径。

2.图书:李开复.《做最好的自己》

本书用近百个真实的案例,阐述了“成功就是做最好的自己”这一理念。

3.电视剧:《五星红旗迎风飘扬》

史诗大剧《五星红旗迎风飘扬》以纪实的风格,全景式展现了从国事到家事、从事业到爱情、从领袖到元帅、从将军到士兵、从大科学家到普通技术人员、从原子弹理论设计到技术上的难关和细节等。雄才大略与细致入微的情感互为辉映,艰苦卓绝、曲折跌宕的人生尽情演绎,壮怀激烈、热血丰碑、铸就辉煌的“两弹一星”精神奏响震撼人心的东方巨响，奏响蛟龙腾飞、飞天圆梦的中华民族壮歌。这是老一代对“我是谁？我该干什么？我怎样干？”的最好回答，对今天的大学生启示深远，教益无穷。

4.中国心理咨询网：http://www.xlzx.com/Index.html

心理测试

指导语：下面的量表是心理学家 Feningstein、Scheier 和 Buss 在 1975 年编制的“自我意识量表”(Self-consciousness Scale，简称 SCS)。请根据每一个陈述与自己实际情况的符合程度，在你认为合适的数字上打“√”。每个人对自己的看法都具有独特性，因此答案没有对错之分，只需如实回答即可。

题　项	完全不符合	比较不符合	不确定	比较符合	完全符合
1.我经常试图描述自己	1	2	3	4	5
2.我关心自己做事的方式	1	2	3	4	5
3.总的来说，我对自己是什么样的人不太清楚	1	2	3	4	5
4.我经常反省自己	1	2	3	4	5
5.我关心自己的表达方式	1	2	3	4	5
6.我能决定自己的命运	1	2	3	4	5
7.我从不检讨自己	1	2	3	4	5
8.我对自己是什么样的人很在意	1	2	3	4	5
9.我很关心自己的内在感受	1	2	3	4	5
10.我常常担心我能否给别人留下一个好印象	1	2	3	4	5
11.我常常考察自己的动机	1	2	3	4	5
12.离开家时，我常常照镜子	1	2	3	4	5
13.有时，我有一种自己在看着自己的感受	1	2	3	4	5
14.我关心他人看我的方式	1	2	3	4	5

续表

题　项	完全不符合	比较不符合	不确定	比较符合	完全符合
15.我对自己的心情变化很敏感	1	2	3	4	5
16.我对自己的外表很关注	1	2	3	4	5
17.当解决问题时，我清楚自己的心理	1	2	3	4	5

计分办法：

1.代表内在自我的题目包括：1、3、4、6、7、9、11、13、15、17。

2.代表公众自我的题目包括：2、5、8、10、12、14、16。

3.第3题和第7题为反向计分，即选1得4分，选2得3分，选3得2分，选4得1分，选5得0分；其余各题为正向计分，即选1得0分，选2得1分，选3得2分，选4得3分，选5得4分。

对于大学生群体而言，内在自我的平均得分为26分，公众自我的平均得分为19分。

得分解释：

自我意识是指个体把自己当作注意对象时的心理状态，这种状态分为内在自我意识和公众自我意识。属于内在自我的人对自己的感受比较在乎，他们常常坚持自己的行为标准和信念，不太会受到外界环境的影响。属于公众自我的人由于太在意外界的影响，所以担心别人对自己有不好的评价。由于看重来自他人的评价，他们常常会产生暂时性的自尊感低落，容易在理想我和现实我之间产生距离。

第三章

领略和谐的魅力

——大学生的人格发展及健全

打开心灵之盒，齐奏琴瑟，伴击铜锣，音乐盒中有热烈，有稳重，有敏感，有阴郁，人们演奏出了自己的风格，多彩的人格都有它的聆听者。我们心怀明亮，所望所闻，满天繁星无一似，遍地芳华各有香，每种闪光的气质都被我们渴望，每种独特的性格都有人欣赏。有人在漫天繁星中彷徨，有人在芬芳花圃中悲伤，不要着急！青年时期正是健全人格塑造的关键期，我们将与你携手，打开内心的音乐盒，拿起人格理论的调音器，共同聆听和校准人格的旋律。

第一节 人格概述

案例导入

小王，男，某校大一新生。小王来自东北，有着东北人的健壮，也有着东北人的豪爽。班里的同学都喜欢跟他交朋友，觉得他表里如一、性情耿直、为人爽快。可是最近，小王却有点郁闷。原来小王寝室里的其他三名室友因为一点小事发生了争吵，他们都想让小王来评理。小王见同学们如此信任他，心里有什么就说了什么。小王耿直地指出三位室友各自的不足：室友小张，太过斤斤计较；室友小李，太过急躁；而室友小孔，则太过软弱。小王本想通过指出室友的不足，让大家看到各自的缺点，能够各自退让。结果没想到的是，室友们从此之后开始有意无意地疏远自己。

不可否认，小王耿直的特质让他在日常生活中交到了很多朋友，但是面对朋友们争执的时候，小王耿直的特质却没有帮上忙，反而让朋友们对小王产生了误会。耿直就是小王的人格特质之一。如果小王可以对自己的人格特质有更深入的了解，能够根据所处环境的不同展示出不同的应对方式，那么小王就不会让自己处于这样尴尬的局面。

知(认知)、情(情绪和情感)、意(意志)是心理过程，每个人都是通过这些心理活动认识自己、认识外部世界以及认识自己与外部世界的关系，并从中体会着各种情感，支配着自己的活动。但是，即便面对同样的外部世界，每个人却表现出不同的特点，比如有的人善于与他人沟通，有的人善于向内思考；有的人反应迅速，有的人反应迟缓；有的人情感强烈，有的人脾气温和……这些差异其实是由于每个人独特的心理特点所带来的，这些独特的心理特点构成了每个人不同于别人的心理面貌。

一、人格的含义

1.什么是人格

心理学中的“人格”一词，不等同于我们日常所说“气质”“性格”“个性”等概念。“人格”一词，来源于西方，是英语“personality”的音译，它的拉丁文词根为“persona”，意为舞台演出时佩戴的面具。如果从“人格”的拉丁文词根“面具”这个层面来理解人格，我们会发现“人格”具有表演功能，是演员根据不同的舞台环境，主动采用不同的面具以期达到预想的舞台效果。舞台不同，面具自然不同。舞台有多种，面具自然有多个。面具再好，也需要适合演员，服务于舞台效果。

现代心理学认为，人格是个体自身的稳定行为方式和内部过程，是个体区别于他人的、独特的心理品质。它包含两层意思：首先，人格一旦形成就很难改变；其次，人格固然很难改变，但不是不能够改变的。中国人讲“三岁看大，七岁看老”，说的就是第一层意思；而“浪子回头金不换”，说的就是第二层意思。

拓展阅读

古时候，有个教书先生，有三个得意门生：一个高中举人，仕途亨达；一个潜心向学，文采飞扬；一个头脑灵活，致富有方。一天，有人问这位教书先生："你认为这三个人中，哪个将来最有出息？"教书先生回答说："现在还看不出来，人生的较量有三个层次，最低层次的较量是技巧的较量；其次是智慧的较量，他们现在正处于这一层次；而最高层次的较量则是人格的较量。"

2.人格的主要特征

(1)整体性

人格的整体性是指人格中的各种心理要素彼此交织、错综复杂、相互影响，但它们的内在是一致的，是和谐统一的。人格的整体性体现了个体内心所思与外在行为之间的一致性。例如，一个人格特质外倾的人，在行为上会表现为乐于跟他人交往，在交往的过程中会精力充沛、神采奕奕；一个人格特质内倾的人，在行为上会表现为喜爱独处，在向内的思考中获得乐趣。

人格的整体性是评定心理健康的重要指标。如果个体人格整体性欠缺，或者是分裂的，或者是彼此矛盾、排斥的，那么就会体现出病态的心理状态。

(2)稳定性

人格的稳定性是指人格在不同时间和不同情境中具有一致性。"江山易改，本性难移"，人格通常不会发生变化，在行为中偶然发生的、一时的心理特征不称为人格。例如，性格外向的大学生，不仅会在校园中表现积极主动，在个人生活中也会表现出善于交际、热情开朗的一面，同时他未来毕业进入社会工作后，也会保持这样的特质。但是值得注意的是，人格虽然具有稳定性，但是也不是一成不变的，随着生理的成熟或者环境的变化，人格也会产生或多或少的变化。

(3)独特性

人格的独特性是指人与人之间在心理特点和行为方式上的不同。每个人的遗传因素不同，成长环境不同，认知水平、接受教育的程度不同，因而会呈现出不同的心理特点。"世界上没有两片相同的树叶"，没有哪两个人的人格是完全一致的。

(4)功能性

人格的功能性是指人格在个体成长发展过程中的推动作用。人格可以影响一个人的生活方式，甚至决定一个人的命运，是个体成败的根源之一。在现实生活中，个体即便面对相同的困境或者挫折，由于人格的不同会表现出不同的应对方式，坚强者发奋图强，而懦弱者会一蹶不振。

(5)自然性和社会性的统一

人格是在社会环境中形成的，因而，一个人的人格必然会反映出他生活在其中的社会文化的特点和他所受教育的影响，这就是人格的社会制约性。但是，人的心理，包括他的人格，又是大脑的机能，人格的形成必然要以神经系统的成熟为基础。两者是互相联系、密不可分的，它们共同决定了一个人的人格特点。

二、影响人格形成的因素

人格的形成，既受遗传的影响，又受环境的制约，是二者相互作用的结果。在人格的形成过程中，既要看到个体的生物遗传影响，更要看到社会文化的决定作用。

1.生物因素

心理学家通过对双生子(同卵双生子和异卵双生子)的研究发现，遗传是人格不可缺少的影响因素，但遗传因素对人格的作用程度因人格特征的不同而不同。通常在智力、气质这些与生物因素相关性较大的特征上，遗传因素较为重要；而在价值观、信念、性格等与社会紧密相关的特征上，后天环境因素更重要。

2.社会文化因素

社会文化塑造了社会成员的人格特征，使其成员的人格结构朝着相似性的方向发展，而这种相似性又具有维系一个社会稳定的功能。社会文化对人格的形成与发展，特别是后天形成的一些人格特征，如性格、价值观等，具有重要的作用，它使同一社会的人在人格上具有一定程度的相似性，如民族性格等。

3.家庭环境因素

家庭对一个人的人格形成和发展具有重要和深远的影响。人不同于动物，人出生后必须接受他人的照顾才能生存，并且相对于动物，人的成长期非常漫长。心理学家发现，从出生到五六岁，是人格形成的主要阶段。在这个阶段，绝大多数儿童处在家庭生活中，因此，父母的教育方式对一个人的人格形成和今后的发展起着重要的作用。俗话说“有其父必有其子”，父母按照自己的意愿、方式、习惯教育孩子，使他们逐渐形成了某些人格特征。同时，父母在养育孩子的过程中表现出自己的人格，也会有意无意地影响和塑造着孩子的人格。

拓展阅读

家庭教养方式对个体人格特征的影响

家庭教养方式会影响孩子的人格形成以及人格特征。有学者将家庭教养方式分为三种。

第一种是权威型教养方式，即父母在教育孩子的过程中强势支配，常常控制孩子。因为有家长的强势介入，孩子在年幼的时候会表现得比其他孩子更有效率，更容易达到目标。但是随着孩子的成长，孩子自身的力量受到严重限制，青春期后，孩子会体现出被动、依赖、懦弱等特质，从而限制了孩子的成长。

第二种是放纵型教养方式，即父母在教育孩子的过程中过于溺爱，常常无原则地满足孩子。在这样的教育环境下，孩子会逐渐形成任性、自私、野蛮、无理、独立性差、唯我独尊等人格特征。

第三种是民主型教养方式，即父母在教育孩子的过程中，尊重孩子，规则明确，界限清晰，给予孩子适当的自主权，同时也给予积极、正确的指导。在这样的教育环境下，孩子会逐渐形成活泼、善于交往、彬彬有礼、富于合作、思想活跃等积极的人格品质。

4.学校教育因素

学校教育对适龄儿童的人格形成具有重要的作用。学校的生活扩大了儿童的生活范围，丰富了他们的活动内容。教师是学生学习的榜样，在学生人格形成中起着极为重要的作用。同时，良好的班风也能促使学生形成积极、主动、独立、自觉等优良性格特征。

5.自我调控因素

人格的自我调控系统是人格发展的内部因素，以自我意识为核心。自我意识是人对自身及对自己同客观世界关系的意识，具有自我认知、自我体验、自我控制三个子系统。自我调控系统的主要作用是对人格的各个成分进行调控，保证人格的完整、统一、和谐。它属于人格中的内控系统或自控系统。

拓展阅读

吉鸿昌“我是中国人”

——积极人格的体现

1931年，爱国将领吉鸿昌被蒋介石逼迫前往美国“考察”。一天，吉鸿昌和国民党政府驻美使馆的一名参赞到华盛顿一家邮局寄东西。当他说明自己是中国人，要把东西寄回国时，邮局职员竟高傲地说：“中国？我不知道还有个中国。哈……”吉鸿昌气极了，正要发作，那位参赞却悄悄拉了他一把，说：“你为什么说你是中国人呢？你可以说你是日本人，这样就能受到礼遇。”吉鸿昌没等他说完，上前一把抓住他的领子，大声训斥道：“你觉得当中国人丢脸，我觉得当中国人光荣！”说罢转身回到住处，立即找了一块木牌，上面大书：“我是中国人！”每逢宴会和公众场合，他就将木牌佩戴在胸前。吉鸿昌以胸佩“我是中国人”的牌子为荣，有人却以胸佩洋文字母而得意，这是多么鲜明的心灵对照。

这个故事告诉我们，爱国不是嘴边的话语，而是实际的行动，爱国就是要有自己的立场和原则。我们生在中国，长在中国，接受了中华民族优秀文化的洗礼，作为一名中国大学生，更应该懂得培育自己健康健全的人格，要有作为中国人的气度和原则，理性地去热爱我们的国家。

三、人格理论流派

为了解释人格，破译“稳定的行为方式和内部心理过程”产生的根源是什么、会体现出哪些差异、如何调整等一系列问题，人格理论家和研究者们进行了研究，形成了形形色色的人格理论，其中最有代表性的是弗洛伊德的人格结构的动力理论以及由奥尔波特创立的人格特质理论。

1.人格结构的动力理论

奥地利精神学家西格蒙德·弗洛伊德是精神分析学派的创始人，他被认为是一场重大精神运动的领袖。弗洛伊德对人格结构的表述在不同时期有所不同。早期，他用意识、潜意识和前意识来描述人的精神生活的性质；后期，他认为人格由本我(id)、自我(ego)和超我(superego)构成。

本我位于人格结构的最低层次，是人的原始的无意识本能。本我反映人的生物本能，遵循快乐原则，即只关心如何立即满足个人需要，不受任何物质和社会的约束。

自我位于人格的中间层次，是人格的心理层面，在本我和超我之间起着调节作用。自我遵循现实原则，即自我的主要任务是满足本我冲动，但以考虑情境现实性的方式进行。

超我位于人格结构的最高层次，由社会规范、伦理道德、价值观念内化而来，是个体社会化的结果。超我是人格的社会层面，遵循道德原则。

当三者处于协调状态时，人格表现出一种健康的状况；当三者发生冲突且无法解决的时候，就会导致心理疾病。

2.人格特质理论

人格特质理论把特质看作决定个体行为的基本特性，是构成人格的基本元素，也是评价人格的基本单位。主张人格特质理论的心理学家，用一些基本的特质来描述一个人的人格，每一种特质都有两个对立的特性，比如内向与外向、细致与粗心，两端联系起来构成一个变化的维度，每个人在这个维度上占据一个位置。每个人都会具有多种人格特质，在每一个人格特质变化的维度上，又会占据某个位置，这样，各人之间的人格特质就会有很大的差别。

人格特质理论研究者，与其他流派不同，多从事学术研究，而不从事治疗。他们关注的焦点是对行为的描述和预测，而不是行为的变化和发展。人格特质理论研究者很少去解释一个人的行为，而是运用客观测量的方法来检验自己的理论建构，这种方法在一定程度上减少了仍困惑着其他流派的各种偏差和主观性。

(1)奥尔波特的人格特质理论

人格特质理论的创始人是美国心理学家戈登·奥尔波特。奥尔波特认为，特质是构成人格的基本要素，是人以一种特殊方式做出反应的倾向，虽然不能直接观察到，但是可以通过人的行为加以证实。特质之间是相对独立的，特质既可以为某个个体所有，也可以为某个群体所有。任何一种特质都是独特性和普遍性的统一。奥尔波特把人格特质分为两类，即共有特质和个人特质。前者是同一文化形态下的人们所共有的、相同的特质；后者是个人所特有的特质，它代表着个体之间的人格差异。

奥尔波特根据个人特质在生活中表现的范围不同，又将其分为三类，分别是首要特质、中心特质和次要特质。首要特质是影响个体各方面行为的特质，表现了一个人在生活中无时不在的倾向，个人的行为都受它的影响。首要特质是一个人最典型、最具概括性的特质，处于人格结构的支配地位，但是数量不多。中心特质是决定一个人的一类行为，而不是全部行为，能代表一个人的主要行为倾向的特质。次要特质是只在特殊场合下才表现出来，个体的一些不太重要的特质，它所起的作用比中心特质更小。

在小说《三国演义》中，作者通过深入刻画人物的首要特质、中心特质和次要特质，让每个人物都显得饱满而生动。比如，小说中的诸葛亮，忠君和足智多谋是他的首要特质，温文尔雅是他的中心特质，清高是他的次要特质。

(2)卡特尔的人格特质理论

美国心理学家卡特尔把人格特质分为表面特质和根源特质。前者可以通过外部行为表现出来；后者则是人格的内在因素，是人格结构中的最重要因素，对人的行为起决定作用。表面特质是从根源特质中派生出来的，每一种表面特质都源于一种或者多种根源特质。一种根源特质可以影响多种表面特质，所以根源特质使人的行为看似不同，却具有共同的原因。尽管每个人所具有的根源特质相同，但是其程度并不相同。一个人身上根源特质的数量和强度会影响他各个方面的表现。卡特尔一直把因素分析的统计方法应用于人格心理学的研究中，经过多年的研究，发现了16种相互独立的根源特质，并据此编制了《16种人格因素调查表》。这一人格因素调查在实践中非常盛行，用其所确定的人格特质，可以相对准确地预测一个人的行为反应。

(3)大五人格模型

20世纪80年代，科斯塔和麦克雷提出，人格特质在很大程度上是遗传的，十分相似的因素可在许多不同的语言和文化中找到。他们提出一个人格的大五或五因素模型，而且编制了一个测量五因素的工具，即NEO人格调查表。人格五因素包括神经质(N)、外倾性(E)、经验开放性(O)、宜人性(A)和责任心(C)。

现代研究越来越证明大五人格模型的准确性，比方说各因素在不同文化中有较大的一致性，即各种语言中都有专门的词汇来描述它们。在进行评定的时候，自我等级评定和他人评定在所有五个因素上都有很大的一致性。一些动机、情感和人际行为的表现以及一些人格障碍的诊断，也显示了和人格五因素模型有密切的联系。所有这些研究成果都表明，个体之间的差异可以从五个人格因素上加以说明。

第二节 大学生人格的构成要素

案例导入

小李，某高校大二学生。一次，小李和同学小张、小王、小陈四人结伴去观看一场音乐剧，谁知路上堵车耽搁了时间，等他们赶到时音乐剧早已开始，工作人员已经关闭了入口。小李等四人找到工作人员，想进入观看，可是按照规定，迟到的观众只能在中场休息的间隙才能进入。于是，这四位大学生有不同的想法和行为：小李与工作人员发生了争执，硬要冲进去，工作人员怕他的大声争吵影响其他观众，最后还是放他进去了。小张想到音乐厅肯定不止一道门，正门不让进，就到旁门去碰碰运气，最后他还真从旁门溜了进去。小王看到工作人员态度强硬，心想上半场可能都已经快结束了，不如休息一下，等到中场休息时再进去听下半场。小陈则认为："我怎么这么倒霉，老是运气不好，好不容易来听一场音乐会，又遇到堵车，而且工作人员的态度还不好，还是回去算了。"

想去观看这场精彩的音乐剧是这四位大学生共同的意愿，但是他们在行动过程中的表现却大不相同，其结果也大相径庭。他们之所以会采取不同的方式，是由他们各自的气质所决定的。

我们在讨论人格的时候，常常会跟"气质""性格"等概念混淆。西方心理学界认为，气质和性格是人格的构成要素。气质由生理因素决定，是天生的；性格受成长环境等因素影响，是后天形成的。气质与性格之间既有联系又有区别。

一、气质

1.什么是气质

心理学中所说的气质，跟日常生活中所说的气质不同，前者可以通俗地理解为一个人的脾气、秉性或者性情；后者是指一个人的风格、气度或者从事某种职业所具有的非凡特点。

具体来说，心理学上的气质是指个体表现心理活动的强度、速度、灵活性和指向性的一种稳定的心理特征。例如，在日常生活中，有些人是"冲动型"的，表现为情绪爆发较快，消失得也快；而有些人则是"稳健型"的，做什么事情都是深思熟虑后再行动。每个人在情绪活动的强弱、思维的快慢、注意力集中的时间长短和转移等方面都有自己的特点，人与人之间的这些差异，就是气质的差异。

2.气质的类型

气质有很多特征，按照这些特征的不同组合，可以把人的气质分为不同的类型。早在2500年前，古希腊医生、哲学家希波克拉底就观察到了人的心理活动的这种现象，他根据自己的观察将人划分为胆汁质、多血质、黏液质和抑郁质四种气质类型。希波克拉底认为，人体内有四种液体，即黄胆汁、血液、黏液和黑胆汁，每一种液体都和一种气质类型相对应。黄胆汁对应胆汁质，血液对应多血质，黏液对应黏液质，黑胆汁对应抑郁质。希波克拉底认为，一个人体内哪种液体占的比例较大，他就具有和这种体液相对应的那种气质类型。希波克拉底所划分的四种气质类型比较切合实际，所以至今对气质的分类一直沿用他提出的名称。

苏联心理学家、生理学家巴甫洛夫认为，高级神经活动的基本过程是兴奋和抑制，它们又有强度、平衡性和灵活性三种基本特征。两种基本神经过程与三种特性之间的不同组合，构成了高级神经活动的不同类型。从理论上讲，可以组成12种不同的高级神经活动类型，但有些组合类型在现实生活中是不存在的。巴甫洛夫通过大量的实验确定，只存在四种基本的高级神经活动类型。这跟希波克拉底提出的四种气质类型是相对应的，可以说巴甫洛夫发现的高级神经活动类型是希波克拉底所提出的气质类型的生理基础。

(1)胆汁质

胆汁质的神经过程的特点是强但不平衡。胆汁质所呈现的特点是感受性低而耐受性高；不随意反应性强，易受外界刺激的影响，反应迅速但不灵活；可塑性较低；情绪兴奋性高，抑制能力差；外倾性明显。

这类气质类型的人，像夏天里的一把火，热情而火暴。这类气质的大学生生性倔强，有股“十头牛也拉不回来”的倔劲儿，整个心理活动都笼罩着迅速而突变的色彩。其优点是一旦认准目标，就希望尽快实现，遇到困难不折不挠，往往富有冒险和开拓精神。但这类同学学习和工作带有明显的周期性特点，能以极大的热情和旺盛的精力投入学习和工作，一旦精力消耗殆尽，又会失去信心，情绪顿时转为沮丧而心灰意冷。李逵、张飞的气质，是比较典型的胆汁质。

(2)多血质

多血质的神经过程的特点是强、平衡且灵活。多血质所呈现的特点是感受性低而耐受性高；不随意反应性强，易受外界刺激的影响；具有较高的可塑性；情绪兴奋性高，反应迅速而灵活；外倾性明显。

这类气质类型的人，像春天里的风一样，灵活而多变。这类气质的大学生因为性情活泼、善于交际，在新的群体生活中很快就会有不少朋友，面对各种挫折常能机智地摆脱困境，在学习和其他活动中肯动脑、主意多，常表现出较强的学习能力和办事效率。但是这类同学虽然兴趣广泛却缺乏坚持性，所以又经常显得过于浮躁，很多事情都是浅尝辄止，不能充分发挥自己的潜力。《红楼梦》里的王熙凤的气质，是比较典型的多血质。

(3)黏液质

黏液质的神经过程的特点是强、平衡但是不灵活。黏液质所呈现的特点是感受性低而耐受性高；不随意反应性低，不易受外界刺激的影响；可塑性较差；情绪兴奋性低，反应速度慢，具有稳定性；内倾性明显，外部表现少。

这类气质类型的人，像冬天里的冰一样，坚固且内敛。这种气质类型的大学生因为安静稳重、反应缓慢、沉默寡言、情绪不易外露、做事有耐心等特点，会呈现出学习新知识慢但基础扎实，生活严格恪守既定的秩序和制度但过于拘谨，不善于随机应变等特点。《水浒传》里的林冲的气质，是比较典型的黏液质。

(4)抑郁质

抑郁质的神经过程的特点是弱，而且兴奋过程更弱。抑郁质所呈现的特点是感受性强而耐受性低；不随意反应性低，具有刻板性、不灵活；情绪兴奋性高，情绪体验深刻，反应速度慢；具有严重的内倾性。

这类气质类型的人，像秋天里的落叶一样，飘落且忧愁。这种气质类型的大学生情感体验深刻，善于觉察别人不易觉察到的细小事物，在生理上难以忍受或大或小的神经紧张，厌恶那些强烈刺激。他们的感情细腻而脆弱，常为区区小事引起情绪波动；心里有话，宁愿自己品味，也不愿向别人倾诉；喜欢独处，与人交往时显得腼腆、扭捏；遇事三思而行，求稳不求快，对力所能及的工作能认真负责地完成；在学习、工作一段时间后，常比别人更易感到疲倦；在困难面前常怯懦、优柔寡断。《红楼梦》里的林黛玉的气质，是比较典型的抑郁质。

具有一种气质类型的典型特征者可以称为“典型型”，近似某种气质类型的特征者可以称为“一般型”，具有两种或者两种以上气质类型的特征者可以称为“中间型”或者“混合型”。在全国人口分布中，气质的一般型和两种气质类型的中间型占大多数，典型型和两种以上气质类型的混合型占少数。因此，在测定一个人的气质类型时不应该硬性地将他划入某种类型(气质类型及特征见表3-1)。

表3-1　气质类型及其特征表

气质类型	主要特征
胆汁质	精力旺盛、直率、热情、刚强、动作迅速、情绪体验强烈、智力活动具有极大的灵活性、解决问题有不求甚解的倾向、易感情用事等，具有外倾性
多血质	活泼、好动、反应迅速、动作敏捷、思维灵活、往往不求甚解、注意力易转移、情绪不稳定且易表露、易适应环境、喜欢交往、做事粗枝大叶等，具有外倾性
黏液质	安静、沉稳、喜欢沉思、情绪不易外露、灵活性不足、比较刻板、注意力稳定、不容易习惯新的工作、反应缓慢、善于忍耐等，具有内倾性
抑郁质	反应缓慢、敏感、情感体验深刻、容易感觉到别人不易察觉到的细小事物、易疲倦、孤僻等，具有内倾性

3.正确认识气质类型

第一,气质具有稳定性和可塑性。气质类型是由神经过程的特点决定的,而神经过程的特点主要是先天形成的,所以,遗传因素相同或者相近的人的气质类型是比较接近的。同时,一个人的气质类型在其一生中是比较稳定的。人的气质类型的稳定程度是高于人格类型的。人的气质类型,在一定情况下是有可能发生缓慢的变化的,但是当外在条件允许时,又会恢复原来的面貌。所以,气质类型特征的变化,只可能是一种被掩盖的现象。

第二,气质类型本身无优劣之分。任何一种气质都有其积极和消极的方面,而且气质中的优缺点,往往是同一特点在不同方面的表现。比如,胆汁质的人精力旺盛、敢想敢干,这个特点使得他们特别富有开拓精神,但又常常导致他们鲁莽冒失。任何一个人事业上的成败不在于气质本身,而是驾驭气质的能力。只要发挥气质类型中积极的一面,克制消极的一面,我们就能够有所作为。

第三,气质类型影响工作效率。在现实生活中,我们可以观察到不同的气质类型均有成就卓越者。比方说,俄国著名文学家中,普希金是胆汁质,果戈理是抑郁质,赫尔岑是多血质,克雷洛夫是黏液质。气质类型不决定一个人智力的发展水平,也不决定一个人成就的大小。但是,社会实践领域众多,不同领域的工作对人的要求是不同的,我们会发现,有的气质类型适合这一类社会实践领域,有的气质类型适合另一类。比方说,多血质的人适合从事环境多变、要求做出迅速反应、交往繁多的工作,难以接受较为单调、需要持久耐心的工作;黏液质的人适合从事耐心、细致、相对稳定的工作。如果一个人适应工作的要求,那么,他就会感到工作得心应手,事半功倍;相反,他就会觉得很难达到工作要求,感到心力交瘁。

第四,气质类型影响性格特征形成的难易。性格主要是在后天生活环境中形成的,包含着多种特征。不同气质类型的人在形成性格特征的时候,有些性格特征是比较容易形成的,有些则是比较难以形成的。比方说,胆汁质的人容易形成勇敢、果断、坚毅的性格特征,但难以形成善于克制自己情绪的性格特征;多血质的人容易形成热情、好客、开朗的性格特征,但难以形成耐心、细致的性格特征。

第五,气质类型影响对环境的适应。环境的稳定是相对的,变化是绝对的,人只能不断地去适应环境。不同的气质类型在适应环境的过程中会体现出较大的差异。一般而言,多血质的人机智、灵敏,容易用很巧妙的办法应对环境的变化;黏液质的人常用克制、忍耐的方法应对环境的变化;胆汁质的人耿直火暴,常用攻击性的行为应对环境的变化,结果常常是伤人伤己;抑郁质的人脆弱敏感,在环境稍有改变的时候,最容易察觉,最容易感受到挫折。可见,胆汁质和抑郁质的人,适应环境的能力都不强。

二、性格

1.什么是性格

性格不是先天具有的，而是在后天长期的社会活动和劳动实践中形成的，并在环境和教育的影响下逐步发展。性格是一个人对现实的稳定态度，以及与之相适应的习惯化了的行为方式的总和，是个性心理特征中最核心的内容，并从本质上反映一个人的精神面貌和思想境界。它决定个人的活动方向，是一个人区别于他人的最主要特征。

性格不同于气质，它受社会历史文化的影响，有明显的社会道德评价的意义，直接反映了一个人的道德风格。气质更多地体现了人格的生物属性，性格则更多地体现了人格的社会属性。个体之间人格差异的核心是性格的差异。

2.性格的类型

从不同角度可以对性格类型做出不同的划分。性格这一心理现象极为复杂，至今没有一个公认的分类标准，以下介绍几种具有代表性的性格类型学说。

(1)按照知、情、意在性格中的表现程度划分

英国的培因等学者把人分为理智型、情绪型和意志型三种。理智型的人以理智支配自己的行动；情绪型的人情绪体验深刻，言行容易受情绪左右；意志型的人具有较明确的目标，行为主动。

(2)按照个体的心理倾向划分

著名心理学家荣格把人分为外倾型和内倾型。外倾型的人心理活动倾向于外部，活泼开朗，善于交际，感情易于外露，处事不拘小节，独立性较强，但有时粗心、轻率。内倾型的人心理活动倾向于内部，感情含蓄，处事谨慎，自制力强，交往面窄，适应环境比较困难(见表 3-2)。

表 3-2 内外倾性格特征表

内倾型		外倾型	
总特征：沉静、孤独、倾向于内心活动		总特征：活泼、直爽、更关注外部事物	
孤独型	沉默寡言、谨慎、消极、孤独	社会型	爽朗、积极、善变、顺应
思考型	善思考、肯钻研、提纲挈领	行动型	现实、说干就干、易变、好动
丧失自信型	自卑、自责、强烈的罪恶感	过于自信型	瞧不起人、高估自己
不安型	规矩、清高、小心	乐天型	胆量大、大方、不拘小节
冷静型	小心谨慎、沉着、稳重	感情型	敏感、喜怒无常

(3)按照个体依存性和独立性划分

美国心理学家威特金把人分为独立型和顺从型。独立型的人不易受到外来事物的干扰,他们具有坚定的信念,能独立地判断事物、发现问题和解决问题,在紧急和困难的情况下不慌张,易于发挥自己的力量,但有时会把自己的意志强加于人,固执己见,不易合群。顺从型的人随和、谦虚、易与人合作,但是独立性较差,易受暗示,在紧急情况下易惊慌失措。

三、气质和性格的关系

1.气质和性格的联系

气质和性格是人的不同的心理特征,但又密不可分,在人们的日常行为中,气质和性格之间总是相互渗透、彼此制约,作为一个整体而表现出来的。气质是性格的生理基础,具有先天性、稳定性;性格则是后天铸成的,性格对气质有制约作用。

2.气质与性格的区别

气质影响性格特征的表现方式,使一个人的性格表现具有外在的独特色彩和风格。例如,同样是具有勤奋的性格特质,胆汁质的人往往表现在一股"猛劲"上,有一种顽强拼搏、猛打猛冲的风格;而黏液质的人则常常表现在一股"韧劲"上,有一种持之以恒、锲而不舍的色彩。

气质影响某些性格特征的形成速度,使同一种性格特征在不同气质类型的个体身上的形成有难易之分。例如,在同样条件下要遵守纪律,黏液质的人要比多血质的人更容易一些。而要形成勇敢的性格特征,胆汁质的人要比抑郁质的人更容易一些。

许多研究表明,个体的某些气质特点有利于某些能力的发展,而有的则阻碍着某些能力的发展。一项实验研究表明,弱气质组完成勾掉随机排列的字母表中的字母的成绩高于强气质组,而强气质组记录声音信号的成绩要高于弱气质组。气质类型相异的人配合工作比气质类型相同的人配合能取得更好的成绩。因此,无论是外倾或是内倾,都有其优点和长处,但也有其各自的弱势和缺陷。

第三节 大学生健全人格的塑造

案例导入

小徐，男，某高校大四学生。小徐学习成绩优异，大学四年成绩名列年级前茅，在刚刚结束的推免保送研究生的选拔中获得了保送资格，如愿被北京某著名高校录取。小徐在确定自己被理想的学校录取后，却第一时间走进了心理咨询室。他自陈，在获知自己被录取的时候，心里还是很开心的。随后，他接到了来自家人、朋友、老师等人的祝贺，这时，他开始觉得自己没有大家以为的那么好，也一直觉得自己现在这个样子不是自己真正想要的。小徐说："我感觉自己被什么推着一直往前走，不由自主地往前走……我不知道自己想要什么……我对未来不感兴趣，我对现在也不感到开心。"

在他人看来非常优秀的小徐，对自我的认知却充满矛盾！大学生处于人生发展的关键时期，需要不断做到自我分化和整合，不断完善自己的人格。只有这样，才能够不断促进自我成长，实现与社会、时代等大环境的融合，成为国家发展、民族复兴的栋梁之材。

一、人格的发展阶段与其特征

人格的形成和发展是个体在与周围环境的交互作用中逐步形成的。美国心理学家埃里克森主张，人的一生可分为既连续又各不相同的 8 个阶段。这 8 个阶段是以不变的序列发展的，每个阶段都有其特定的发展任务，又都带有普遍性的心理危机。埃里克森在描述各个阶段的人格发展时，把重点置于自我在人格发展中的主导地位上。自我意识发展得好坏，发展任务完成与否，会使人格品质出现成功与不成功两种极端差别，即积极的或者消极的人格品质。同时，埃里克森强调，每个人的人格品质，并不是只能居于两个极端的，而是更多处于两端之间的某一个位置上。

1.婴儿前期（0～1.5 岁）

这一阶段，主要发展任务是获得信任感，克服怀疑感；良好的人格特征是希望品质。这一阶段的婴儿主要是获得生理上的满足，他们用口来接触社会，此外还通过视觉、触觉来接受外界刺激。在妈妈给予照顾和婴儿接受照顾的相互作用中形成本阶段的发展危机：信任与不信任。如果妈妈给予婴儿充分、温暖、及时、有规律的照顾，婴儿将形成信任感；反之，婴儿就会产生不信任感。

2.婴儿后期（1.5～3 岁）

这一阶段，主要发展任务是获得自主感，克服羞耻感；良好的人格特征是意志品质。仔细观察这一阶段的孩子，会发现他们反复用"我""我的""不"等词语来表示自己的自主性，但是这个阶段的孩子并不知道怎么做是安全、稳妥、正确的。所以，父母是不允许孩子为所欲为的，而是通过确立规则来规范他们的行为。

3.幼儿期(3～6 岁)

这一阶段,主要发展任务是获得主动感,克服内疚感;良好的人格特征是目标品质。这时候的孩子可以自己明确目标、制订计划,并积极行动达成目标。他们会对性别差异有特别的好奇心和求知欲。在这一阶段,如果儿童发展了较多的主动性和进取精神,就会在人格中形成目标品质;反之,则会产生无价值感。

4.童年期(6～12 岁)

这一阶段,主要发展任务是获得勤奋感,克服自卑感;良好的人格特征是能力品质。在这一阶段,儿童转向学习各种必要的谋生技能和使自己成为社会生产者所具备的专业技能,并从中产生一种勤奋感,这种感情会使儿童信心满满地在社会中寻找自己的工作。如果儿童不能产生勤奋感,就会觉得自己无所适从,从而产生自卑感。

5.青少年期(12～18 岁)

这一阶段,主要发展任务是形成角色的同一性,防止角色混乱;良好的人格特征是诚实品质。弗洛伊德认为,青春期性驱力的增加是具有破坏性的,它破坏了个体在童年期形成的平衡,将个体带入了一个新的发展境界。处于青少年期的个体,会因新的社会冲突和要求而变得困扰和混乱。比方说,他们会发现社会道德有时候期望他们是讲原则的,有时候期望他们是灵活的,那么他们到底应该何去何从呢?

在青少年期,个体通过自我分化、自我接纳、自我整合达到重新认识自我。如果个体能够从多个以及变化的情境中重新认识自我,诚实地面对自己在不同情境下的不同,并可以将自己在不同情境下的不同面貌统一协调看待,就会形成自我同一感,体会到诚实的品质。

6.成人早期(18～25 岁)

这一阶段,主要发展任务是获得亲密感,避免孤独感;良好的人格特征是爱的品质。建立良好自我同一感的青年,能够在与别人的真正分享中忘记自己,从而体会到爱。

7.成人中期(25～65 岁)

这一阶段,主要发展任务是获得繁衍感,避免停滞感;良好的人格特征是关怀。这一阶段的个体都建立了自己的家庭,他们开始体会到成家立业的乐趣,在抚育下一代的生活中体验关怀的品质。

8.成年后期(65 岁至死亡)

这一阶段,主要发展任务是获得完善感,避免失望或者厌恶感;良好的人格特征是智慧、贤明品质。这个时期的个体通常在慢慢丧失体力和健康,渐渐退出工作领域,他们需要面对自身身体的衰老和社会功能的降低。

埃里克森认为,人格是一个连续的、不断的发展过程,前一个阶段的发展状态会影响下一个阶段的发展,特别是个体早期的发展对个体的心理发展质量影响重大。

二、健全人格的特征

健全人格是人的本性在充分发挥时所能达到的境界，是人类应该追求的价值目标。健全人格和现实人格不同，健全人格是一种在结构上和动力上向崇高人性发展的人格状态。健全人格的理想标准就是人格的生理、心理、社会、道德和审美各要素的统一、平衡、协调，人的才能得以充分发挥，人格内部各方面不发生对抗、冲突和分裂。健全的人格具有如下特征。

1.正确的自我认知

自我意识是个体对自己和自己与他人、与周围世界关系的认识。具有健全人格的人，对自己的认识应该是全面的、客观的、多维度的，既能够了解自我、接纳自我、不断完善自我，又能够有效调整自己的行为，与他人、与周围世界保持平衡。

2.乐观向上的生活态度

积极的人生态度是人类在社会生活中获得的本质力量的体现。乐观的人，不论逆境还是顺境，都能够看到生活的光明面，对前途充满希望和信心，从而能够聚集力量，努力应对生活中的各项事务，最终实现自己的目标。

3.良好的情绪调控能力

情绪是人格成熟度的标志。人格健全的人，情绪反应适度，具有调节和控制情绪的能力，经常保持愉快、满意、开朗的心境，并富有幽默感。同时，当消极情绪出现时，能合情合理地宣泄、排解、转移、升华。具有良好情绪调控能力的人，能够有效地发动、支配或者抑制自己的激情、冲动，凡事能够从长远考虑，努力促成目标的实现和自身的成长。

4.和谐的人际关系

人际关系最能体现一个人的人格健全程度。人格健全的人乐于与他人交往，并且在与他人交往的过程中，常常体现出真诚、谦虚、忍让、宽容、理解等态度。在面对复杂的人际关系时，人格健全的人既不会委屈自己、压抑自己，又不会侵犯对方、伤害对方，能够促进关系的正向发展。

5.良好的社会适应能力

社会适应能力反映了人与社会的协调程度。人的社会适应能力是在社会化的过程中不断发展的。人格健全的人能跟社会保持良好的、密切的接触，以一种开放的心态主动关心社会、了解社会、融入社会。

三、大学生健全人格的培养路径

著名心理学家荣格曾说:“影响人格发展的，首先是人的个性化程度，其次才是环境。”也就是说，在人格形成、发展的过程中，个体的认知能力具有更重要的作用。大学生的人格发展与完善更多地在于大学生的自我意识。我们可以从以下几个方面来努力促使大学生形成健全的人格。

1.增进自我了解，是人格发展与完善的基础

人格的培育与塑造，其最终目的在于纠正消极人格或人格缺失，发展和培养健康人格，因此，清楚知晓自身的人格特点，认识自己人格中的优点与不足，以便对症下药，解决问题。现在，大学生可通过多种科学的心理测试来了解自己的人格特质、气质类型、心理状况，也可以通过预约心理咨询师，由心理咨询师帮助自己了解自己。

2.加强自我教育，是人格发展与完善的保障

自我教育是大学生人格发展与完善的重要途径之一。自我教育是外在教育与环境综合影响的内化和深化，是人格形成与发展过程中由被动向主动转变的关键。其主要内容和方法包括学习自省、增强适应能力、保持良好心态等。

孔子曾说“吾日三省吾身”，就是指通过不断地自我反省达到审视自我、学习他人的目的。在自我反省的过程中，既不要过分地贬低自我、否定自我，也不要自我膨胀与自负。

心理学家艾夫考指出，适应是个人与环境之间的互动关系，适应能力是个人在与环境互动之中所表现出的心理状态和应对状态。一般而言，大学生的适应能力包含学习适应、人际关系适应、生活适应等。大学生应主动去适应大学的学习、生活、人际关系。大学生可通过向书本或身边优秀的同学学习如何进行人际交往、如何适应大学生活，也可向辅导员、心理咨询老师寻求帮助。

情绪管理是个体对自身情绪的一种自我认知、控制和区分。对大学生而言，能否有效地管理好自己的情绪，对于自身的学习、人际关系、身心健康等人格的发展与完善都具有重要意义。

3.积极参加社会实践，是人格发展与完善的关键

孔子曾对弟子言“君子欲讷于言而敏于行”，用今天的话说就是“君子要少说多做”。墨子也曾言“士虽有学，而行为本焉”，也在强调有学识还远远不够，更关键的在于去行动。可见，任何目标的达成都要通过实践。大学生正值求知欲、自我意识、独立意识的发展时期，他们渴望独立，希望通过实践来证明自己。对此，大学生积极参加学校的各类社会实践活动，在实践中检验自己所学的知识是否到位，检验自己的看法与认知是否正确，这有助于加深大学生对社会的认识和理解，也能增强大学生自身的辨识能力与社会责任感，推动大学生人格的发展与完善。

4.提升抗挫能力，是人格发展与完善的条件

挫折是指人们想要达到某种目标而受到阻碍和制约，因无法及时克服而产生的紧张、焦虑的状态和情绪反应。抗挫能力则指个体在遭遇困厄和挫折时，能够摆脱困扰，走出困

境,也就是能承受得住打击或经得起困苦的能力。大学生正值青春年少、精力充沛之时,对未来有诸多美好的理想和愿望且心理期望高。但由于从小学到中学再到大学学习生活环境单纯,人生经历单一,再加上家庭、社会等多种因素的影响,不少大学生缺乏应对挫折的心理准备和勇气,抗挫能力较弱。为此,大学生应重视对自己抗挫能力的锻炼和培养,加强对自我面对挫折的教育,如多去聆听抗挫励志教育讲座,学习励志人物身上坚韧不拔的精神等。同时,遇到挫折要沉着冷静,以正确的立场、观点、方法应对,也可向老师、家人、朋友等求助,逐渐形成自我调节、自我激励、自我悦纳的乐观、自信的应对态度。

5.构建良好的人际关系,是人格发展与完善的必备要素

俗话说"在家靠父母,在外靠朋友",这道出了当今社会人际关系的重要性。人际关系所提供的人际支持作为一种重要的弹性资源,是个体调节情绪、降低压力和焦虑、提升主观幸福感的重要因素,也是一个人成功与成才的重要条件。

心理活动方案

活动主题:优化性格,追求卓越

活动目的:了解自己的人格特点,对积极的心理品质进行优化。

活动步骤:

(1)对照自己崇拜的成功人士,评价他们的成才心理品质,分析自己的现状,从自我意识、追求的目标、责任感、恒心和毅力、自控力等方面进行现状评定,提出优化的目标与措施以及后期的执行计划。

(2)小组分享:在5项成才心理品质中,每个人做得最好和最差的是哪些,找出带共性的心理特点。

(3)选择对自己的成长影响最大的某一性格弱点,制订优化成才心理品质的目标与措施,小组成员评议目标是否合适、措施是否有效,相互监督实施。

(4)每学期进行检查,比一比看谁成长快。

心理百草园

1.图书:[法]古斯塔夫·勒庞.《乌合之众:大众心理研究》

本书为社会心理学领域的经典著作,作者以十分简约的方式,考察了群体的特殊心理与思维方式,尤其对个人与群体的迥异心理进行了精辟分析。领袖的影响力只在很小的程度上是出于他们提出的论据,而在很大程度上来自他们的名望。

2.图书:张德芬.《遇见未知的自己》

这本书可以让你了解自己、看清小我,进而在生活中操练,让自己更加自在、解脱、快乐。而感恩,正是你用谦卑的心去体会一切之后,自然而然发生的。感恩会带来更多的谦卑、更多的福分、更多的快乐,这样就形成了一个非常好的良性循环。

3.图书:周洪俊.《人格魅力——你的核心竞争力》

本书认为人格魅力是一个人走向成功的核动力,是开启世界宝藏的金钥匙。一个人如果拥有了人格魅力,就会焕发出迷人的风采,让人难以忘怀,被大家尊重、热爱和需要。《人格魅力——你的核心竞争力》从科学管理与系统工程视角论述了决定人格魅力的"五大核心要素""五大思维方式""五大竞争魅力"和"正能量人生理念",并告诉读者如何提升人格魅力。

4.电视剧:《士兵突击》

通过描写单纯而执着的许三多的军营生活,引发了人们对成长、友情、信念、坚持、承诺、挫折、梦想等的反思和启迪。

心理测试

指导语:本测验是从艾森克个性问卷中筛选出的20道题,通过该测验,可以简要了解自己的气质与个性。请根据自己的实际情况,对以下题目做出回答,每个答案无所谓正确与错误。回答"是"时,就在"是"后的方框内打"√";回答"否"时,就在"否"后的方框内打"√"。

1.你是否比较活跃? 是□否□
2.你有许多朋友吗? 是□否□
3.你是一个健谈的人吗? 是□否□
4.你是否喜欢对朋友讲笑话或有趣的事情? 是□否□
5.新交朋友时一般是你主动吗? 是□否□
6.你是否常常参加许多活动,且超过了你的时间所允许? 是□否□
7.你认为你是一个乐天派吗? 是□否□
8.你喜欢忙忙碌碌和热热闹闹地过日子吗? 是□否□
9.你有许多不同的业余爱好吗? 是□否□
10.别人认为你是生机勃勃的吗? 是□否□
11.你常常无缘无故地感到无精打采和倦怠吗? 是□否□
12.你是一个多忧多虑的人吗? 是□否□
13.你觉得自己是一个神经过敏的人吗? 是□否□
14.你是否常常觉得人生索然无味? 是□否□
15.你是否总在担心会发生可怕的事情? 是□否□
16.你的心境是否常有起伏? 是□否□
17.你是否时常感到"极其厌倦"? 是□否□
18.你常感到孤单吗? 是□否□
19.你认为自己很紧张,如同拉紧的弦一样吗? 是□否□
20.当别人寻你的差错,找你工作中的缺点时,你是否容易在精神上受挫? 是□否□

计分规则与结果解释：

1.每回答“是”记 1 分，回答“否”不计分。

2.前 10 题的总分反映你的个性倾向（内向、中间、外向）。1～3 分为内向，4～7分为中间，8～10 分为外向。

3.后 10 题的总分反映你的情绪的稳定性（稳定、中间、不稳定）。1～3 分为稳定，4～7分为中间，8～10 分为不稳定。

4.在下图中做两条直线，相交处便是你的性格类型。例如，你的个性倾向题为 8 分，情绪稳定题为 3 分，那么，你的个性外向、稳定，属多血质型。

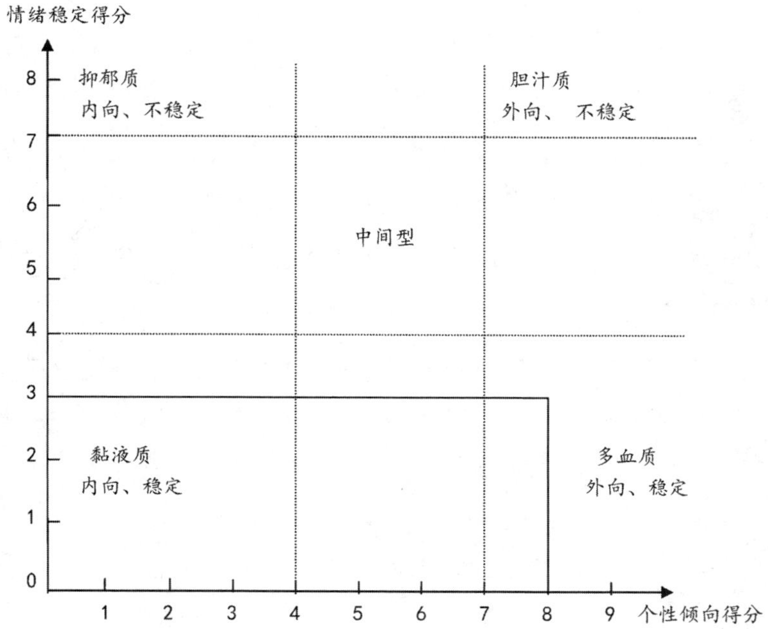

第四章

做情绪的主人

——大学生的情绪管理

在日常生活、学习和工作中，我们无时无刻不被一种体验所包围、所牵动着。我们在听到考试高分通过时的喜悦，在与他人发生争执时的愤怒，在与恋人分手时的悲伤，在欣赏一部笑料十足的喜剧片时的开心，在得知逃课被老师点到名时的惊慌等种种体验，都是我们与生俱来的，并且能让我们的生活变得难以捉摸的——情绪。

情绪不仅是反映心理状态的晴雨表，同时它也影响、指引个人的行为，因此，拥有积极、健康的良好情绪是保障生活、学习和工作的重要前提。大学生在健康成长的道路上需要认识并了解那些影响个人身心发展的不良情绪状态，掌握调适不良情绪及培养良好情绪的方法。

第一节 认识情绪

案例导入

小军，男，19岁，本科二年级。刚进校时，情绪特别高昂，喜欢参加学校和班级的各种活动，还喜欢和宿舍同学聊天，一起出去玩。但没过多久，他在一次参加系学生会的竞选过程中，因为事前没有充分准备，公开演讲时出现忘词、结巴等糟糕表现，结果他落选了，其积极情绪也因此遭受打击，长时间未从消极情绪中恢复过来。

他现在情绪波动很大，情绪不好时，宿舍同学说话他也不理睬；情绪好的时候，又主动找同学沟通，同学们都说他个性怪异。他在学习上也是如此，情绪不好的时候，书一点都看不进去。看到周围同学都很刻苦，他也只好硬着头皮去上自习，但效果甚微。上学期他的考试成绩还不错，都是在情绪好的时候抓紧补起来的。

案例中，失败导致小军的失落感增强，以情绪主导自己的日常行为，不能理性对待这一事件，从而对自我评价过低。过低的自我评价，使其自信心锐减，影响了学习效果。其实，消极情绪表现强烈和不稳定，是处在青春期的大学生普遍存在的现象，这不是“病”，而是青年初期在遭受打击后的消极心理特点之一。

一、情绪的定义

情绪（广义的）是指人对客观事物是否符合自己的需要而产生的内心体验。或者说，人脑对客观事物及主体需要之间关系的态度体验即为情绪。

首先，情绪产生的源泉是客观事物及主体需要。正如“世上没有无缘无故的爱，也没有无缘无故的恨”这句话所反映的，产生内心体验的前提是有客观事物及主体需要的存在，所以，情绪虽是与生俱来的本能，但也不能凭空产生。

其次，情绪是以需要为中介产生的。在客观事物符合主体需要、人的需要，又或人的动机得到满足或实现时，个体将会产生积极的情绪体验；反之则引起消极的情绪体验。

再次，情绪是主体的一种主观感受、内心体验。开心、愉快、愤怒、恐惧、焦虑等情绪的产生会因主体的不同及主体需要的不同表现出差异化，具有主观性。体验正是情绪、情感有别于认知的重要方面，尽管三者都是一种心理反应过程，但认知是以形象、概念或推理来反映外界事物的，并非以体验或感受来反映的。

最后，情绪能够引起微观的生理变化和宏观的表现。我们都曾经历过紧张时掌心出汗、心跳加速，生气时血压升高、呼吸急促，恐惧时瞳孔放大、呼吸减慢等类似的生理变化。

二、情绪的类型

1.基本情绪和复合情绪

情绪是多种多样的，从生物进化的角度来看，情绪可以分为基本情绪和复合情绪。

(1)基本情绪

基本情绪是指某种单一的情绪，是与生俱来的，动物和人类同样拥有。基本情绪的类型划分方式不同，佛学概括出“喜、怒、哀、乐、爱、恶、欲”等“七情”；我国中医理论中的“七情”稍有变化，指“喜、怒、忧、思、悲、恐、惊”等七种情志。近代心理学研究中一般把基本情绪分为快乐、愤怒、悲哀和恐惧四种类型。

(2)复合情绪

复合情绪是在上述四种基本情绪的基础上，通过不同的组合派生出的复合情绪体验形式，属于高级的社会情感。例如，由疼痛引起的不快，是比较单纯的情绪；而悔恨和羞耻则包含了不快、痛苦、怨恨、悲伤等复杂因素，是复杂的情绪体验。羞耻感继而变成了道德体验的成分，它对于培养高级的道德情感具有重要意义。

2.心境、激情和应激

根据情绪发生的速度、强度和持续性，可以把它分为心境、激情和应激三种类型。

(1)心境

心境是一种比较微弱、持久，具有弥散性、渲染性的情绪状态，通常叫作心情。个体产生的某些情绪按其强度来说并不强烈，但这种情绪状态并不在事过之后立即消失，往往会持续一段时间，它影响着人各方面的行为。各种行为体验都会感染到相应的情绪色彩，也就是所谓的“忧者见之则忧，喜者见之则喜”。引起心境的原因是多方面的，大学学业成绩的高低、工作顺利与否、人际关系融洽与否等诸如此类的个人生活中的事件都可能引起某种心境。另外，身体健康状况、精神状况等也会引起不同的心境。

心境可以分为积极的心境和消极的心境两种。积极的心境使人振奋乐观、朝气蓬勃，在乐观快活的心境下，工作、学习的效率都会提高；消极的心境使人颓丧悲观，工作、活动效率下降，影响学业的顺利完成及身心健康。因此，无论我们是在大学生活中还是在今后的生活工作中，都应当保持积极乐观的心态，及时调整和控制自己的心境，发挥积极心境对工作、学习的促进作用。

(2)激情

激情是一种短暂的、强烈的、爆发式的情绪状态，伴随着剧烈的生理反应、内心体验和明显的外部行为表现。例如，盛怒时，拍案大叫，暴跳如雷；狂喜时，捧腹大笑，手舞足蹈；绝望时，心灰意冷等。

激情通常是由对个体具有重大意义的、突如其来的强烈欲望或刺激所引起的，有明显的指向性。生活中的重大事件、对立意向冲突、失恋、受人侮辱、突然的危险情境等都会引起激情。例如，在范进中举的案例中，范进在得知突如其来且盼望许久的喜讯时，内心体验到非常强烈的刺激，瞬间爆发出极度的喜悦之情，此时范进已很难克制自己的喜悦感，所以表现出了手舞足蹈等狂喜的行为。在激情状态下，人常常不能意识到自己在做什么，不能控制自己，不能预见自己行为的后果，不能评价自己的行为及其意义，激情状态的程度直接影响到分析问题的能力和自我控制能力丧失的程度。

激情也有积极和消极两种表现：积极的激情能够激发个体的活力，提高效率，激励我们积极向上、克服困难，帮助我们在竞赛中、在面对艰巨任务的紧要关头等时刻依然保持冷静的理智和坚强的意志；消极的激情是指对身体有害的、不符合社会要求的激情，它常常对个体活力产生抑制和阻碍作用，并且引起个体在分析判断能力和自我控制能力下降的情况下做出冲动行为。因此，我们要学会控制自己的激情，做情绪的主人，避免在消极的激情状态下做出追悔莫及的事情。

(3)应激

应激是在出乎意料的紧张或危险情境下所产生的高度紧张的情绪状态。在出现意外事件或危险情况等应激源的状况下，人体为了适应和应对环境的各种要求，把机体的生理和心理资源都动员起来，以应付巨大压力和紧张的局面，这时所产生的复杂生理和心理反应就属于应激状态。其生理反应表现为通过神经系统、内分泌系统的反应，增加体内血流量，提高机体能力以做出适应反应。在发生这些生理变化的同时，往往还伴有焦虑、烦躁、恐惧、易激动、易怒等心理反应，甚至还会产生自卑、自罪、害羞等情绪体验。

同样，应激状态也有积极和消极之分。通过应付应激可以调整个体情绪。应激的积极状态可以通过培养和训练习得，消极状态也是可以控制的。所以，在了解了应激的作用和影响后，我们应该尽量发挥其积极作用，避免和控制消极反应，以促进身心健康发展。

拓展阅读

水知道答案

日本IHM研究所的江本胜(Masaru Emoto)博士等人自1994年起，以高速摄影技术来观察水的结晶。他们新近发表了实验结果《来自水的讯息》一书，证明带有善良、感谢、神圣等的美好讯息，会让水结晶成美丽的图形；而怨恨、痛苦、焦躁等不良的讯息，会让水出现离散丑陋的形状。对着水说好听的话、流露美好的情绪与说不好听的话、流露负面情绪，在显微镜下雪花的形状分为柔和、美丽与狰狞、锋利。

思考一下：这是为什么？

(参考答案：人体60%～75%都是水，如果对人说好听的话，人就会变得积极乐观，豁然开朗，从而产生好的情绪。人具有好情绪时身体呈现的状态，与负面情绪时是截然不同的。人的情绪的好坏也对应着健康与否。这个例子告诉我们善意温和的语言、积极的好情绪会让身体更加健康。对他人、对自己都要用积极正面的词语、亲和的语气，人是能接收语言语调的暗示的。语调中的情绪是沟通时候重要的表达成分，我们能够通过语调来传达意思。)

三、情绪的功能

1.动机功能

情绪具有激励作用,能够以一种与生理性动机或社会性动机相同的方式激发和引导行为。研究表明,适度的紧张和焦虑能促使人积极地思考和解决问题。从情绪的动力性特征来看,情绪分为积极增力的情绪和消极减力的情绪。快乐、热爱、自信等积极增力的情绪会提高人们的活动能力,而恐惧、痛苦、自卑等消极减力的情绪则会降低人们活动的积极性。有些情绪同时兼具增力和减力两种动力性质,如我们所熟悉的考试带来的恐惧感可以导致复习考试时的消沉,也可以使人增加努力复习的力量。

2.信号功能

情绪的信号功能是指在人际交往中,人们除借助言语进行交流之外,还通过情绪的流露来传递信息、沟通思想的功能。情绪的这种功能是通过表情来实现的。表情具有信号传递的作用,属于一种非言语性交际。在社会交往的许多场合,人们之间的思想、愿望、态度、观点,仅靠言语无法充分表达,有时甚至不能言传,只能意会,或者需要表情交流使得言语信息表达得更为明确,这时表情就起到了信息交流的作用。其中,面部表情和体态表情更能突破一些距离和场合的限制,发挥独特的沟通作用,如学生上课不注意听讲,教师的一个眼神或者一个手势都会起到提示、警醒的作用,营造出一种“此时无声胜有声”的生动效果。

3.组织功能

情绪是一个独立的心理过程,有自己的发生机制和发生、发展的过程。情绪作为脑内的一个检测系统,对其他心理活动具有组织的作用。这种作用表现为积极的协调作用和消极的破坏、瓦解作用。大量的实验说明,积极作用促进思维的灵活性,有助于使人应付麻烦事件和减少对抗事件的发生。中等强度的积极作用状态对思维和决策的影响不仅是充分的,而且有利于改善思维和决策的质量。而消极作用会对操作效果产生负面影响,消极作用的激活水平越高,操作效果就越差。情绪的组织作用还表现在人的行为上,当人处在积极、乐观的情绪状态时,其行为比较开放,愿意接纳外界的事物,倾向于注意事物的美好方面。当人处于消极的情绪状态时,容易产生失望、悲观、自暴自弃的情绪,甚至产生攻击性行为。

4.健康功能

有机体适应生存和发展是通过调节情绪来进行的,情绪调控的好坏会直接影响人的身心健康,因此,情绪的健康功能也称为情绪的适应功能。我们通过微笑和愉快表示状态良好,通过难过和痛苦表示处境糟糕,通过察言观色了解他人状况等,总之,人们通过各种情绪了解自身或他人的处境与状况,适应社会需要,以求得更好的生存和发展。

拓展阅读

情绪和情感

情绪和情感都是人对客观事物的态度体验，它们既有区别，又相互依存、不可分离，曾经统称为感情。在当代心理学中，人们分别采用个体情绪和情感来更确切地表达感情的不同方面。

情绪主要指感情过程，即个体需要与情境相互作用的过程，也就是脑的神经机制活动的过程，如高兴时的手舞足蹈，愤怒时的暴跳如雷。情绪具有较大的情境性、激动性和暂时性，往往随着情境的改变和需要的满足而改变或者消失。"情绪"这个概念既可以用于人类，也可以用于动物。而情感经常用来描述那些具有稳定的、深刻的社会意义的感情，如对祖国的热爱、对敌人的憎恨以及对美的欣赏等。情感具有较大的稳定性、深刻性和持久性。稳定的情感是在情绪的基础上形成的，而且它又通过情绪来表达。情绪也离不开情感，情绪的变化反映情感的深度，在情绪中蕴藏着情感。心理学主要研究情感的发生、发展的过程和规律，因此较多地使用"情绪"这一概念。

四、大学生情绪的特征

大学生正处在人生发展的青年期，美国著名心理学家斯坦利·霍尔在其《青春期：青少年的教育、养成和健康》(1904)一书中讲过，青年期是"疾风怒涛期"。此时的大学生虽然大部分不会继续表现出青春期常有的叛逆心理状态，但是面临个体成熟、环境变化所带来的多种冲突，以及大学生这一群体具有的独特的社会地位、知识水平、心理发展特点和生理状况，他们的情绪和情感具有鲜明的特点，具体表现在以下几个方面。

1.情绪活动丰富多样

大学生正处于走向成熟而又未真正完全成熟的发展阶段，心理在发展过程中呈现出不平衡性。大学生内心需要的种类和强度不断增加，兴趣爱好广泛，日常活动多样，其情绪也日益丰富多样。这主要表现在大学生所具有的多样性的自我情感上，即对自我认识的态度体验，如自尊、自卑、自负等；另外，还增加了在两性感情上即对爱情的明显情绪体验。

2.情绪强烈，兴奋性高

大学生情绪的兴奋性和强烈性主要表现为对某一种情绪的体验特别强烈、富于激情，即兴奋性比较高。由于大学生自我意识的发展，对各种事物比较敏感、反应迅速且精力旺盛，这一切都使得青年大学生的情绪远比一般青年更加明显、强烈，且情绪一旦爆发就很难控制，表现得更加感情用事。此外，青年期的神经内分泌的活动特点，使大学生神经活动的兴奋过程往往优于抑制过程，并且容易引起兴奋的泛化和扩散，导致情绪的兴奋性较高。

3.情绪具有波动性

估计同学们都上演过“前一秒晴天，下一秒阴雨”的个人情绪变化的戏码，这就是大学生情绪具有波动性的表现。这主要表现在两个方面：一是大学生的情绪在两极间变化频繁，诸如人际关系的变化、学习成绩的好坏都可能引起大学生情绪的变化，从而使情绪时而高涨，时而低落，从一个极端转为另一个极端；二是大学生还常常表现出莫名其妙的情绪波动、交替。大学生情绪起伏波动的主要原因是其在生理、社会和心理上发展的不平衡所产生的矛盾冲突，这常在情绪体验中得以表现。另外，大学生的辩证思维的发展水平还不是很高，面对矛盾情况时容易产生偏激的认识，从而引起情绪上的两极反应。

4.情绪向心境发展

大学生情绪的强烈冲动、起伏波动只是一个方面，与之相对的是大学生情绪的心境化，也就是一种微弱、持久的情绪状态。由于大学生的情绪不像幼儿那样受制于外部刺激，大学生具有了一定的自我控制情绪的能力，能够对强烈的情绪反应进行自我调适，因此，情绪一旦被激发，还会转化为心境，即拉长了情绪状态。尽管情绪状态会有缓和，但其余波还会持续相当长的时间。例如，大学生的很多不良情绪如自卑、抑郁、焦虑等，都具有心境化的特点，不仅令有的学生长期陷入这种情绪状态中，而且还会弥散到学生正常生活、学习的方方面面，更有甚者会导致一些恶性事件的发生。

5.情绪的内隐性

大学生的情绪有时外露，有时内隐。一般情况下，大学生的情绪体验与外部表现是一致的。例如，大学生的喜怒哀乐常形于色，就是大学生毫不掩饰自己的情绪。但是，由于大学生知识经验的增加和自我意识的成熟，又使得他们在一些特定场景和事件上，情绪的外在表现和内心体验往往并不一致，大学生们会隐藏、掩饰、抑制自己的真实情感，或表现出一种经过修饰了的情绪和行为。

第二节　大学生常见的不良情绪及产生原因

案例导入

某大学大四男生小孙在校园开车，一直按喇叭催促前面行走的同学。按了几次喇叭，前面的同学仍未改道，小孙随即停车，并走到前面同学跟前二话不说就是一巴掌。这一巴掌导致前面同学眼镜破裂并划伤了右眼下方的皮肤。小孙一开始并未意识到自己的行为会产生多么严重的后果，但他因为前行同学不让道出现暴躁情绪并转换成了打人行为，最终受到校纪的严厉处分。

或许有时同学们也会有和小孙类似的体验，因为一些小事不如意而控制不住自己的情绪。作为初入大学的新生，面对全新的生活体验更可能会出现一些负面的情绪。如果陷于不良情绪体验中不能自拔或体验强度和持续时间都超过一般人，严重妨碍学习和生活，此种情绪反应便成为异常情绪或情绪障碍。这些情绪反应既可以有一般的表现，也可以在各种以情绪障碍为主要症状的神经症（如抑郁症、焦虑症、恐惧症）上有所表现。

一、大学生常见的不良情绪

由于大学生活带来的种种压力，大学生出现越来越多的不良情绪，虽然没有带来很大的身心危害，却不同程度地影响了大学生的学习效率和日常生活质量，阻碍了其潜能的发挥。大学生的不良情绪主要表现在以下几个方面。

1.自卑和骄傲

自卑是个体由于某种生理、心理上的缺陷或者其他原因所产生的对自我认识的态度体验，表现为对自己的能力或品质评价过低，轻视自己或看不起自己，担心自己失去他人的尊重的心理状态。与自卑情绪相反，骄傲是一种因为盲目自高自大而认为自己了不起，什么都比别人强，看不起他人的情绪体验。大学生的骄傲心理表现得不是很外露，往往是从内心排斥他人。

2.嫉妒

嫉妒是感到不如别人而产生的一种痛苦或不满、自责的情绪体验，是一种企图缩小或消除与他人差距、恢复原有平衡关系的手段，是一种错综复杂的情绪，在大学生中有一定的普遍性。虽说嫉妒是人类的一种通性，但是那些自尊心过强、虚荣心过剩、自信心不足、以自我为中心、认知有偏差、自控能力弱的大学生更容易产生嫉妒的想法，而且程度往往更为严重。

3.易怒

大学生正处于热情高涨、激情澎湃的时期，情绪具有明显的兴奋性、波折性和爆发性特点。当个人的愿望与意图因别人的反对与阻挠而不能实现时，会产生不满的情绪；当这种不满的情绪增加时，便会产生愤怒。而大学生与其他同龄人相比往往表现得更为激烈，显得更为自尊、敏感和争强好胜，因而更容易在外界刺激下激起愤怒情绪，甚至做出有危害、不理智的行为。不良的家庭环境和教育、错误的认知、个性修养方面的缺陷，以及先天气质类型都是大学生激动易怒的重要原因。

4.冷漠

冷漠是强度不够的一种情绪反应，是一种对人对事漠不关心的消极情绪体验，是一种情感的萎缩。大学生易出现“学生型冷漠”，在全新的、丰富的校园生活中，有些学生表现出一种麻木不仁、漠然的态度。不知为什么活着，做什么都兴致索然，既感觉不到快乐也感觉不到悲哀，对生活既不肯定也不否定，好像感情枯竭了一样，心理学上把它称为“学生型冷漠”。它和一般的神经衰弱或抑郁型神经病表现出的冷漠不同，它是“有选择性的退却反应”，即在学习竞争（如考试）中表现出退却行为，是一种自我逃避式的退缩性心理反应。学习兴趣消失殆尽，上课无精打采，甚至逃课，而对其他活动，诸如网络游戏、扑克等娱乐活动等却很热衷。一般认为，造成这种学习情绪减退的原因与学习竞争所带来的压力有关。

除上述几种常见的不良情绪外，大学生还会出现压抑、焦虑等多种不良情绪，这些不良情绪都会给大学生的生活带来一定程度的影响。因此，大学生需要意识到这些不良情绪的存在，理性调整好情绪状态，才能寻找到生活中的快乐之源。

拓展阅读

威灵顿受蛛网启发大败拿破仑

19世纪初，英国有位将军在战场上打了败仗，狼狈而逃。时值下雨，于是他躲进了一家农舍的草堆中，沮丧、懊恼正充斥着他的大脑。茫然中，他忽然发现墙角处有一只蜘蛛在风雨中拼命结网，蛛丝一次次被吹断，但蜘蛛一次次拉丝重结，毫不气馁，终于把网结成。将军深受激励，后来重整旗鼓，最终在滑铁卢之役中打败了拿破仑。这位将军就是历史上赫赫有名的威灵顿。

点评：遇事冷静，从容控制情绪，是促进事物发展的一个有利因素。威灵顿正是一个能理性控制不良情绪的人。即使数次败于拿破仑，但最终没有灰心，而是调整不良情绪，反败为胜。为人处世，一定要学会控制自己的情绪，扬正抑负，这样才可能成功。

二、不良情绪产生的原因

错误的认知是产生不良情绪的直接原因。心理学中的情绪 ABC 理论认为，诱发情绪的事件(activating events)本身是客观的,没有合理与不合理之分,左右我们情绪(consequence)的因素是对事件的态度和解释以及相关的信念(beliefs)。对事件正确的认知一般会导致适当的行为和合理的情绪反应,而错误的认知往往是导致不良情绪的直接原因。我们生活当中不合理的认知主要包括以下几种。

1.绝对化思考

这种认知倾向在评价情境与身心变化时容易走极端,即要么全对,要么全错,往往把生活看成非黑即白的单色世界,没有中间色,思维缺乏灵活性。绝对化思考方式在我们生活中经常发生,核心问题是价值观存在偏离,不能全面正确分析事情。

2.任意推断(胡乱猜测)

任意推断即在证据缺乏或互相矛盾之时,武断地做出结论。任意推断其实是“把想象当现实”的胡乱猜测。例如,有位朋友在街上与你擦肩而过,因为他正在沉思冥想,没有注意到你,所以没有同你寒暄,于是你错误地做出结论:“他对我不理不睬,肯定不再喜欢我了。”由此带来愤恨和忧虑。

3.选择性消极注视(心理过滤)

这是一种以偏概全的认知方式:选择了一个细节而忽略了其他方面,以致整个情绪都染上了这一个细节的色彩。例如,一位害羞的男生鼓起勇气向自己喜欢的女生表白,但是女生拒绝了他的爱意。于是他认为自己一无是处,再也不会有人来爱他了,终日消沉、烦闷甚至怀恨在心。

4.情绪推理

情绪推理是指将感性当理性,凡事跟着感觉走。出现这种情况时,人们会认为自己的消极情绪必然反映了事物的真实情况,这会妨碍人对真实情况的认知,从而产生负面情绪。例如,上台讲话没有讲好,感觉倒霉,然后痛恨上台;早上起来摔了一跤,心情不好,然后一天都会觉得倒霉;老师选了其他同学和你一起做事情,而自己不太满意,然后就觉得这个老师很讨厌,那些同学也很坏。

5.“应该倾向”

对自己坚持一种标准,如果行为未达到标准,就会责难自己,产生内疚、悔恨。对别人,则觉得失望或怨恨。在这种“必须……”“应该……”的要求下,许多人不知不觉地形成了强迫。“应该倾向”的基本表述方式为:“我应该……”“我必须……”“我希望你……”“你必须……”。例如,认为我必须得到所有人的喜爱;我应该做好所有事情;老师应该公平对待每个人;我是一个好女孩,不应该主动对男孩好。

第三节 学会培养良好的情绪

案例导入

每个人心中都有把“快乐的钥匙”，但我们却常在不知不觉中把它交给别人掌管。一个女大学生小梅小时候遭遇车祸导致截肢。她曾经非常沮丧，因为自己身体有缺陷，她很在意家人、朋友、老师，甚至是陌生人的看法。在妈妈的开导下，她逐渐改变了自己的想法，不断调整情绪，做那个掌管自己快乐钥匙的人。“我们都是活生生的人，会快乐也会痛苦，这两种情绪缺失其中一个，都是不完整的。微笑和流泪都是我们生而为人的权利。而我想自己与他人不大相同的一点，就是消化痛苦的能力比别人更强。当遇到一件不好的事情发生时，我做的第一件事从不是抱怨或者发火，而是反思、分析事情为什么会到此地步，我又从中得到了什么教训。反思结束后，那些令人不快的事情都会被埋在心里，被我吸收，变为养料，而教训却会一直留在心里，时时警醒自己。”现在的她非常自信，有自己的梦想，她的大学生活多姿多彩，她像一个小太阳一样照耀着身边的人。

良好的情绪对事业成功有着重要的作用。不管处在怎样的逆境，只要你拥有积极热情的情绪，都能够战胜困难；如果情绪能被妥善运用，可以使我们更好地驰骋人生疆场。情绪是生命的一部分，就像我们的手与脚、过去的经验、累积了的知识能力等，是为我们服务的，使我们的人生更加美满。可惜的是，在今天的校园里，有不少同学陷入迷惘苦恼中不能自拔，成为自己情绪的奴隶，而不是驾驭自己情绪的主人。在我们的身边，不难发现有些同学总是那么热情积极，而有些同学遇到些许事情都可能郁闷很久。其实，那些积极的人也并不见得遇到的都是开心的事情，他们之所以积极，是因为他们善于培养良好的情绪，能够驾驭情绪，成为情绪的主人。

一、情绪健康的标志

大学生的情绪和情感是否健康，要看他对学习、对生活、对自己、对他人是否具有积极的态度，是否能保持乐观稳定的心境，是否能对影响情绪的事物做出正确的理解和正常的反应。具体而言，健康的情绪应具有下述基本特征。

1.热爱学习和生活

大学生的主要任务是学习。一个心理健康的大学生必须热爱学习，努力对事物进行探究以获得新知识，努力掌握新的科学技术以解决现实生活中的新问题。如果大学生不爱学习，厌倦学习，或者只是热衷于某些消极而无益的活动，如沉溺于玩牌、酗酒或获得性体验等，显然是情绪不健康的表现。

大学生还需要关心社会生活的变化，关心国家大事和世界大事，对生活有强烈的兴趣，并能不断从生活中获得新的乐趣。热爱生活，不仅表现为关心社会生活，还表现为积极参与社会生活，乐于参加一些重大的政治、文化和娱乐活动，并努力克服生活中的困难与挫折，不折不挠地追求实现美好的生活目标，在奋斗中体验到快乐。如果一个大学生感到生活空虚、无聊、没有意义而产生厌倦，或者无所事事，得过且过，这同样是情绪不健康的表现。

2.悦纳他人

悦纳他人就是能正确理解人与人之间的关系，认识别人的优点和长处，能理解别人的情感，并乐于同别人交往；对别人的缺点和弱点持宽容的态度，能同情别人的痛苦，并积极帮助别人解除痛苦。如果一个大学生总是看不惯别人取得的成绩，总是容不得别人的缺点和错误，对别人不是百般挑剔就是看不顺眼；对长辈强调“代沟”，视长辈为“老传统”“老脑筋”，不愿亲近；对同辈则强调个性差异，不愿沟通和接纳，孤傲自大，孤芳自赏，产生孤独的体验，这也是情绪不健康的表现。

3.悦纳自我

悦纳自我即从总体上对自己持肯定接纳的态度。虽然知道自己在外貌或个性上有某些不足之处，但认为自己的优点和长处是主要的，因而是自我认可、自我接纳的。是否能悦纳自己，同自我评价有关。有关研究表明，一个人的理想我与现实我越接近，相关系数越高，则自我接纳的程度就越高（正常人相关系数为 0.05～0.06；神经症病人在治疗前为 0，在治疗后可达 0.03 左右）。如果一个大学生怀有严重的自卑感或罪过感，自惭形秽或自我厌恶，他就难以自我悦纳，这常常是引起抑郁症的重要病因。

4.保持乐观而稳定的心境

大学生能适应环境的变化与外界事物的影响而保持乐观稳定的心境，这是情绪健康的重要特征。保持乐观而稳定的心境既有赖于长期的教育，也有赖于个体随时有意识地自我调节与控制。情绪健康的人应该是情绪的主人，大学生应学会在悲痛时自我缓解，忧愁时自我劝解，焦虑时自我宽慰，愤怒时自我疏导与控制。

情绪稳定表明一个人的中枢神经系统活动处于相对的平衡状态，也反映了中枢神经系统活动的协调。青年期的大学生无疑处于情绪容易激动的时期，而且容易由此产生过激的行为。随着年龄的增长、认识的成熟和自我意识的发展，他们对情绪进行自我调节与控制的能力增强，激动与冲动就会减少，情绪就趋于稳定。如果一个大学生像中学生那样，易于受外在环境的影响而产生兴奋、激动，情绪很不稳定，缺乏自我调节和控制情绪的能力，那就说明他的情绪尚不成熟，心理不健康。

5.情绪反应合乎同龄人的常态

青年人情绪的敏感性和反应的强度一般高于成年人，他们在节日喜庆或观看球赛时，比成年人更容易兴高采烈、欢呼雀跃。但是，如果大学生的情绪反应既与现实不符

（如不当笑时笑，不当哭时哭），也与同龄人的情绪反应不符，表现出类似小孩的过分幼稚、冲动而缺乏自控的能力，则是情绪不健康的表现。

二、大学生培养良好情绪的方法

尽管每种情绪的发生都有它的道理，都是我们生活中的一部分，但并不是说我们可以任由自己的各种情绪撒欢。个人能与自身和周围环境和平共处，才能获得一种和谐发展的动力。如果情绪常常处于失衡和低落的状态，心中的愁苦随时占据主动的话，身心健康就会遭到破坏，大学生主要的学习和生活也将受到不同程度的影响。因此，要让情绪成为我们成长的助力，就需要进行合理的情绪管理。尽管我们不能改变情绪的体验和情绪产生的生理反应，但是我们能够改变对事件的认知，能够改变我们应对情绪的行为。

1.提高自我修养

（1）培养幽默感

心理学家发现，在引起愤怒的实验中，幽默显然发挥着减少愤怒和不安情绪的作用。当一个人发现一种不协调的现象时，要使自己能很客观地观察面前的事物，同时又不使自己陷于激动的状态，最好的办法是以幽默的态度去处理。现实生活中有趣的事情并不少，大学生要学会观察、善于发现，同时通过阅读幽默文章，观看相声、小品，培养自身的幽默感。

（2）增加愉悦的生活体验

虽然生活中令人不愉快的事情有时不可避免，但为了个人的身心健康，应设法增加生活中的情趣，永远保持对各种事物的兴趣，对个人参加的活动倾注热情；遇到烦恼的事情要保持豁达的情绪，且心胸开阔，不自寻烦恼。只有这样看待问题、对待生活，才能享受其乐趣，拥有良好的心境。

多交朋友，多参加有益的身心活动，多实施帮助别人的善举；通过与朋友交往，或为别人做一些有益于实现自己价值的事情，从中收获友谊；参加朋友的聚会、参加体育锻炼等。这些活动都是愉快的体验，既有益于身心，又能陶冶性情；既可以获得友谊，又可以使人忘却烦恼，感受快乐。

（3）增强自信心

自信心训练是通过增强个人对生活、工作和学习的信心来摆脱不良情绪困扰的。仅仅靠心理医生的指导和训练是远远不够的，真正的自信心训练要贯穿于生活的每时每刻，即在做每一件事之前都要从从容容。首先，要看到自己的优势与长处，这是树立自信心的第一步；其次，在做每一件事时，要全身心地投入，尽自己的努力去做，不要有不必要的担心；再次，面对暂时的挫折，不要后退，要想方设法去克服，然后获取成功，当取得几次成功的经验后，你的自信心就会增强，进而摆脱因缺乏自信心而带来的困扰。

2.改变错误认知

认知疗法就是通过改变认知评价来直接影响人的情绪，调适情绪障碍。本疗法的关键在于重新客观地评价自己。

(1)与不合理的信念辩论

这是指用科学的、逻辑的方式同自己的不合理信念辩论。用这种方法的关键是要找出不合理的信念。可先找出诱发事件A，然后找出对这一事件的感觉及反应C，然后再找出对事件A持有的信念B。要分清信念B中哪些是合理的，哪些是不合理的，所要辩论的是那些不合理的部分。

(2)经常给予自己积极的心理暗示

这种方法主要用于克服大学生自身的一些错误的自我观念。这种观念经常表现为一种特殊的句式，如“我是一个一事无成的人”，一旦有了这样的逻辑判断，人们就会用这种判断来概括自己的一切行为。因为“我是一个一事无成的人”这句话总是暗示自己是个无能者，从而影响自我形象和自信心等。因此，要改变这种消极的认知，就要经常用积极正面的话语激励自己，如“我是一个乐观的人”等，即通过积极的心理暗示引导良好情绪状态的生成。

3.学习合理调节情绪的方法

(1)放松训练法

当你感到压力时，应使自己静下来10～15分钟，集中精力于呼吸上，计数每一次的呼和吸，这样可以放松全身，减小压力感。

(2)音乐疗法

音乐作为一种艺术，是影响人的情绪、情感的一种方式，曲调和节奏不同的音乐可以使人产生不同的情绪体验。如失眠时可以听莫扎特的优雅宁静的《摇篮曲》、门德尔松的《仲夏夜之梦》等乐曲；情绪浮躁时可以听《小夜曲》等宁静清爽的乐曲。每个人都可以根据自己的情绪状况，选择适合的音乐来调节自己的情绪。

(3)适当宣泄情绪

从心理卫生角度来讲，适度的宣泄可以把不快的情绪释放出来，从而使得紧张情绪得到缓解。适当宣泄情绪的方法有很多。

第一，倾诉。在情绪不好时可与亲朋好友谈谈，倾诉心中的烦恼；也可以找那些受过专门训练的人如心理咨询员，与他们探讨情绪方面的问题；还可以通过写日记的方式来倾诉自己的不快。

第二，能量发泄法。不良情绪可以通过适当的途径排遣和发泄。如果消极情绪不能适当疏泄，很容易影响身心健康。在盛怒愤慨时猛做一阵活动或进行剧烈的体育活动，在空旷没人的地方大声喊叫或唱歌，摔打一些不易碎的东西，寻求专门的情绪宣泄工作室的帮助等，均有助于释放不良的情绪。

第三，注意力转移法。把自己的注意力从消极方面转移到积极有意义的方面。例如，当你遇到苦恼的事情时，可将其抛到脑后或多看光明的一面，则会消除苦恼。心理冲突引起的不快，有时可以向外转移，以此来缓和、减轻内心的压力。

三、提升情感境界从良好情绪开始

个体都处于情感之中，高层次的情感可以让个体实现情感境界的升华，成为一个更加丰富而高尚的人。高层次的情感主要有道德感、理智感和审美感。道德感是对国家、民族的忠诚和热爱，是一种是非分明的正义感，是用于承担分内事的责任感。理智感是大学生对认识活动成就进行评价时产生的内心体验，包括对学习、研究的认识。审美感是对艺术的欣赏、环境的体验所产生的内心认识。培养高层次的情绪，要做到以下几点。

1.和正确的人在一起

科学家认为，人是唯一能接受暗示的动物。积极的暗示会对人的情绪和生理状态产生良好的影响，激发人的潜能，使人进取，催人奋进。有人说，人生的幸事就在于上学时遇到好老师，工作时遇到好领导，成家时遇到好伴侣。和正确的人在一起可以让自己的情绪更加平和，信心会增强，勇气会提升。这样日积月累的情绪就会发展为高层次的情感修养，成就个人也成就他人。

2.积极参与社会实践

情感是人的高级心理现象，是人类社会历史发展的产物。而社会实践是人不断创造精神财富与物质财富的活动，只有在实践中，人才能实现自身价值，提升自身素质，并不断形成高级的社会性情感。

大学生积极参与社会实践，能够不断丰富自己的经历，逐步学会理智科学地看待社会现象，多角度、全面地观察和分析社会问题。在社会实践中，不断塑造高尚的道德感，不断理解当今时代大学生的历史使命与责任。

3.用高层次的需要指导自我的发展

人的需要是多层次的，包括生理需要、安全需要、归属和爱的需要、尊重的需要和自我实现的需要。但是，任何个人需要的满足以及满足的方式，都是受历史条件制约的，不能离开具体的社会条件。用高层次的需要指导自我的发展，立足点高会让大学生的视野更加广阔。远大的理想和抱负会使大学生不再仅仅受现实的个体低层次需要的牵绊，眼前的一些现实困境会显得更加微不足道。就像时下流行的话语：生活不只眼前的苟且，还有诗和远方的田野。

心理活动方案

活动主题：晾晒心情

活动目的：

(1)促进成员之间的熟悉，建立良好的团体心理辅导关系。

(2)帮助成员检省自己的情绪，了解自己的主导情绪特点，并正确理解情绪对个体社会生活和身心健康所具有的意义。

活动准备：一些舒缓的音乐、卡片和笔。

活动方法：

(1)活动热身。全体成员围成一圈，伴随音乐，在领导者的带领下共同演唱《幸福拍手歌》。要求：大声歌唱，并且要配合歌词做出相应的肢体动作。

(2)冥想放松。伴随着舒缓的音乐，选择舒适的姿势，成员放松肌肉，回想近期生活中发生的事件，并注意自己情绪上的变化。

(3)纸笔练习。方法：发给成员每人一张卡片，要求成员完成下列句子。最近让我感觉高兴的事情是____________________，当时我的心情是____________________；现在想起这些事，我的心情是____________________。最近让我感觉不高兴的事情是____________________，当时我的心情是____________________；现在想起这些事，我的心情是________________。每当心情好的时候，我会觉得____________________。每当心情糟的时候，我会觉得________________。我的心情总是________________。

(4)交流分享。引导成员间进行交流讨论，帮助成员了解自己的主导情绪，感受不同情绪体验对生活、行为、健康的影响，使其认识到积极情绪的重要性。

(5)领导者呈现生活中与情绪有关的小故事，启发成员思考。如面对疾病，不同的情绪导致不同的结果。心理学实验中，相貌平平的女大学生经常被人赞美，心情愉悦，面带微笑，一段时间后，人们一致评价她比原来漂亮多了。

(6)成员讨论。引导成员认识到自己才是情绪的主人，应该主动构建快乐心情。

(7)结束。引导成员分享本次团体活动的收获和体会；领导者小结，结束团体活动。

心理百草园

1.图书：[美]朱迪斯・欧洛芙.《情感自由：让自己从消极情感中解放出来》

每一个人都应当建立积极的情感模式，避免消极情感的侵害。你不妨想象一下，当自己遭遇堵车时仍心沉气稳、当上司大发雷霆时还能保持从容不迫和轻松时感觉如何。培育积极的情感，唤醒内在的心灵力量，从而使自己拥有更加坚定的信心，以增强爱的能力以及获得幸福的能力。

2.图书:曾仕强.《情绪的奥秘》

人的一生都和情绪有关系,一生都要同它打交道。作者通过生动的语言、鲜活的案例,分析影响情绪的诸多因素。本书结合中国传统特点探寻中国人情绪的奥秘,要了解情绪、接受情绪,并适度地调节情绪,才能更好地生活并与他人和谐相处。

3.图书:朱光潜.《谈修养》

朱光潜先生就青年所面对的困惑及民族的命运等问题,先后写了22篇文章,谈了如何立志、读书、做人、处群、交友、做学问、恋爱及休息、消遣等问题。他鼓励青年树立远大理想,刻苦读书,艰苦做事,朴实做人,既不逃避责任也不推诿过失,立足于当下,做好现在的事情,个人和民族就有希望。《谈修养》是青年为人处世的指南,很值得时下的青年认真阅读。

4.电影:《头脑大作战》(*Inside Out*)

影片讲述了一个可爱的小女孩莱莉头脑中的故事。莱莉因为父亲工作的原因举家搬迁到旧金山,莱莉只得和熟悉的中西部生活说再见。和所有人一样,莱莉也被五种情绪共同支配——快乐、恐惧、愤怒、厌恶和悲伤。这五位情绪们居住在莱莉脑海里的控制中心,在那里他们可以指导莱莉的生活,并给她生活建议。

心理测试

情绪小测试

测试导语:下面有30道情绪自测题,每题有A、B、C三个选项,请你仔细审读,弄清楚每一道题的意思,然后以最快的速度诚实作答,每题只选一项。

1.你在看电影时会哭或觉得想要哭吗?
A.经常　B.有时　C.从不

2.你在咖啡店里要了杯咖啡,这时发现邻座有一位姑娘在哭泣,你会怎样?
A.问她是否需要帮助　B.想说些安慰的话,却羞于启口
C.换个座位远离她

3.一个刚相识的人对你说了一些恭维话,你的反应如何?
A.非常喜欢听,并开始喜欢对方　B.感到窘迫
C.谨慎地观察对方

4.遇到朋友时,你经常怎样做?
A.拥抱他们　B.微笑、握手和问候　C.点头问好

5.对于信件或纪念品,你会如何处理?
A.保存多年　B.两年清理一次　C.刚刚收到就无情地扔掉

6.在朋友家聚餐之后,朋友和其爱人激烈地吵了起来,你会怎样做?
A.尽力劝和　B.觉得不快,但无能为力　C.立即离开

7.如果让你选择,你更愿意:

A.同许多人一起工作并亲密接触　B.和少许人一起工作　C.独自工作

8.同一个很羞怯或紧张的人说话时,你会:

A.觉得逗他说话很有趣　B.因此感到不安　C.有点生气

9.在一场特别好的演出结束后,你会:

A.用力鼓掌　B.加入鼓掌,但觉得很不自然　C.勉强地鼓掌

10.一位朋友误解了你的行为,并且正在生你的气,你会怎样?

A.尽快联系,做出解释

B.等待一个好机会再联系,但对误解的事不做解释

C.等朋友自己清醒过来

11.你曾毫无理由地感到害怕吗?

A.经常　B.偶尔　C.从不

12.你喜欢的孩子是下列哪一种?

A.很小而且有些可怜巴巴的　B.能同你谈话,并且形成了自己个性的

C.长大了一些的

13.当你为解闷而读书时,你喜欢:

A.读幻想小说、荒诞小说　B.读历史小说、社会问题小说

C.读史书、秘闻、传记类

14.去外地时,你会:

A.陶醉于自然风光　B.希望去更多的地方

C 为亲戚们的平安感到高兴

15.如果在车上有陌生人要你听他讲自己的经历,你会怎样?

A.真的很感兴趣　B.显示你颇有兴趣　C.打断他,做自己的事

16.你是否因内疚或痛苦而后悔?

A.是的,一直很久　B.偶尔后悔　C.从不后悔

17.你是否想过给报纸的问题专栏写稿?

A.想过　B.或许想过　C.绝对没想到

18.当被问及私人问题时,你会怎样?

A.感到不快活和气愤,拒绝回答　B.虽然不快,但还是回答了

C.平静地说你不愿意回答

19.你怎样处置不喜欢的礼物?

A.热情地保存起来　B.藏起来,仅在赠者来访时才摆出来

C.立即扔掉

20.你对示威游行、宗教仪式的态度如何?

A.感动得流泪　B.感到窘迫　C.冷淡

21.一只迷路的小猫闯进你家,你会怎么办?
A.收养并照顾它　　B.想给它找个主人,找不到就让它安乐死
C.扔出去
22.你在怎样的情况下会送礼物给朋友?
A.全凭兴趣　　B.你觉得有愧或有求于他们时
C.仅仅在新年和朋友过生日时
23.如果你因家事不快,上班时你会:
A.继续不快,并显露出来　　B.尽量理智,但仍因压不住怒火而乱发脾气
C.工作起来就把烦恼丢在一边
24.你对恐怖影片态度如何?
A.害怕　　B.很喜欢　　C.不能忍受
25.爱人抱怨你花在工作上的时间太长了,你会怎么办?
A.试图把时间更多地花在家庭上
B.对两方面的要求感到矛盾,并试图使两方面都让人满意
C.解释说这是为了你们两人的共同利益,然后,仍像以前那样去做
26.生活中的一个重要关系破裂了,你会:
A.至少在短时间内感到心痛　　B.感到伤心,但尽可能正常生活
C.无法摆脱忧伤的心情
27.以下哪种情况与你相符?
A.爱听新闻,关心别人的生活细节　　B.关心熟人的生活
C.很少关心他人的事
28.下面哪种情况与你最相符?
A.总是凭感情办事　　B.十分留心自己的感情
C.感情没什么要紧,结局才最重要
29.看到路对面有一个熟人时,你会:
A.走过去问好　　B.招手,如果对方没有反应就走开
C.走开
30.当拿到母校的一份刊物时,你会:
A.仔细阅读,并保存起来　　B.通读一遍后扔掉　　C.不看就扔进垃圾桶

题号	1	2	3	4	5	6	7	8	9	10	11	12	13	14	15
A	3	3	3	3	3	3	3	3	3	3	3	3	3	3	3
B	2	2	2	2	2	2	2	2	2	2	2	2	2	2	2
C	1	1	1	1	1	1	1	1	1	1	1	1	1	1	1

续表

题号	16	17	18	19	20	21	22	23	24	25	26	27	28	29	30
A	3	3	3	3	3	3	3	3	3	3	3	3	3	3	3
B	2	2	2	2	2	2	2	2	2	2	2	2	2	2	2
C	1	1	1	1	1	1	1	1	1	1	1	1	1	1	1

测试结果：

30～50分：理智型。很少因什么事而激动，表现出很强的克制力甚至冷漠；对他人的情绪缺乏反应，感情生活平淡而拘谨，因此，常会听到别人在背后说你是"冷血动物"。你需要放松自己。

51～69分：平衡型。情绪基本保持在有感情但不感情用事、克制但不过于冷漠的状态；即使在很恶劣的情绪下握起拳头，也仍能从冲动情绪中摆脱出来，因此，很少与人争吵，感情生活十分愉快、轻松。

70～90分：冲动型。非常情绪化，易激动，反应强烈；往往十分随和、热情，或者感情脆弱、多愁善感；可能常会陷入那种短暂的风暴似的感情纠纷中，因此，麻烦百出；别人若想劝你冷静，是件很难的事。这里有必要提醒你，一定要克制自己。

第五章

遨游学海新气象

——大学生学习心理调适

亲爱的同学，面对新的学习环境，你是否有过彷徨和迷茫？看到周围同学参加各种比赛走上领奖台的时候，你是否心生艳羡却又缺乏信心？也许在高中阶段，你是班级里的闪耀明星，各种奖项傍身，但是面对同样通过高考选拔脱颖而出的大学同学，你是否倍感压力，但又不知道该如何努力呢？别担心，你所面对的困惑将在这一章得到解答。

第一节 大学学习之初体验

案例导入

某综合类大学的大一新生小张，从小属于"被管大的一代"，小到穿衣吃饭，大到选择大学学校和专业，她都听从家长的安排，从不独立思考做出决定。读大学以后，她慌了神，每天无所事事，浑浑噩噩，学习成绩下降，期末考试成为年级的倒数几名。她开始头痛，注意力无法集中，产生了比较严重的心理障碍。

小张的经历是大一新生不适应大学学习生活的典型一例。经过高考拼杀的学生带着美好的感觉进入大学校园之后，在高手如云的集体内，昔日那种"鹤立鸡群"的优越感荡然无存，难免产生失落感与挫败感。

讲到这里，同学们不妨问自己一个问题——我会学习吗？面对这个问题，可能很多同学会十分茫然，自己早已完成了从小学到高中的十多年学习任务，还需要回答这种简单的问题吗？从众多大一新生的表现来看，虽然很多同学完成了小学、初中和高中的学习任务，但尚未学会"学习"的学生大有人在，而这部分人在大学学习中则或多或少地遇到困难，产生心理障碍。我们不能否认，自从国家强调素质教育后，中学教育更注重学生的德智体美劳的全面发展，但素质教育作为一项庞大的事业不可能一蹴而就。大学是一个开放包容的平台，学习活动是大学生活的主导活动，个人在学习生活中的体验影响着大学生的心理健康发展，而大学生的心理健康也反作用于个人在学习知识和掌握技能等方面的表现。所以，了解大学学习的特点，认识大学学习心理的特征，是大学生在埋头苦读之前应当首先解决的问题。

一、高中学习和大学学习的区别

从高中到大学是人生的重大转折。大学生活较以往"三点一线"的高中生活有很大不同，生活上要自理，思想上要成熟，学习上要自觉，尤其在学习内容、方法上和高中有着很大不同。要想真正学到知识和本领，除了保持勤学的态度外，还要掌握大学的学习特点，方能"百战百胜"。

1.心理转变——从被动接受到积极主动

中学教育以老师主动灌输、学生被动吸收为特征，除基本的教学任务之外，中学老师往往通过布置作业的方式检验学生对知识的掌握程度，还要观察学生在学校生活的方方面面，连上课走神都尽在老师眼中。在这种教学模式下，学生往往养成被动接受的学习状态，严格的纪律和严厉的惩罚对学生产生很强的约束。但是在大学时期，老师化身为学习的引领者，扮演导师和解惑者的角色。一门课程结束后，学生学到多少知识、掌握何种技能是由学生自己决定的，短短的课堂时间并不能涵盖所有学科知识，需要学生在课后拓展和探索。

中学时期，各门课程作业占据了大部分的课余时间，学生鲜有自我学习的机会。而大学课余时间是相对自由和灵活的，但是部分学生并未正确理解这种自由，也没有充分运用这种自由，一下子卸下所有的负担和压力，让他们缺乏学习的动力，长期沉迷于网络小说、电子游戏。所以，大学生进入大学之后，要主动培养管理时间的能力和自学能力，化被动为主动，成为大学学习的主导者。

2.内容转变——从基础知识到专业理论

中学时期，无论文科或理科学生，都需要学习六七门课程，文科课程大多需要记忆庞杂的知识点，理科则需要运用公式解决问题，课程虽有差异但实质上都是知识的横向累加，从“量”上不断扩展。大学时期的学习侧重于专业理论研究，是从纵向上对知识体系的构建。学生在填报志愿时就确定了自己的学习专业，所谓“术业有专攻”，形容大学生再合适不过了。既然选择了一门专业，我们就要对它进行全方位的把握，从起源、背景、发展历程到专业理论，再到实践运用，大学的专业学习是一个将知识不断层次化、系统化、整体化的过程。

知识是常识性的，理论则是对常识的解释或产生常识的原创性的东西。对大学生来说，专业理论十分复杂枯燥，却是极其重要的。我们不能逃避理论，不能轻视理论，更不能忽视理论；相反，我们要深入理解、积极探索，进而熟练运用理论。只有理论能从本质上深刻地揭示现象，任何学科的大厦都是以理论为基石的，任何知识都是要用理论来阐释的。没有理论的学习，就没有抓住最根本的东西，就等于没有抓住知识的灵魂。

3.思维转变——从生活常识到个体思想

中学教育旨在培养一个具备基本常识的公民，而大学教育则力求培养对某一领域具有专业知识和判断能力、能够解决问题的专业人士。因此，批判性思维的重要性不容小觑。我们要敢于在信息爆炸的时代说出真相，不能头脑空空、任人摆布，也不能做只有一腔热血的愤青。当今社会正处于迅速发展和变化的时代，大学必须培养能够独立思考、具备创新精神和能够解决问题的全方位人才。高中时期的学生往往会认为老师教的知识和书本上的知识都是正确的，因而只需要接受即可；大学生面对纷繁的知识，需要有足够的判断能力来鉴别真伪，也需要培养创造新知识的勇气和实力。

大学学习强调知识的积累，但作为一个具有独立人格的成年人，大学生也要注意培养自己的创造精神、探索精神、批判精神。创造思想并不是单靠头脑简单运作就可以得出的，创新精神固然需要灵感点燃，但创造思想的培养却还是依赖于平时的积累。要正确认识打基础和创造的关系，打基础是创造的前提，创造是打好基础的必然结果，如果没有丰富的知识积累，怎会有片刻灵感的爆发？学习不只是继承前人的精华成果，学习还要超越前人，有更大的发现与创造。牛顿说：“我只是站在巨人的肩膀上。”站在前人的肩膀上，才能有超越前人的创造性发展。因而，要把学习和培养自己的研究性思维、探索性思维、创造性思维，贯穿于大学学习的始终。

二、大学学习的特点

只要我们还是学生身份，学习便是我们生活的重心。大学生活虽然比高中生活的选择范围更广，但学习依然是重中之重。只有掌握大学学习的特点，做到心中有数，才能迅速进入大学生的角色。

1.自主性

自主学习是指学习者以自身的需求为导向，确立适合自身的学习目标，能独立地做出判断和思考，并合理地利用各种学习工具进行学习，以达到学习目的的一种学习能力。在大学阶段，学校会强制性地安排一定的学习任务，但强制之余，学生有广泛的选择权利。首先，高考结束后，学生根据自己的学习意愿确定大学专业，这项选择决定了学生大学期间主要的学习内容。其次，大学生除了要学习英语等基础知识外，还要分专业地掌握各种专门知识，成为某学科的专门人才。另外，学习之外的大把业余时间更是学生发挥自主意识，主动规划人生的关键。很多同学根据个人兴趣自学掌握了其他专业的知识，考取相关领域的专业技能证书，为以后就业赢得了更多筹码。善于自觉、主动地学习，能独立阅读各种书籍、制订学习计划，使时间利用更科学、有效率，大学生活才能更充实、多彩。

2.专业性

俗话说："三百六十行，行行出状元。"可是，在现实社会中，真想进入某行业领域就职，一般都需要"敲门砖"。所谓的"敲门砖"并没有硬性规定，且不同行业领域也各不相同。例如，想当教师需要"教师资格证"，想做会计需要"会计从业资格证"。大学生终究是要走上工作岗位的，大学阶段的专业知识始终是依托于职业定位的，只有具备明确的方向，掌握科学的研究方法，注重专业理论的学习，讲究理论与实践相结合，才不会眼高手低。再经过几年的学习，大学生才能逐步成为基础知识扎实、专业知识过硬、工作能力强、有创新精神、品行高尚的德智体全面发展的高级专门人才。

3.多样性

大学生的学习形式和学习内容多种多样。在大学期间，课堂教学依然是主要的教学形式，但学生要想掌握更多知识却有更多渠道。学校通常会成立多种专业社团，如天文协会、网络技术协会等。社团通常由具备共同兴趣和技能的大学生自发筹建，通过社团广交朋友、进行思想的碰撞是大学学习不可或缺的部分。另外，大学的实践性教学活动占有很大的比重。学术讲座、专业比赛和专业实习是获取知识、提升技能的实践性环节，这些都是大学生增长知识和才干的重要途径。

4.探索性

大学生的学习具有明显的探索和研究的性质。大学的教学内容通常包含学科历史、理论分支、基础知识和最新研究成果等，每一部分知识都为后续学习打下基础，而越到学习后期，知识的拓展深度就越深，知识的更新速度就越快。理工学科重视技术革新，人文学科讲究百家争鸣，这就要求大学生在掌握基础知识的基础上，能博采众家之长，形成自己的观点。不论是课堂学习还是形成科研成果，老师的指导和大学生的自我研究都指向大学学习的探索性。科学的学习是接受性学习与创新性学习的统一，大学生应树立创新学习观。创新性学习的主旨是使学习者的学习目的不仅在知，而且在由不知到知、由知之甚少到知之甚多，要具有对权威的质疑与挑战精神和对未知的好奇心与探索能力。

三、大学生学习的心理特征

大学阶段是人才成长由求学期进入创造期的过渡阶段。它与中学学习相比，具有专业性、探索性、职业定向性、社会职业要求等特点。因此，大学生入学后，经历了由中学学习向大学学习转化的适应期，内化了大学的学习方式，逐渐形成了大学的学习心理。

1.学习意识基本成熟

大学生随着身体和心理的发育成熟，自我意识逐渐形成，自我意识的形成是学会自学的关键。大学生的学习意识是在中学时学习意识增强的基础上发展起来的，大学生具有更强的学习独立性、适应性和可控性。

2.学习动机发展达到核心层

大学生以学习的社会意义、人生意义作为内心学习的深层动力。大学生的学习活动具有更高的自觉性、竞争性和紧迫感。大学生的学习动机随着学习年级的升高而逐渐减弱；相反，学习社会责任感成为主导的学习动机，随着学习年级的升高而加强；专业性（职业的定向目标）的学习动机随着大学学习年级的升高而逐渐稳固和发展。

3.学习智力和能力发展达到最佳期

不同的学者对人的智力做过不同的研究，尤其是针对青少年时期。韦克斯勒用标准化的智力测验研究从 7 岁到 65 岁不同人的智力，结果发现智力发展的高峰大约在 22 岁。也有学者认为，人到 18 岁左右，智力已达到成熟时期（与成人接近），在此以后，随着知识经验的增长，总的智力能量虽然不会有显著增长，但某一方面的智力可能还是以不同的速度在增长。

吴福元等学者以国内修订过的韦克斯勒成人智力量表（WAIS-RC）为工具，对大学生的智力发展做过追踪研究，发现经过两年大学学习的 40 名被试者中，除 1 名两次测验全量表 IQ 相同外，其余 39 名在第二次测验中 IQ 都有所提高。该研究的一个结论是：智商具有相对稳定性，但在良好的环境、教育和主观努力下，智商是可以适当改变的。

由此可见，大学时期是大学生智力水平发展的最佳时期，良好的教育条件和主观努力是可以促进大学生智力水平进一步提高的。大学生要好好把握这段时光，积极动脑，开拓思维，为今后的人生路做好铺垫。以下是影响大学生智力水平的几个因素。

(1)观察能力

大学生的观察能力具有多维性、主动性和坚持性的特点，大多数大学生能把握对象和现象的全貌，能仔细地观察现象的某一方面，也能从实物的本质进行探索，观察能力在此阶段呈现出上升的趋势。

(2)记忆能力

根据琼斯和康拉德斯的研究，20～25 岁是逻辑记忆力发展的最高峰，随后便逐渐趋于下降。随着学科的专业化和理解的深入化，大学生的有意记忆、理解记忆都迅速发展，并逐渐占据主导地位。

(3)想象能力

大学生的想象能力克服了少年时的幼稚性，想象也更具体化、实践化，想象中的科学、理性成分日益增多。

(4)思维能力

最能表明大学生智力发展的是思维能力的发展。大学生思维的独立性、合理性和灵活性明显增强了，他们不满足于教科书和教师提供的现成答案，喜欢独立思考，能对自己思考的结果进行检查和评价，并且思维的灵活性常超过其他同龄人。同时，大学生思维的广阔性和深刻性也迅速发展，对问题的思考面明显扩大，喜欢在不同的知识和实践领域进行思考，探究现象的本质及其原因。

4.学习自我评定能力不断增强

随着知识的丰富、能力的提高，大学生的自我评定能力也不断增强，他们在学习过程中，能够对自己的学习结果做出评价，并针对自身情况制订下一步的计划。这种定期的自我评定对大学生的学习起到了引领作用，以使他们能更好地完成大学阶段的学习任务。

第二节　大学学习之常见心理现象及问题

案例导入

出身贫寒的小甲，家住农村，为了供他上学，父母省吃俭用。小甲知道家人的辛苦，因此学习非常努力，每年都能获得奖学金。小乙从入学开始就担忧就业问题，为了毕业能找到一份好工作，他努力学习，积极参加各种社会实践，竞选班干部，参加暑期实习。小丙是个非典型的学霸，成天跟着导师做课题，专业课成绩年级第一，一些选修课却考不及格。小丙说："我真的很喜欢我的专业，我想要搞懂它，其他的科目我没什么兴趣。"心怀创业梦的小丁，梦想着成为第二个马云，所以他选择了商科类专业，又大量阅读各种创业管理类书籍，朝着自己的梦想前进。

案例中的四位同学有不同的学习动力：小甲为承担家庭责任而学习；小乙为早日走上工作岗位、争取就业优势而学习；小丙因学习兴趣而学习；小丁则为自己的创业梦想而前进。他们所产生的心理问题也不尽相同。那么，你又是为了什么而学习呢？你目前面对什么样的学习障碍呢？本节将为大家介绍学习障碍和学习动力的相关知识，相信大家在学习之后会对自己的学习状态有新的认识。

一、学习"拦路虎"

不同的环境和经历造就不同的性格，性格各异且基础不同的学生在面对大学学习时会产生不一样的学习障碍。总结起来，这些障碍不外乎以下几种。

1.学习过渡不顺利

学习过渡不顺利主要表现为大学新生面对新的学习内容和新的学习方式，难以适应大学的学习节奏，课上不理解老师所讲的内容，课下找不到合适的方法查漏补缺，进而对大学学习产生恐惧、厌倦等消极心理。其根源在于新生缺乏对中学教育与大学教育的差异的认识。中学教育与大学教育的差异主要为：中学教学以讲明白、听明白、会做题为标准；大学教学以理解、思考和创新为标准。中学教学内容较少；大学教学时间紧、任务重，教师常常以一节课的时间完成一章内容的讲授，学生的自学任务较重。中学的成绩考核主要通过试卷形式；大学的成绩往往包含试卷成绩、课堂表现、实践成绩等多方面，追求提高大学生的综合素质。

以下是一位大一新生的入学感言：

说说我的大学生活吧。首先是学习生活，习惯了上课在不同的教室、坐不同的座位、与不同的人一起。你活跃一点儿，同班同学认识你，知道你的名字；你沉默不语，倒也是一种处事方式。学习的话，老师只管讲课，自己吸收，自己做题巩固，考试时自己着急，学习是自己的事情，自己负责所有。

社团活动，报了学生会，去了个不忙不松的部门，开会，搞活动，多大的能力挑多大的担子，自己选的自己做好。社团活动看兴趣，没有时间不参加也可以，看自己的选择。

进入大学已经两个多月了，我不能说已经完全理解了大学，这只是我浅显的感受，不同的人有不同的感受，我能做的，就是走好这条未来的路，不留遗憾。

从字里行间我们可以感受到一位大一新生对于大学的憧憬，也能感受到她面对陌生的学习内容和学习方式的良好的适应能力，以及更懂得在“行万里路”的实践中体会自己所学的知识。

2.学习动机不当

学习动机不当主要有学习动机消极与学习动机过强两种表现。

学习动机消极表现为：上课无兴趣，怠于接受新知识，没有学习目标和学习计划，没有成就感，把学习看成奉命的、被迫的苦差事，因此不愿积极寻求一些适合自己的学习方法，满足于死记硬背、应付考试。学习动机的缺乏是主客观原因导致的。从主观方面看，学生本人的情绪稳定性差、意志薄弱、学习屡遭失败挫折、缺乏理想等，都会对其学习动机的形成产生不良作用。从客观方面看，错误的社会舆论导向、不良的家庭教育与朋友关系、恶劣的教学环境、不合理的教学方法等，都会对学生的学习动机产生消极的影响。

学习动机过强则表现为：所定学习目标过于远大，远远超出自己实际的学习能力，学习强度过大，学习时间长造成过度疲劳，一旦出现与预期不符的学习情况就过度自责，情绪起伏波动大。学习动机过强的同学普遍存在，其根源主要在于：尚未树立正确的人生观、价值观和世界观，自我意识不成熟，不了解大学的学习特点。当然，学习动机过强也受社会、家庭和学校等外部环境的影响。

3.学习动力不足

学习动力不足主要表现为缺乏正确的时间观念，将大量的时间花费在玩网络游戏、打麻将等娱乐方面，而没有保证基本的学习时间；厌倦学习，逃避学习——听课不认真，不做笔记，课后不复习，甚至千方百计地逃课；无合理的学习目标和学习计划，不知道学习内容以及学习方法。进入大学以后，摆脱了高考的压力，脱离了父母的管教，没有短期目标和长期理想，导致学习兴趣下降；自身素质欠佳使得大学生无自制力与抗挫力。还有一部分学生被读书无用论或急功近利的金钱至上思想诱导，认为学习不能在短期内带来金钱收益，因而转向创业、兼职等领域，忽视了专业学习。

4.学习过度焦虑

学习焦虑是指大学生在学习中由于不能完成预期目标或难以克服心理障碍，致使自尊心、自信心受挫，或失败感、内疚感增加而形成的一种紧张不安，甚至带有恐惧情绪的状态。首先，就业市场竞争加剧，就业压力大，考级考证、选修第二专业、在校外接受课外辅导和培训等情况在大学生中较为普遍，使得大学生的学习负担过重；其次，有些学生不能正确评价自我学习能力，给予自己过高的要求，导致学习效果不理想；最后，性格缺陷更易导致学习心理障碍的出现，性格敏感、内向的大学生往往容易因学习上的挫折，挫伤自信心和自我成就感，从而产生学习焦虑。有些同学面对老师和家长寄予的厚望，认为自己辜负了长辈的心血，产生沉重的内疚感和负罪感。越是不敢挑战，越是内疚，学生内心的焦虑就越严重，形成恶性循环，学生的心理问题就越难疏导解决。

5.学习疲劳

每个人都会经历学习疲劳期——心情烦躁，无法安静下来认真读书；上课时常常走神，对老师所讲不知所云；常常想要认真做事，但就是不知道该做什么，即使尝试去做也没办法全身心投入……这些状态出现时，就说明大脑正处于非常疲惫的状态。

学习疲劳是因为长时间、高强度的学习，在生理和心理上产生的劳累感，导致学习效率下降。学习疲劳包括生理疲劳和心理疲劳。生理疲劳主要表现为肌体受力过久或肌肉重复伸缩造成的肌肉痉挛麻木、眼球发疼、头脑发胀、腰酸背疼、动作不准确、打瞌睡等亚健康生理反应。心理疲劳一般是由于大脑长时间得不到休息，脑细胞处于抑制状态所引起的心理反应。这种心理反应作用在学习上，会导致学生思维迟钝，注意力涣散，情绪躁动、忧郁、厌烦，学习效率下降。这种消极情绪对人体健康和活动能力都会产生抑制作用。一般来说，适当休息即可缓解学习疲劳，但如果长期处于疲劳状态，勉强让大脑的有关部位保持兴奋会导致大脑兴奋过程和抑制过程的失调，严重的还会引起神经衰弱等疾病，并可能引发身体器官的病变，严重影响大学生的学习。

二、学习“原动力”

学习动力是推动同学们进行学习活动的内在原因，是激励、指引我们学习的强大动力，是学习过程中的关键因素。在日常学习中，良好的学习动力对学习起促进作用，而学习动力又与学习动机息息相关。

学习动机是指引发与维持学生的学习，并使之指向一定学业目标的一种动力倾向。我们在这里把学习动机归为以下几个方面。

1.求知欲挖掘兴趣

俗话说：“兴趣是最好的老师。”求知欲是最重要的学习动机。进入大学以后，学习方式的转变让我们有了更加自由的时间、更加丰富的机会来发现自己的学习兴趣，发展自己的科学爱好，探索知识的奥秘。这种对学习本身的兴趣就是最为强大、持续性最长的学习动力。星星之火，可以燎原。在大学学习过程中，我们要善于发现自己的兴趣，深入剖析和挖掘自己的兴趣，明确自己的学习目标，确定自己的学习计划，激发自己的学习热情。

2.理想追求产生动力

实现人生理想的强烈愿望也会成为我们学习的动力。理想追求和求知欲一样，都是产生于个体内部的强大动力。远大的目标不仅会为个体的努力提供正确的方向，还会产生源源不断的动力激励我们不断向前。

古人云："鸟欲高飞先展翅，人求上进先读书。"古人的"读书"不仅指现代的阅读，更是指系统、全面的学习。"工欲善其事，必先利其器。"读书学习是磨炼一个人的个性品质和工作能力的必经之路。学习是追求理想的翅膀，只有学得认真，学得刻苦，学得广博、有深度，才能让这双翅膀愈发强大、愈发坚韧，带你飞到更高、更远的天空。

3.家庭责任感激励成长

亲情和家庭责任感能激励大学生发奋学习。责任感对于动机的影响作用比较复杂，它既可以作为一种人格特质，也就是内部动机产生作用，也可以由外部压力激发责任感，从而进一步增强动机。很多同学"一心只读圣贤书"，他们认为父母将自己抚养长大、培养成才是天经地义的，自私自利的性格让他们缺乏对父母的关心和对家庭的责任感。那些没有家庭责任感的学生，习惯于接受父母的血汗钱，看不到父母为自己付出的操劳。这样的学生又怎么能成为国家和社会的栋梁呢？现在的大学生多为独生子女，大部分都是在父母的百般呵护和关爱下成长起来的，因此，更要在大学时期努力学习，以优异的成绩回报家庭。

4.社会压力促进竞争意识

社会压力也会推动大学生的学习。大学是学生走向社会的桥梁，但当前严峻的就业形势让很多大学生颇有压力。求职是一场硬仗，能否取得胜利不仅在于出色的临场发挥，更在于平时日积月累的努力。如果成绩册上有优异的成绩，这无疑会给用人单位一个好印象，增加学生求职成功的概率。面对激烈的竞争形势，大学生应当努力学习、力争上游，争取不被竞争激烈的社会所淘汰。

社会压力是必然存在的，虽然它能在一定程度上促进大学生的学习，提高大学生的竞争意识，但有利也有弊，过度的社会压力会使大学生身心俱疲。大学生要积极看待日益激烈的社会竞争，增强自己的学识和能力，提高自己的整体实力，将社会压力转变为自己不竭的学习动力，全副武装自己。

三、学习"润滑剂"

明确了学习动机的类型之后，同学们一定想知道到底怎么做才能让自己的大学学习充满动力，如何才能将动机转化为动力。下面我们将从四个方面来讲述。

1.激发求知欲，培养专业兴趣

进入大学校园之后，同学们将开始接触陪伴自己四年的专业学习。在学习期间，很多同学会产生陌生感，甚至产生厌倦心理。这时就是同学们充分发挥主观能动性、独立探索未知领域的最好时机。首先，同学们可以主动了解自己所学专业的专业意义和社会意义，增强自我的荣誉感和自豪感；其次，应当了解该专业对自己有什么样的素质要求和能力要求,并在日常学习中主动培养;最后,同学们还可以通过参加专业讲座、专业竞赛等活动消除陌生感,培养独立思考和探索能力。

2.转变学习观念,明确学习目的

要想提升学习动力,必然要先改变对学习的认识。中学阶段,学习是在课堂、书本与试卷中进行的。但是大学的学习是广义的学习,除了学习专业知识之外,同学们更要广泛涉猎其他领域,如经济、法律、政治等;除了课堂学习,同学们还需抓紧课余时间学习,将学习化为生活的一部分。

另外,大学生还需明确自己的学习目的。“我想成为什么样的人?”大学生应当时常反省自己:有没有按照预定计划完成学习任务?有没有偏离学习目标?

3.制订学习标准,逐层设置目标

要想知道自己是否完成了学习目标,还需制订明确的学习标准。那么,什么程度的课业任务才是优秀的呢?大学生要达到优秀需要付出什么样的努力呢?科学研究表明,过高或过低的学习标准都不会产生好的学习效果,适宜的学习标准应是一个普通学生在原有学习基础上增加20%。

逐层设置目标强调目标的推进。大学生可以根据自身实际,逐层设置学习目标,逐渐增加难度。这样的目标设置,既能使其获得进步的成就感,又将学习压力合理分布,避免产生疲劳。

4.创造科学的学习方法

“条条大路通罗马”,通向成功并非只有一条道路,要想取得成功,必先有科学的学习方法。每个人都是独立的个体,都有自己的个性特征,因而,科学的学习方法也是因人而异的。最了解我们的人便是我们自己,只有自己才能摸索出最适合本人的学习方法。大学生应当针对自己的个性特点、身体素质等多方面因素制订合理的学习方法。科学的学习方法和坚持不懈的努力,才会有事半功倍的效果。

第三节　大学学习之方法与能力的提升

案例导入

小张是一名大一新生，机械地背书和题海战术伴随着他进入了大学。刚刚步入大学校园的他保持着高中时期刻苦努力的学习作风，每天过着寝室、食堂和教室的“三点一线”的生活。他每天早出晚归，埋头学习，课本都快被他翻烂了。很快，大学的第一次期中考试来临，小张信心满满，准备大干一场。可是当他看到试卷时，立刻紧张得满头大汗：“怎么课本上从来没见过呀？”小张最后的成绩虽然勉强说得过去，但是距离他自己的目标相去甚远。他陷入了迷茫：“我学习这么认真，怎么还没有好成绩？难道我做错了吗？”

前面已经谈过，大学学习具有发散性，更注重学生的思辨能力和创新精神，案例中的小张正是因为延续了高中时照本宣科的学习习惯，才不能取得令人满意的成绩。那么，如何掌握大学的学习方法呢？“工欲善其事，必先利其器”，掌握科学的学习方法可以让大学学习更有效率、更丰富多彩。虽然良好的学习方法总是因人而异的，但从根源上讲，不同的高效学习方法都有以下几个相似点。

一、学会主动听讲

在大学里，课堂教学仍然是教学环节中最重要的一部分。与中学不同的是，大学教师一般只讲课本上一些最基本的概念、原则和理论，教科书上的内容不一定会完全涉及。由于教学任务比较重，大学教师的讲课速度也会很快，书本上一章的内容很可能在一节课中结束，导致很多同学没有理解透彻，听得云里雾里。

那么，如何才能适应大学的上课速度和新的教学形式呢？首先，同学们应当做好上课之前的预习。研读课本可以帮助我们了解老师的授课内容，了解相关领域的前沿、科研作品会让我们更深入地思考。其次，要养成及时整理知识的习惯。很多同学能够听得懂老师所讲，但很难能流畅地阐述，甚至提出自己独到的见解，一个重要的原因就是没有把知识内化于心，所以，养成及时整理知识、构建知识网络的习惯非常重要。再次，很多富有教学经验和科研实践经验的老师，往往会在课堂上介绍最新的前沿理论和众多的参考资料，这些理论和资料是同学们进行独立学习的重要工具。最后，要学会主动听讲，积极寻找老师讲课过程中的重点，对于自己不懂的地方学会课后“穷追猛打”，这就要求同学们集中注意力，开动思维，做好充分的复习准备。

二、重视小组合作

小组合作学习是以合作学习小组为基本形式，系统运用教学中动态因素之间的互动促进学生的学习，以团队成绩为评价标准，共同达到教学目标的教学活动。

小组讨论能够锻炼学生的思考能力，特别是思维的严谨性和逻辑性。小组合作有利于培养学生的合作精神和社会适应性。小组合作使学生不仅仅在知识上有所增长，在人际交往、合作交流、耐心倾听等方面也都会有所提高，并且小组成员之间也会有互相的激励和竞争作用，能进一步激发学生的学习动机。小组合作学习有利于教学的多边互助，为每个成员创造平等参与的机会。小组长可以轮流担任，每个人都有机会代表小组向大家汇报。小组是由具有共同目标的个体结合成的集体，大家团结一致，共同出谋划策，为小组目标的达成做出努力。好的合作学习能把一个有限的课堂变为人人参与、个个思考的无限空间。

小组合作学习还有利于尊重学生的个别差异，使每个学生都能获得成功的体验。小组合作学习将学生的个体差异作为一种积极的教育资源加以利用，组织学生进行交流与合作，让每个学生带着自己的认知倾向、思维方式和价值观念参与到集体学习中。组内的不同学生基础有差异，在合作学习中可以取长补短。当一个缺乏自信心的学生一旦能主动完成任务时，一定会得到全组的鼓励和赞许，小组的支持将激励他更加积极向上。

在开展小组学习之前，学生要做好准备工作，针对要学习的内容提前收集资料；在小组学习时，要积极参与，发挥思维的主动性和灵活性，要主动提出自己的疑惑和问题，同时，耐心倾听小组成员的讨论；在小组学习后，要及时梳理，对所获得的知识和信息加以整理、理解和巩固。

三、关注网络课堂

21 世纪，信息是最宝贵的财富，谁拥有信息，谁就掌握主动权。互联网技术的发展使世界跨越时间与空间的鸿沟，成为信息分享的整体。对于大学生而言，互联网技术让教育摆脱了教师与学生的“一对多”模式，学习由被动、机械转变为主动、开放，学生的个人角色由被灌输者转变为主动索取者，充分体现了学习的个性化。互联网学习打破了时间与空间的限制，网络为个别化学习提供了更好的环境，任何存在网络的角落都可以成为学习的场所，任何有意愿学习的人都可以成为学习者，学习内容自然也包罗万象。目前，国内已存在十分充分的网络学习平台和丰富的学习资源，以中国大学 MOOC(慕课)、网易公开课等网站为代表的优秀学习平台正引领着一场浩大的学习革命。

互联网技术使建立网络学习团队成为可能。互联网学习团队，即具有共同学习目标和学习计划的人通过互联网技术结成帮扶团队，利用互联网通信手段，形成学习共享和互动的组织。网络学习团队通常具备整合统一的团队意识，团队内部的互相监督有利于形成终身学习的理念和机制。

然而，信息不等于知识。互联网信息存在良莠不齐的特点，并不是所有信息都是我们所需要的，所以，在浩瀚的信息海洋中发现、检索、提取需要的知识，是现代人必备的学习和工作技能之一。另外，网络学习绝不是简单地收集和罗列知识，查询到信息并不代表掌握了某项知识，把信息内化于自身才是真正掌握知识。大学生应当充分利用互联网的优势，开阔全球视野，把握时代脉搏，借助现代信息手段开展自主学习、自我教育和自我管理。

四、利用图书馆的资源

大学是一个自由学习的殿堂，随着科技的飞速发展，图书馆也不再是一幢简简单单的建筑，它逐渐走进我们的生活，只要打开手机，进入搜索，便会呈现出一个庞大的知识库。数字化图书馆可以说为同学们的学习提供了诸多帮助，以其丰富性、便捷性受到同学们的青睐。然而，很多同学没有充分利用图书馆的资源，一个学期去图书馆的次数屈指可数。那么，我们应该如何利用图书馆呢?

首先，可以向图书馆的工作人员了解图书馆和电子图书馆的各方面功能，从多种渠道获取图书资源；其次，空闲时间去图书馆上上自习，良好的学习氛围通常能极大提高学习效率，并对自身起到自律的效果；最后，积极从图书馆借阅相关读物，进入大学以来，许多同学的纸质书籍阅读量逐渐降低，取而代之的是电子浏览，从图书馆借阅的纸质书籍，能让我们读得更仔细，理解更深入。

大学里的学习绝不是拼命读几本书，而是要打开自己的心胸，开阔自己的视野，在四年的时间里，综合运用各种学习方法，培养自身的竞争力。

五、战胜拖延，提高学习效率

目前，大学生的拖延现象比比皆是。比如，在最后期限的凌晨才忙乱地赶作业；刚开始做作业就心不在焉，总是做其他无关紧要的事；在做作业的过程中，总是习惯吃零食、玩手机，忙着刷微博、空间和朋友圈，容易被其他事所干扰；将自己的学习计划向后推了又推……拖延到最后没有时间了，胡乱糊弄学习任务，最终导致学习态度不端正，学习成绩一步步落后。这种表现，就被我们称作“学习拖延”。

学习拖延是指在学习情境中出现的拖延现象。学生常常有学习的意向，却缺乏与意向相匹配的行为，很多人因为自己的拖延导致学习目标未能实现，因而其间还伴随着焦躁、不安、抑郁、失落等不良情绪。学习拖延不再是一个人的行为，这已经演变为一种社会通病。学习拖延不仅会导致大学生学习任务完不成，学习成绩下降，当拖延的习惯蔓延到生活中，还将会严重影响我们的生活习惯，降低生活满意度。

1.学习拖延形成的原因

责任观念的缺失常常导致学习拖延，习惯于拖延的学生缺乏自我管理的责任观念。而责任观念的缺乏最后总会导致学生在行为上的懒散和拖延，最终影响学生学习能力的培养和学习习惯的养成。

拖延行为常常发生在个性懒惰、不求上进的人身上，追求完美主义的人也容易产生拖延。具有完美主义人格特性的人力图将事情做到尽善尽美,这种性格的大学生不会匆匆忙忙开始自己的学习,而是在一切准备就绪之后,按照既定的计划,按部就班地一步步实现学习目标。但是,过度的完美主义反而会使学生囿于学习条件的不充足,迟迟不肯开始学习。久而久之,这种“追求完美”的心态会慢慢演变成拖延的心理,造成学习行为的迟疑。

学习拖延的学生大多缺乏组织规划能力,他们解决问题的方式不是衡量任务的轻重缓急,而是从“方便”入手,哪一部分最容易做就先从哪一部分开始,把重要的、困难的事情放在最后。学习拖延者的另一个典型特征便是注意力不集中,自制能力差。他们总能在拖延的时候找到借口,如“今天身体不舒服”“时间还早”……但是,他们对自己拖延的事实是心知肚明的,只是不愿正视现实。

2.战胜学习拖延的方法

第一,改变学习环境。如果你的学习习惯是打开电脑先上一会儿网,浏览一下各种娱乐信息,那么,你的学习任务很可能因此被耽误。这时,你需要适时切断网络,关掉手机娱乐或社交平台的提示音,将自己置身于无外界干扰的学习环境中,远离导致拖延的诱因,寻找自律者的环境。另外,一个严格自律的学习伙伴也许能更好地监督你认真完成学习任务,避免拖延。

第二,注重学习过程。很多时候,选择拖延是因为我们认为眼前的学习任务对自己来说非常困难,而迟迟不肯动手去做。但是,如果我们把注意力转向过程,便不会有太多惧怕和畏难情绪。比如,当你想要读一本 300 页的经典名著时,如果在一天之内完成这项任务你可能会觉得压力很大,但是如果将这本书分成 10 部分,每天用一小时的时间认真阅读其中的 30 页,那么这项看似比较沉重的学习任务就被简化得易于完成了。行动是克服学习拖延的第一步,只要迈出前进的步伐,你就会发现,每件事都远没有你所想的那么难以完成。

第三,确立适当的学习目标。积极的学习者都会为自己设定学习目标,他们的学习目标清晰、具体、可测量、实施性强。如果你习惯拖延,可以通过制订学习目标来约束自己,从小处着手。例如,每天早上 7 点到 8 点朗读英语,并以坚定的意志将计划执行下去。同学们可以给自己制订出每天的学习目标,确定好学习目标后就可以将一项庞大的学习任务分割成一系列具体的小任务。

第四,学会时间管理。很多拖延症“患者”的症结在于不会科学地管理时间,任由大把青春时光被白白浪费掉。很多大学生都不善于管理自己的时间,比较集中地体现在两个方面:一方面是与中学相比,大学有了很多可自由支配的时间,除了学习课本知识之外,他们不知道怎么安排,参加志愿者活动、参加学校社团组织、学习一门外语……很多人面对五花八门的选择,迟迟不做决定;另一方面是不会分配时间,不知怎么处理学习与社会工作、社会活动、社会实践的矛盾。建议同学们根据自己的选择制订相应的时间表,以每天、每周为时间单位,合理分配时间,平衡学业时间与活动时间,在保障学习效果的同时积极锻炼社会实践能力。持之以恒,相信你的拖延症便会慢慢被科学的时间管理所战胜。

第五，提供奖励来激发学习行动力。每当高效完成一项任务后，你可以给自己设定一个奖励。你可以去吃一顿美味的大餐或者送给自己一份心仪已久的小礼物，这些奖励见证了你的每一次进步。如果从来都是只付出而没有回报，长时间的埋头苦干或许会形成更大的学习压力，导致厌倦和疲劳的不良情绪，在养成学习习惯的效果上就会差很多，因此要学会、善用奖励机制。

六、树立终身学习的观念

终身学习是指社会每个成员为适应社会发展和实现个体发展的需要，贯穿于人的一生、持续的学习过程，即我们常说的“活到老学到老”或者“学无止境”。在特殊的社会、教育和生活背景下，终身学习理念得以产生，它具有终身性、全民性、广泛性等特点。终身学习启示我们树立终身教育思想，使我们学会学习，更重要的是使我们养成主动的、不断探索的、自我更新的、学以致用的和优化知识的良好习惯。

在学习上，我们要保持充分的好奇心和求知欲。未来社会的竞争必将会从今天的人才竞争转向学习能力的竞争，每个人的工作能力都是与其学习能力成正比的，我们每个人都应该树立终身学习的观念，即使以后走上工作岗位，也要做到在学习中工作，在工作中学习，不断超越昨天的自己，塑造崭新的自己。

心理活动方案

活动主题：学习目标瞄瞄准

活动目的：使成员明确自己的学习目标，对大学学习做好整体规划。

活动准备：纸、彩笔。

活动方法：

(1)发下纸和彩笔，要求成员在纸的最上端写上自己最终的学习目标，在最下端描绘出现在的状态，在中间描绘出从现在状态到理想状态之间的过渡。

(2)在小组内分享各自的图画。

讨论与交流：

(1)你是否将目标细化为阶段目标？你的阶段目标是否准确、切合实际？

(2)如何才能更好地完成阶段目标，进而实现最终目标？

心理百草园

1.图书：[美]戴比·盖斯·朗曼，朗达·霍尔特·阿特金森.《大学生学习方法十二讲》

本书旨在帮助大学生学习各种策略，包括时间安排、学习技巧、考试准备、学校图书馆利用以及论文写作等，从而使大学生能够更好地完成学业。该书主要特征为：将大学生培养成为积极主动的学习者;使大学生掌握学习与研究方法;结合大学生的实际情况,提供了具体材料的练习。为了帮助大学生熟练掌握这些技巧,每一讲都有一个专门的网站,可进行互动学习。美国教师和学生一致认为,《大学生学习方法十二讲》一书达到了上述目的。

2.图书:[美]露西·乔·帕拉迪诺.《注意力曲线——打败分心与焦虑》

在被信息淹没的数字时代,人们常常面临这样的困境:要么注意力难以集中,感觉无所事事、烦躁不安;要么注意力过度集中,感觉紧张焦虑、疲劳过度——人们就在自己的倒U形注意力曲线上摇摆,难以找到最佳状态。怎样才能恰当地控制自己的注意力,提高工作效率?怎样才能使自己摆脱过度疲劳的泥潭,享受工作和生活的平衡?怎样才能帮助孩子形成良好的注意力习惯,使他们终身受益?《注意力曲线——打败分心与焦虑》给出了非常有效的方法和步骤。遵循这些步骤,你会找到更好的状态,享受工作和生活的乐趣。

3.图书:[美]理查德·保罗,琳达·埃尔德.《思考的力量:批判性思考成就卓越人生》

批判性思考是一种独特的认知技能,是一种反思的能力。本书将帮你提高思考的质量,从而帮助你实现你的目标和雄心壮志,令你做出更明智的决定,同时理解他人是如何努力企图影响你的思想的。本书也将帮助你把握你的职业生涯和人生,如如何与人相处,乃至把握自己的各种情绪。现在,是到了该发现自己对人生的思考的能力及其角色的时候了。你有能力实现更有意义的职业目标,成为一个更加出色的解惑者,更明智地运用自己的能力,逐渐不被他人所左右,并获得更加充实、幸福和安全的生活。选择就摆在你面前。

4.图书:[加拿大]斯科特·扬.《如何高效学习》

斯科特·扬,一位因为快速学习而成名的神奇小子,他运用自己发明的学习方法,完成了10天搞定线性代数,1年学习4年麻省理工课程的“不可能任务”。本书就是对他学习方法的全面介绍,其中包括整体性学习策略的核心思想和具体技术,详细介绍了快速阅读法、流笔记法、比喻法、内在化等7大方法,并为高效学习提供了从生活到时间管理上的整体解决方案。跟随作者,你也将成为高效学习的超级学霸。

5.图书:[美]乔希·维茨金.《学习之道》

终身学习,为了更幸福、更体面的生活。在竞争激烈的高阶领域,决胜的关键不仅在于知识的多寡,还包括心理层面的锻炼:承受压力,把阻力化为优势,以及体能和情绪迅速复原的能力。而真正的学习赢家,能够在追求卓越的过程中持续吸收心得,最终以健康的心态和纯熟的技巧表现出最好的自己。

心理测试

学习动机小测试

请你对以下每种情况与自己的实际是否符合做一个判断。

1.上课老师提问时,我喜欢听同学回答问题与老师的总结。
2.我的学习成绩比别人差,我就会感到很难过。
3.做功课和接待朋友两件事,我更喜欢后者。
4.每天晚上和星期天的学习时间,我都安排得井井有条。
5.我觉得学习真是一件苦差事。
6.作业遇上难题,我喜欢自己动脑筋去解决。
7.我很少预习也照样听课。
8.假期里我也是每天学习,从不赶作业。
9.不感兴趣的课程,我就不愿花很大的精力去学。
10.我喜欢和别人讨论学习中的问题。
11.我听课时从不走神,总是尽量领会老师讲课的内容与意图。
12.学习成绩好不好我不在乎。
13.我在考试前"临阵磨枪"效果往往很好。
14.即使是我特别想看的电视节目,在没做完功课之前也不看。
15.老师留的选做题太难了,我一般都不做。
16.就是想多学一点知识,考不考试都无关紧要。
17.我在学习上有忽冷忽热的毛病。
18.我喜欢习题的多种解法。
19.上课没听明白的问题,我也不愿意问老师或同学。
20.我不埋怨老师讲得好不好,主要是自己努力。
21.我喜欢解答能从教材中找到答案的问题。
22.偶尔一次考不好,我不泄气,总会赶上去的。
23.我学习时有点噪声就学不下去了。
24.不管老师布不布置作业,我都有自己的学习内容。
25.现在学习的东西,将来用不上,不是白学了吗?
26.平时有个小病小灾,我从不耽误学习。
27.每次发下试卷,只要听明白老师的试卷分析就不再改正自己试卷中的错误。
28.当天的功课当天完成,我从不拖拉。
29.我不喜欢看课外参考书。
30.有问题时非弄个水落石出不可。

31.每天课后写完作业,我就觉得踏实。

32.每次考试后,分析自己的试卷,找到知识中的缺陷。

将你选择的结果计算一下:

凡偶数序号的题目,你选择“是”,请记上1分,选择“否”则记0分;凡奇数序号的题目,你选择“否”,请记上1分,选择“是”则记0分。将分数相加,按以下标准评价自己的学习动机的强弱。

25~30分:学习动机很强

16~24分:学习动机一般

15分及以下:学习动机很弱

第六章

与人交往的艺术

——学会建立良好的人际关系

人是社会的动物，社会中充满着各式各样的人和错综复杂的人际关系。社会中的每个人都生活在一张社会关系网中，而每个人的成长和发展都依存于人际交往。心理学家研究表明，在正常情况下，一个人除了8小时的睡眠时间外，其余70%以上的时间都花在人与人之间直接或间接的交往上。可以说，我们的一生是在与不同的人交往中度过的，这个过程帮助我们不断了解自我、了解人生的意义、了解个人的目标和理想。学会与周围的人相处并且建立良好的人际关系，是每个人事业发展和生活健康幸福的重要基础。和谐的人际关系犹如空气之于人、水之于鱼一般重要。大学校园是一个小社会，学会处理好寝室关系、同学关系、师生关系是大学生在大学期间的一门特殊的“必修课”。

第一节 人际交往初探

案例导入

小曼是法律专业大一新生，原本对大学生活充满期待，可万万没想到自己的大学生活一开始就会如此郁闷与无奈。她想得到老师的关注和认可，却不知道在竞选班干部时如何向老师推荐自己；她想与班级同学搞好关系，但总是在不知不觉中说出惹恼别人的话，导致只要自己一发言，别人就安静不语的窘境；她想与寝室同学友好相处，却发现别人正一步步疏远自己，自己变成了身边没有一个朋友的“孤家寡人”。小曼感到周围的人都不理解自己，虽然她也觉得孤独和痛苦，但是“懒得”去与别人主动沟通和交流。只要想到自己的大学生活都要这样度过，她就觉得痛苦不堪，不知如何是好。

小曼的烦恼在如今的大学生中非常具有代表性，几乎每个大学生或多或少都有过人际关系方面的困扰。北京市曾对大学生心理问题产生的根源做了 3 次较大规模的跟踪调查，结果显示，人际关系适应不良或交往不良成为诱发大学生心理问题的主要原因，占 40%以上，已经超过择业、学业以及与异性交往的压力。与周围的人友好相处，与各种各样的人进行沟通与交流是一种能力，是一种需要大学生积极进行锻炼和学习的能力。

一、人际交往的必要性

当今社会越来越强调一个人与他人交往的能力，那我们为什么要与他人交往呢？人际交往对于个体来说有着怎样的意义呢？

1.人际交往是个体的基本心理需要

在社会这个大家庭中，没有人能脱离开其他人而存在，人们总是在学习、工作、生活中与他人建立各种各样的关系。人是社会性的动物，在由人组成的社会中，与其说“每个人不得不与他人交往”，不如说“每个人都需要与他人交往”。就像对水和食物的需求是人最基本的生理需求一样，与周围的人建立交往关系也是每个人最基本的心理需求之一。

1996 年，著名的意大利洞穴专家毛利奇·蒙泰尔做了一个非常著名的地下试验。他把自己置身于一个很深的洞穴中，在这个洞穴里，有足够他吃一年的食物和维持生命的生活用品，有 100 多部电影碟片和一些健身器材供他娱乐。但是，在这个洞穴里除了他自己，没有其他人。经过一年与世隔绝的生活，1997 年从洞穴里出来的毛利奇·蒙泰尔变得目光呆滞、脸色惨白、语言不畅，他的记忆力、交往能力和语言表达能力都发生了严重的退化。这个极端的案例向我们证明，没有人能在长期“与世隔绝”的环境下正常生活，人需要在与周遭人群的交往过程中了解他人、完善自我，从而发展成为具有社会意义的真正的“人”。

2.人际关系是个体心理健康状况的晴雨表

导致个体出现严重心理问题的原因千差万别，但有严重心理问题的患者都有一个明显的特征：人际关系缺失。出现心理问题时，我们的感觉就像是在一望无际的大海中快要“溺水”一般，这时如果身边有来自家人、朋友的支持，我们就好像抓住了“救生圈”，能够借助“救生圈”的帮助游回岸边。如果在“溺水”的过程中没有一点儿来自他人与社会的帮助，结果只能是在挣扎得筋疲力尽以后“溺水身亡”。

人际关系是一个人心理健康状况的晴雨表，一个心理健康阳光的人必定拥有良好的人际关系，能够得到较多来自他人的心理支持；而人际关系问题明显、心中苦闷从不与他人分享的人，心理健康状况必定令人担忧。心理学家埃里克森的心理社会危机理论指出，大学阶段，个体发展任务的一个重要方面就是获得亲密感并避免孤独，简单来说就是在大学阶段与周围的人建立起亲密关系是大学生心理健康的关键。对于大学生来说，好朋友胜过好的心理医生，拥有良好的人际关系是愉快大学生活的基础，也是大学生身心健康发展的重要保证。

3.人际关系是个人事业成功的重要因素

美国著名的成功学家、营销大师卡耐基曾给出过这样一个公式：成功＝15％的专业技术知识＋85％的为人处世。也就是说，一个人要想成功，15％依靠专业技术知识，85％依靠为人处世的技巧。这里所说的为人处世，实际上就是人际交往。也就是说，一个人能否成功，15％是由你的智商因素决定的，而85％是由你的情商因素决定的。美国一项社会调查的结果也显示，以技术或智慧而得到成功的人，只有15％；而因为性格因素，也就是能够与人和谐愉快地相处而获致成功的人，高达85％。正好印证了卡耐基的成功公式。

美国前总统罗斯福曾经说过：“成功的第一要素是懂得如何搞好人际关系。”曾有人向2000多位公司老板做过一个问卷调查，请他们回答解雇员工最主要的理由。结果发现2/3的答案都是：“因为他们不会与别人相处。”当今社会，分工越来越细化，各部门间的联系越来越多，任何一项工作都不可能靠一个人来完成，因此，学会与他人合作，懂得建立良好的人际关系显得尤为重要。一个能处理好人际关系的个体在团队中能得到更多的认同，同时能获得来自其他人更多的支持和帮助，从而更好地发挥出自身的价值和潜能；而一个不考虑他人感受、没有合作精神的人则会在团体中受到孤立，得不到来自他人的认同和帮助，最终制约了自身的发展。大学是人际关系走向社会化的一个重要转折时期，在此期间，学会处理各种人际关系，培养起良好的合作精神，这是大学生们步入社会后在事业上有所成就、闯出一片属于自己天地的重要基础。

二、人际交往的心理效应

人际交往中存在着几种比较典型的心理效应，这些效应在一定程度上左右着我们对一个人的认识和评价，有时会加速我们对一个人的了解，有时也会蒙蔽我们的双眼，使我们的判断产生偏差。在实际交往中,大学生应该有效地利用这些心理效应的积极方面,尽量避免受到其消极因素的影响。

1.首因效应

首因即第一印象,首因效应通俗地来说就是“先入为主”的印象。在第一次交往中给人留下的印象,在对方的头脑中形成并占据着主导地位,这种效应即为首因效应。我们常说的“给人留下一个好印象”,一般就是指的第一印象。在交友、招聘、求职等社交活动中,我们可以利用这种效应,展示给人一种较好的形象,为以后的交流打下良好的基础。当然,第一印象不一定是真实可靠的,对一个人的评价也不是一成不变的。随着交往的深入,对一个人的认识会更加全面立体,首因效应的作用也会逐渐减弱。

2.近因效应

近因效应与首因效应相反,是指交往中最后一次见面给人留下的印象。这个印象在对方的脑海中也会存留很长时间。例如,多年不见的朋友,在自己的脑海中印象最深的,其实就是临别时的情景;一个朋友总是让你生气,可是谈起生气的原因,大概只能说上两三条。这些都是近因效应的表现。首因效应与近因效应并不是对立的,在与陌生人的交往中,首因效应比较明显;而在与熟人的交往中,近因效应的作用则更加突出。

3.光环效应

当我们对某个人有好感后,就很难感觉到他的缺点的存在,就像有一种光环围绕着他,这种心理就是光环效应。“情人眼里出西施”就是光环效应的典型体现,情人在相恋的时候,很难找到对方的缺点,认为他(她)的一切都是好的,做的事都是对的,就连别人认为是缺点的地方也变得无所谓了。现在很多大学生对于心目中“偶像”的喜爱和关注也明显带有这种效应。光环效应有一定的负面影响,在这种心理作用下,我们很难做出客观的判断和评价,不容易分辨出好与坏、真与伪。

4.投射效应

投射效应是指在交往的过程中,我们总是假设他人与自己有相同的倾向,即把自己的特性投射到他人身上,从而形成对他人的印象。也就是说,我们会通过自己的想法来推断别人的想法,认为自己是这样想的,别人也会这样想。有时候,我们对他人的猜测,无形中透露的正是自己,也即所谓的“以小人之心度君子之腹”。

5.刻板效应

刻板效应是社会上对于某一类事物或人物的一种比较固定、概括而笼统的看法。在人际交往中,我们有时会将对某一类人物的整体看法强加到该类的每一个个体上而忽视了个体特征,也即我们通常所说的“偏见”或者“成见”。刻板效应有利于总体评价,但对个体评价会产生偏差。比如,北方的同学总是认为南方的同学为人小气、心眼多,而南方的同学总是认为北方的同学大大咧咧、不拘小节,其实有的北方同学也很细腻敏感,而有的南方同学则更加“神经大条”。在与人交往的过程中,刻板效应往往会让我们戴上“有色眼镜”看待他人，而忽略群体之外的个性，大学生在人际交往的过程中应尽量避免。

三、和谐的人际关系有助于大学生成长成才

1.人际交往有助于大学生顺利完成社会化过程

社会化过程指人学习社会文化、培养社会性、成为合格社会成员的过程。人只有生活在一定的人际关系中成为社会化的个体，才能具有完整的人格和品行，才能学习和承担社会角色行为，才能获得公认的身份资格。大学是青年逐步走向社会、融入社会的重要过渡时期。人际交往是大学生顺利完成社会化的重要手段，无论是知识技能的获得，还是社会规范的自觉遵守和良好行为习惯的养成，都有赖于不断地与社会、与他人的交往实践，有赖于在交往实践中不断接受来自社会和他人的教育引导。

2.人际交往有助于大学生正确认识自我

正确认识自我、客观评价自我对每个人来说都不是一件容易的事情，所以俗话才说“人贵有自知之明”。一位哲人曾经说过:“有一面镜子，在其中你可以看到完整的自己，看到自己心中所有的感觉、动机、嗜好、冲动和恐惧。这面镜子便是你身边的人。”在与他人的交往过程中，他人会成为我们反省对照自身的一面镜子，帮助我们对自己的方方面面进行合理客观的评价和认识。因此，在人际交往中，大学生可以找到一把人生的尺子，量出自身的长处和短处，达到正确认识自我、合理评价自我的目的。

3.人际交往有助于大学生的个性发展和完善

大学生正处于个性发展的重要阶段，积极的人际交往将有助于个性的发展和完善。在与他人的互动过程中，大学生能更好地认识自己，并且通过别人的反馈，取长补短，改变自身性格中的缺陷，达到进一步完善自我的目的。因此，具有良好人际关系的大学生，大都能保持开朗的性格、热情乐观的品质，从而正确认识、对待各种现实问题，化解学习、生活中的各种矛盾，积极面对人生中的挫折和困难，形成乐观向上的优良品质，更好地适应大学生活。

第二节　大学生寝室关系

案例导入

大二女生张乐从上大学以来一直被一件烦心事困扰着：同宿舍的一位女同学总是跟大家对着干，大家睡觉她熬夜，并经常整出很大动静把大家吵醒；宿舍卫生从来不主动打扫；宿舍用电说好大家轮流买，她也总是故意拖着不买。最让人不能容忍的是，有一天同宿舍的其他两位同学不在，张乐晚上去了其他寝室一趟，回来时竟被关在了门外，害得她大冬天在宿舍外面冻了半天。一想到还要与这样一位“室友”在同一个屋檐下朝夕相处三年，张乐就感到非常痛苦。

寝室关系是大学生人际关系中最重要的一个方面。一个寝室的成员“抬头不见低头见”，朝夕相处中彼此的优缺点一览无余。往往在初进大学时寝室成员之间还非常友好，但随着时间的推移，“同室操戈”的情形时有发生，不少同学认为大学期间最大的烦恼不是考试、不是学业，而是与寝室同学的关系。

一、大学寝室成“是非地”

越来越多的大学生心理健康相关调查显示，人际关系已经成为影响大学生心理健康的首要压力，而宿舍则成为大学生人际关系矛盾最突出的“是非地”。重庆某大学2013年发布的《大学生宿舍关系调查报告》显示，四成大学生认为寝室关系不够融洽。同一宿舍的同学分别来自不同的地域、不同的家庭，在许多方面存在着明显的差异，大到价值观、人生追求的不同，小到生活习惯的差异，这些往往会导致寝室成员在日积月累的小摩擦中发生冲突。实际上，大学生的寝室矛盾并非今天才突然出现的问题。同一屋檐下的几个人，由于出身不同、性格的差异，天天在一起难免会出现这样或那样的小问题，应该说这是正常的现象。但如果出现了寝室矛盾而不去积极地化解，让矛盾一步步激化，就会影响寝室每个成员的心理健康和大学期间的学习生活。因此，寝室中出现问题或者矛盾并不可怕，可怕的是不去寻求解决的办法。那么，大学生面对寝室矛盾应该怎么做呢？

拓展阅读

大学生“四姐妹”自创“寝室节”挽救寝室关系

“我倡议，把今天定为我们的节日，让我们4个人一起，放下手机，放下电脑，放下私事，放下烦恼，走出宿舍，来到阳光下，共同度过专属于我们4个人的一天。”这是武汉某高校一女生寝室向全校发出的“寝室节”倡议书。为挽救寝室关系，这4位“95后”女大学生自创的“寝室节”在经过一年时间检验后，已升级为全校同学的节日，连日来吸引了该校近2000个宿舍的关注，也引发了对于“95后”一代大学宿舍关系的热议。

4名“95后”女生刚进校时，因为生活习惯不同，寝室关系微妙而紧张，生闷气互不搭理，各玩各的社团，双休日在寝室也是人手一部手机，彼此懒得说话。开学不到3个月，就有人提出想换宿舍，大家都不满意寝室关系的现状，却又不知如何迈出“打破沉寂的第一步”。为了挽救寝室关系，4人一致同意了将每月的9日定为“寝室节”的创意。在这一天，四姐妹必须放下所有上课之外的事，包括手机，可以一起去校外打牙祭、到运动场健身、进图书馆学习、相邀去献血等。如今，已经过了12次“寝室节”的4位女生，从互相看不顺眼到敞开心扉、相互扶持，变成了形影不离的好姐妹。519寝室已连续两年获评“文明寝室”，4人中有两人获得了奖学金。

（资料来源：雷宇等.“四姐妹”自创“寝室节”挽救寝室关系[N].中国青年报，2017-01-13.）

二、大学生寝室交往的原则

在与寝室室友交往的过程中，如果可以时刻遵循以下几条原则，许多分歧和矛盾便不会产生。

1.求同存异原则

寝室交往过程中，首先应该恪守的便是求同存异的原则。人际交往中，我们不仅要与和自己相似的人相处，很多时候还要面对各方面与自己差异甚多的人。在面对性格、价值观与自己完全不同的人时，如果只站在自己的立场考虑问题，用自己的标准衡量和评价别人的对错，必然会导致人际关系紧张。一个寝室的成员很有可能成长于天南海北，有着截然不同的口音和大相径庭的生活习惯。一间寝室把几个本来互不相识的人聚到了一起，并且还要在同一屋檐下共同生活四年，这对大学生来说其实是大学阶段的一种“考验”。面对人生观、价值观、饮食、作息等方面的差异，如果试图把自己的观点和习惯强加给别人，必定会带来矛盾和冲突。不同的成长背景和家庭环境注定会让人与人千差万别，认为“只有从自己的视角做出的判断才是正确的”是狭隘和幼稚的表现，开放与包容的心态才是人际交往中成熟的标志。在寝室中，大学生应当本着求同存异的原则，在互不影响的前提下，包容和尊重彼此的差异，不把自己的观点和习惯强加给他人，对于彼此的不同多加理解，不做不必要的评价。

2.平等原则

人与人生来是平等的，但现实社会中却存在着家庭背景、经济状况、相貌出身、职业选择等方面的差异。如果在与寝室同学的交往过程中不能本着平等的原则，对不同的个体进行差异对待必然会遭到周围人的反感。在来到大学之前，也许有的同学习惯了来自父母和家人的爱护与迁就，在与室友交往的过程中也理所当然地希望自己是大家关注的中心，大事小事都要求别人顺着自己的意思，久而久之必定会让大家远离自己；也许有的同学家庭条件优越，便有意无意地对来自农村的同学充满傲慢和不屑，这些行为必定会让寝室关系慢慢恶化。大学生作为正在接受高等教育的年轻人，要尽量避免受到社会中世俗观点的影响，在人际交往中应该本着人人平等的原则，对所有人给予同等的尊重和理解。

3.真诚原则

真诚是人际交往中最有效的名片。真诚是建立健康良好人际关系的基础和保证，缺乏真诚、虚伪造作是人际交往中的大忌。人与人在交往过程中充满微妙的互动，一旦对方感受到你缺乏真诚，再多的交往技巧也没有办法让交往关系进一步深入；相反，待人真诚的人从一开始就会赢得对方的好感，就算在交往过程中因为某些原因产生误会，真诚也能有效地化解这些误解和隔阂。寝室成员朝夕相处，虚情假意也许能在短时间内获得友谊，但是“日久见人心”，缺乏真诚的人最后一定会“四面楚歌”。那些自作聪明、戴着虚伪面具与人交往的人，不仅在大学期间收获不到一份真正的友谊，还会在面具后面逐渐迷失真正的自我。大学是人生最美好的一个阶段，希望大家能真诚面对室友、同学、老师，收获值得一辈子珍惜的友谊。

4.尊重原则

心理学家马斯洛的需要层次理论将尊重需要列为人的高级需要之一，认为人人都有得到他人尊重的需要。尊重是建立良好人际关系的基础，尊重能让他人产生亲切感和认同感。寝室成员虽然来自五湖四海，家庭背景、成长环境、经济条件等方面也许都存在不小的差异，但是对每一个人给予同等的尊重是寝室关系融洽的重要条件，也是一个人修养的重要体现。这里所说的尊重不仅指对于他人人格的尊重，也包括对于他人人生追求、生活习惯等方面的尊重。每个人都希望得到他人的尊重，而得到他人尊重的前提是先对对方表现出应有的尊重。互相尊重不仅能营造和谐融洽的寝室氛围，也会让寝室关系中出现的问题和矛盾迎刃而解。

5.宽容原则

“严于律己，宽以待人”是句人人都听过的老话，但在实际生活中真正做到的人并不多。宽容大度才能带来融洽和谐的寝室关系。寝室中大家难免会有各种小摩擦、小分歧，如果一味地盯住别人的缺点和不足不放，势必会让自己心中充满怨气和不满，影响与他人的相处以及自己的心理健康状态。其实，“人无完人”，每个人都有缺点，成天数落别人缺点的你一定也有着自己尚未察觉的缺点和不足。宽容和忍耐不仅体现着一个人的修养，更是一种令人欣赏的人生态度。小肚鸡肠、睚眦必报只会让寝室关系走向恶化的深渊，宽容大度才能换来室友间珍贵的情谊，才能让自己在大学期间拥有一份阳光乐观的好心态。

大学寝室虽然是大学生人际交往产生矛盾的高发地带，但是只要积极面对，正确解决，所有的问题和矛盾最终都会化为大学生成长路上的炼金石。越过道路中的荆棘，收获的便是阳光和希望。

三、大学生寝室交往的技巧

在与室友的相处过程中，一些人际交往小技巧的恰当使用，可以迅速缩短彼此之间的距离感，有效化解摩擦和矛盾，进而促进寝室成员之间的感情，营造欢乐和谐的寝室气氛。

1.换位思考

换位思考是人际交往的“润滑剂”，是获得良好人际关系的重要技巧与能力。当交往中出现问题或者摩擦时，尝试站在对方的角度进行思考，体会他人的经历与感受，能有效地化解矛盾和冲突。在与室友相处中，如果可以适时地做到换位思考，设身处地地从对方的角度考虑问题，便能化解很多心中的不快与误解，从而不让摩擦和矛盾发酵升级。“己所不欲，勿施于人”，只有真正积极地参与他人的思想感情，意识到“我也会有这样的时候”“我遇到这样的事情会怎么样”，这样才能实现与别人的情感交流，才能在理解他人感受的基础上给出恰当的反馈以及充分的理解和宽容。换位思考的重要性其实大部分人都明白，但是人都有从自己的角度去思考问题的本能，学会换位思考，体谅他人的难处与感受，是每一个大学生都应该努力培养的能力。

2.积极沟通

沟通是人与人之间的一座桥梁，真诚、有效的沟通是人与人之间的情感基石。沟通可以增进理解、消除误会、化解矛盾，是促进人际关系发展以及解决问题的有效手段。当与室友出现了问题或者误会时，开诚布公的交谈往往能够解决许多复杂的问题，“冷战”只会使矛盾升级，并对彼此之间的情感造成伤害。如果是生活习惯上的差异，那就通过开诚布公的沟通商量出一个大家都可以接受的方案，今后严格遵守；如果是因为某些原因产生了误会和芥蒂，那更应该把问题摆到“台面”上，通过沟通交流及时解决，避免产生更深的误会和矛盾。当然，这里所指的沟通是以增进理解为目的的有效沟通，带有负面情绪的争吵以及恶语相向不仅不能化解误会和矛盾，还会让寝室关系彻底恶化。因此，面对寝室中产生的问题，采取积极的态度进行沟通才是解决问题的有效手段。

3.专注于解决问题

当寝室关系出现问题时，记住你的目标是解决问题，而不是赢得战争。每个人都有自尊，每个人都本能地希望自己是正确的，但在处理人际矛盾时请提醒自己要理性地看待问题。只有抛开卷入矛盾中的个人情绪，思考解决问题最有效的办法并达成共识，才能在解决问题的同时将对人际关系的伤害降到最低。迁怒、翻旧账、偏见不仅不会让寝室关系有所改善，还会加剧寝室矛盾。因为一点小矛盾就处处针对别人，由于某些个人情绪拉帮结派孤立他人，都是寝室相处中的大忌。遇到问题解决问题，解决问题过程中就事论事，这才是一种成熟理性地处理矛盾和分歧的方式。相信一个能够做到专注于解决问题的寝室，一定可以将所有差异和问题顺利化解。

4.尊重他人的隐私

每个人的心里都有一片“秘密花园”,只对少数几个最亲密的人开放或者根本拒绝参观。寝室成员可以算是彼此大学期间生活空间里“最亲密”的人,有意无意都会成为了解对方各方面信息最多的人,所以,在相处的过程中要有尊重他人隐私的意识。有些隐私在对方不愿意暴露的情况下切忌刨根问底、一探究竟。如果随着交往关系的深入,对方愿意与你分享“秘密”,也要在耐心倾听以后自觉为对方“守口如瓶”;如果在偶然的情况下知晓了室友的隐私,最好不要当面点破,更不能在未经得对方同意的情况下大肆宣扬。这片“秘密花园”很可能是一个人内心最敏感脆弱的地带,也许对你来说只是一件再平常不过的事,可是在对方的心中则是不可触碰的高压线。不知深浅地随意涉足别人的“秘密花园”,很可能会让寝室关系瞬间恶化,并难以修复。因此,寝室成员在每天“亲密”接触的过程中,给彼此留点空间也是让寝室气氛保持长时间和谐的秘诀。

5.多关注他人的优点

我们每个人都有各自的优点,也不可避免地存在缺点。在人际交往中,盯着别人缺点不放的人就好像是收集他人缺点的“垃圾桶”,内心只会充满埋怨与不满,不可能与周围人友好相处。因此,在交往中我们应尽量做到选择性地注意,多关注他人的优点,同时宽容其缺点。我们要在内心多肯定别人的优点,同时反省对照自身的缺点。在寝室成员的长期相处过程中,每个成员的优点、缺点必然都会逐渐显现,如果我们眼中只有对方的缺点,势必会让自己心中充满怨气与不快,并且在交往的过程中表现出来。其实,选择性地关注他人的优点,不仅是为了收获更加融洽的寝室关系,也是为了给自己营造一份更加阳光豁达的好心态。

第三节　大学生人际交往问题与调适

案例导入

娟子是一名来自农村的大二学生。上大学前，她一直是最受老师重视的“好学生”，在村里也是同龄人学习的“榜样”。进入大学以后，她不仅成绩从原来的名列前茅变成了中等偏下，就连说话、穿着和其他同学比起来也显得笨拙、土气很多。看着城市里的同学说话自信、行动自如、打扮时尚，她往日的优越感荡然无存。再加上同宿舍的几个同学家庭条件都比她好，强烈的自卑感让娟子把自己封闭了起来，干什么都独来独往，不参加寝室集体活动，对同学尤其是室友对自己的态度很敏感。一次，室友们在寝室互相试穿彼此的衣服，娟子在大家的极力劝说下试穿了一条室友的裙子，穿上后，大家都觉得这条裙子很适合娟子，连夸好看，没想到室友顺势便说：“娟子，送给你吧，反正我穿有点小了。”娟子听后，当即脱下衣服，并气冲冲地回答：“你以为我是垃圾收容所呀！”类似的事情发生几次后，同学们感到她很难接近，她自己也很孤独、苦恼，但又摆脱不了自卑情绪。

大学生正处于渴望友谊、需要理解的青年时期。每个大学生都迫切地需要找到与自己志同道合的心灵伴侣，希望自己的内心世界能够被理解，自己在遇到烦恼和困难时可以得到来自朋友的帮助和鼓励。在中学阶段，注意力都集中于高考上，没有时间和精力进行很多的人际交往。在摆脱了中学繁重的学业和升学压力后，越来越多的大学生将人际交往看作大学生活中的重要内容，并将是否能结交到一定数量的朋友作为衡量大学阶段成就的重要指标。然而，大学的人际交往很有可能不如你预期的那般一帆风顺，也可能会出现各种各样的烦恼与困惑。

一、大学生常见的人际交往问题

1.自卑

自卑是大学生自我意识出现偏差、自我认知低于自己的实际情况而产生的一种轻视、否定自我的负面情绪和退缩状态。自卑心理一般是由于各种现实因素的差距而出现的心理失衡，如有些个子矮、长相不尽如人意或者天生有某些生理缺陷的同学容易产生自卑的心理，觉得自己处处不如别人，在交往中没有自信；也有的同学由于出身农村，在来到大学后由于家庭经济困难而产生自卑心理；还有的同学由于无法适应大学的学习节奏，学业受挫以后产生自卑心理。总的来说，有自卑心理的大学生常常伴有人际敏感，习惯性地猜忌其他同学的言语行为是不是暗指自己，话里有话；而对于自己的表达与行为又过于拘谨，思前想后，不敢展示真实的自我，长期处于压抑、抑郁的情绪状态中。其实，“人无完人”，再优秀的人也一定会存在着缺点与不足，为了保持健康的心态,我们不能忽略自己的长处,只看到自己在外貌、家境或是知识能力等方面的不足,而应该多肯定自己各方面的进步,学会欣赏自己的优点,同时也悦纳自己的不足,特别是那些自己没有能力改变的短处。只有这样,我们才能在人际交往中建立起自信,走出自卑的阴影。

2.自我中心

自我中心指一切以自我为中心,只看到和想到自己的利益和感受,很少考虑别人甚至不考虑别人的利益和感受,只希望得到别人的关心和帮助,而很少给予别人关心和帮助。人际交往中,以自我为中心的人眼中只有自己,对于他人的感受与需要视而不见,缺乏换位思考的共情能力。现阶段我国有很多独生子女家庭,作为家中唯一的孩子,独生子女从小受到来自家人高度集中的关注,同时在成长过程中缺乏与兄弟姐妹相处的经历,容易养成自我中心的思维和行为习惯。当然,非独生子女家庭中受到格外重视的孩子也容易形成自我中心的人格特征。目前,自我中心已经成为许多大学生产生心理问题的根源,因为自我中心必然导致人际关系紧张,而学校或社会都不可能对这部分学生提供过去家庭成长环境中那般无条件的关注、宽容和爱护,如果自身不做出及时的调整,结果往往是受到周围群体的排斥和孤立。自我中心其实可以看作一种心理发育不健全、心理幼稚的表现,而具备关心他人、理解他人、包容他人的能力才是一个人心理成熟的重要标志。

3.理想化

大学生正处于成长阶段,心理发育尚未完全成熟,对人际交往的复杂性和多样性没有充分的认识和心理准备,容易将大学阶段的人际交往理想化,在出现问题和矛盾时束手无策或是反应过激。人际交往中有理想化倾向的大学生容易对周围的朋友有完美主义的期待,不能容忍彼此间存在正常的差异或摩擦,希望与朋友间的相处完全符合自己的需要与意愿,忽略了不同个体间存在差异的必然性。在人际交往中如果对他人总是有较为理想化的要求,容易纠结于一些小问题,必然会让周围的朋友渐渐远离自己,不利于自己的心理健康和成长发展。因此,大学生在人际交往中应该认识到出现问题的普遍性和必然性,以宽容积极的心态面对朋友、看待友谊。

4.嫉妒

嫉妒是人类社会普遍存在的心理现象,在大学生群体中也不可避免。嫉妒的本质是社会比较,是对超过自己的人感到恐惧和愤怒的混合心理,是一种不健康的心理状态。嫉妒一般发生在各方面水平相当的同龄人中间,面对各方面与他人存在的差距,心态积极向上的人会借此转化出前进的动力,而心胸狭窄的人则会深陷嫉妒情绪不能自拔。嫉妒情绪在对他人造成伤害的同时,也会严重影响自身的身心健康。嫉妒心强的人一般具有较高水平的好胜心和进取心,但缺乏对自身客观准确的认识或奋发进取的精神。要想摆脱嫉妒情绪的折磨,就必须正确认识自我,在看到别人成功的光环时也要看到别人背后付出的汗水和努力,用豁达健康的心态面对与同学、朋友之间的竞争,让竞争成为督促自己前进的动力,而非嫉妒产生的根源。

5.猜疑

猜疑是指在没有充分认知的情况下，一方对另一方的不信任或怀疑的心态。猜疑一般没有真实的证据，只凭当事人主观的感觉或猜测。在人际交往中，其实每个人都不免对某个人或者某件事产生过一定的猜疑，只是程度不同而已。一旦猜疑成为一种习惯，便会使个体在人际交往中处处提防他人，总认为他人在背后议论自己、算计自己，最终形成与他人对立的情绪，不相信任何人，同时也失去所有人对自己的信任。在大学生活中，如果面对同学和室友，时时刻刻疑心重重，以假面具示人，从不表达心中真实的想法和感受，便容易与他人产生误解甚至冲突，很难建立起正常的人际关系，更别说结交到知心好友。

6.社交恐惧

大学生中有相当一部分同学存在不同程度的社交恐惧。有的同学生性腼腆羞怯，不敢主动与他人交往，在人际交往中存在退缩和回避的行为；有的同学在交往中有过分的担忧、焦虑情绪，总是担心“别人会怎么看我”“别人不喜欢我怎么办”；甚至有的同学会在人际交往中紧张得出现面部肌肉僵直，身体的某些部位不由自主地发抖、心跳加快、手心冒汗等生理症状，同时心里没有缘由地感到别人都在盯着自己、在心里嘲笑自己等。上述社交恐惧症状都是由于内心不同程度的敏感、羞怯并且在交往中缺乏自信所造成的。要想克服社交恐惧，就必须调整对自身的错误认知，树立人际交往的信心，勇敢地敞开心扉，走出自我封闭的小圈子，尽情体会和享受与人相处中的温暖与乐趣。

二、大学生人际交往问题的调适

每个人的成长都是一个过程，不管是生理上还是心理上。就像身体迅速成长过程中的“生长痛”一样，一定范围内的心理冲突甚至失调也是心理成熟所要付出的必然代价。换句话说，大部分大学生在人际交往过程中都或多或少出现过上面这些问题，这是大家在成长过程中的必然经历，关键是我们以怎样一种态度来面对问题，怎样在问题中进行反思和调整，从而成长为更好的自己。

1.完善自我，调整心态

在很大程度上，我们不能改变周围的环境，也不能改变他人，只能改变我们自己。那些受到周围人欢迎、能赢得大多数人尊重和友谊的人不约而同地具有很多共同点，他们一般待人真诚、与人为善、胸襟宽广、豁达乐观。当人际交往中出现问题或困惑的时候，请先不要只表达对别人的不满，让我们从调整、完善自身开始吧！

(1)充满自信地面对他人

自卑心态必然会带来过度敏感或猜疑，不可能成为有利于人际交往的因素，而自信则会令人散发出让人愿意接近的魅力，在交往中收到意想不到的效果。每个人都有自己的短处,但是每个人也都应该得到别人的尊重,并且拥有属于自己的真正的朋友。没有人能够得到所有人的肯定,也没有人能够收获世界上所有人的友谊,但是每个真诚善良的人都会拥有忠于自己的朋友,在遇到困难或挫折的时候相信你,给你克服困难的力量,并且陪伴你渡过难关。所以,不管你来自何方、身处何处,请千万不要轻易看低自己,只要你充满自信地敞开心扉,一定会有美好的友谊正在等待着你。

(2)摆脱自我中心的思维方式

换位思考是可以让很多人际交往问题迎刃而解的关键,但每个人都难免或多或少有自我中心的习惯和倾向,站在他人的角度是一件说起来容易做起来难的事情。如果有一天你对陌生人的不幸能感同身受,说明你的心理真正成熟了。相反,严重的自我中心则会成为建立良好人际关系的最大障碍。也许很多同学觉得自己没有自我中心的问题,那就请你回想一下在与他人发生矛盾时你是否反省过自己的失误,在遇到挫折的时候你是否又不停地强调过自身以外的所有原因。"自我"是我们要坚持的,不必迎合所有人或者要求所有人都喜欢你,但是过度的"自我"其实就是自私,当你将他人的感受与利益都忽略掉的时候,你也会被他人所忽略。

(3)心中常怀感恩之心

感恩是一种积极健康的人生态度。一个懂得感恩的人明白没有那么多的理所当然,自己总是拥有着别人正在失去的东西,如健康、亲人和未来;老师、同学对自己的关心和帮助也不是顺理成章的,而应该铭记在心。一旦你发现这些原本理所当然拥有的东西的珍贵时,那些与室友、同学、父母之间的摩擦与不快便开始变得无足轻重,而来自亲人、挚友、同学的陪伴与鼓励会让你备感温暖。常怀感恩之心,人与人之间就会多一些融洽,少一些隔阂;多一些理解,少一些埋怨,大学生活便会更加其乐融融、美丽和谐。

2.敞开心扉,主动交往

人不能独立于社会群体而孤立存在,每个人都有与人交往的愿望与需要。当面对生活中的各种挫折与压力时,我们需要通过身边的亲人、朋友、同学的帮助和鼓励来排解各种负面情绪,他们就像"救生筏"一样,在我们疲惫、挫败的时候帮我们渡过难关。没有这些积极社会支持的人,就像生活在孤岛上一样,在负面情绪积累到一定程度的时候会"溺水身亡"。为了更好地生活,我们都应该敞开心扉,主动交往,建立起让自己温暖、值得珍惜的友情、亲情、爱情。

大学生面对想要交往的对象,应该主动迈出交往的第一步。心理学家研究发现,越是被动交往者,在人际关系中越是没有安全感。被动交往者有很强的自我保护意识,处处怕被别人伤害。他们并非发自内心地不愿与人交往,而是不愿意承担主动与人交往时可能带来的别人不理睬、不喜欢的后果。因此,他们总是需要鼓足勇气去与人接触,一旦有幸得到对方积极的回应,他们的信心就会备受鼓舞;而一旦遭遇冷遇,他们就会得出别人不喜欢自己的可怕结论,于是重新回到自己的"硬壳"中。虽然我们主动与人交往是为了赢取人心,但是我们也不必强求结果,更应该看重过程的积极意义，主动对他人微笑、与他人打招呼这些行为已经向对方传达出了我们的友好态度，至于对方是否回应，那不是我们所能控制的，也不是最重要的。所以，请放下包袱，敞开自己的心扉，友好地面对周围的所有人，相信微笑换来的也必定是一张张笑脸。

3.掌握人际沟通的技巧

人际关系是一门学问，人际交往是一门艺术，掌握正确的方法和技巧，才能收到事半功倍的效果。

(1)学会倾听

有不少大学生抱怨说自己不善言辞，也不会与人交往。其实注意观察一下，我们便不难发现，与善于表达比起来，那些善于倾听的人才更容易交到真正的朋友，而倾听其实比表达更不容易。如何才能成为一个好的倾听者呢？

一个好的倾听者会全神贯注地去听对方的表达和描述，并且在这个过程中不带着自己的情绪，也不试图站在更高的角度去评价对方。在倾听对方所表达的字面意思的同时，还应该尽量设身处地地去体会对方想要表达的情感和态度。很多时候，字面意思并不是对方真正想要表达的，蕴藏在字里行间的情绪和情感才是对方真正想要和你分享的内容。同时，倾听的过程中贸然地打断对方势必会引起对方的反感，但是适时给予对方回应也是非常必要的，应该用眼神、点头、鼓励性的语言等表达自己的兴趣和理解，鼓励对方自由地按照自己的意愿进行表达。

(2)学会沟通

一个好的沟通者首先要能够简洁、明确、清晰地表达自己的意思，知道自己要说什么；其次，沟通的时机和场合也很重要，要根据不同的场合把握沟通的方式和分寸，知道什么时候说、什么情境说；再次，要把沟通的对象放在第一位，时刻不忘去了解对方的立场和感受，这样才能使沟通拥有良好的氛围，促进彼此的理解以达成共识，仅站在自己的立场、不管不顾的一通表达只会打消对方与我们沟通的念头；最后，要注意沟通过程中的语气、语调以及各种肢体语言。有研究表明，在两个人面对面的沟通中，55%以上的信息交流是通过身体语言实现的。同样一句话，由不同的人、伴随不同的语气语调以及身体语言表达出来，很可能给人以截然不同的感受。面带微笑、和颜悦色的沟通者也许可以使本来拒绝沟通的人敞开心扉，冷眼相对、面带不屑的态度则可能让对方从此心门紧闭。沟通中的非语言信息既可能成为促进沟通的催化剂，也可能成为让沟通走向恶化的祸端，大学生在实际的人际沟通中应该多加注意。

4.改变人际交往中的不合理信念

案例链接

小张是一名大一女生，她为了与周围的同学友好相处，从不拒绝别人的任何要求。外面下雨，宿舍同学都不愿出门的时候，她冒雨去给所有人买饭；别人有事的时候，总是让她跑腿代领快递。她原本以为这样的付出可以让所有人都喜欢自己，可结果却是她总感觉自己被忽略，没有人真正把自己当作知心朋友，而一直以来对于别人的要求有求必应也让小张心中充满疲惫和压抑，不知如何是好。

今天的大学生中也许有不少与小张有着同样的想法，认为只有周围所有的同学都喜欢自己才说明拥有良好的人际关系，觉得拒绝别人就会破坏人际关系，愿意牺牲自己的利益去维护良好的人际关系。这些看似合理的想法其实并不合理。以所有人都喜欢自己作为人际交往的目标显然是不符合实际的，每个人都有自己的个性和特点，让所有人都接纳自己、肯定自己是不可能也不必要的，因为没有人是绝对的“大众情人”。

另外，与人交往时能够做到谦让、为对方着想是好的，但是不懂拒绝、一味地委曲求全、单靠牺牲自己的利益不一定能求得良好的人际关系。对于无理的或者自己没有能力达到的要求，要学会用平和的方式坦然拒绝。其实，“想要所有人都喜欢自己”“不能拒绝别人的所有要求”这些绝对化的想法不仅不能促进人际交往，还会让大学生在追求这种不合理的“完美”的状态过程中过分压抑、迷失自我。大学生应该抛弃这些不合理的想法所带来的沉重包袱，当你用轻松坦然的心态面对所有人时，便会有意想不到的收获。

5.提高人际情绪调节和管理能力

人际情绪调节和管理能力是一个人情商高低最主要的表现之一。除了对自己情绪的了解和管理能力，在人际交往中我们还应该培养了解他人情绪的能力，即对他人的情感和利益具有敏感性并能理解别人的观点，欣赏不同人对事物不同的认识和感情，掌握应对和影响他人的社会能力和社会技巧。

大学生的情绪波动较大，冲动性的特点也很明显，感情用事、不顾忌他人的情绪会严重影响大学生的人际关系。因此，在人际交往中要注意以下几个方面。

第一，要学会驾驭愤怒的情绪。愤怒是我们内心中最主要的一种“情绪垃圾”，这种激烈的情绪往往会给我们自身和他人带来伤害，严重破坏人际关系。因此，我们要学会理性地控制愤怒这种情绪，不要让自己在情绪的支配下做出后悔莫及的事，或是说出伤害彼此的话。

第二，要学会克服紧张的情绪。压力、矛盾、冲突都会使我们紧张，但是紧张对于人际交往和人际关系的发展都没有好处。克服紧张情绪的办法是学会放松。人际交往中放松的主要方法是幽默，幽默特别能够减轻双方的心理压力，迅速缩短彼此的心理距离。

第三，要避免急躁的情绪。我们在与人相处的过程中遇到问题或矛盾时，要沉着冷静，学会冷处理，而不要因为急躁的情绪把矛盾激化，让问题升级。

6.正确对待竞争与合作

竞争是自然界和人类社会生存发展的一个永恒法则。人类社会没有竞争，也就没有今天的文明与繁荣。也正是由于竞争，人才可以克服自身的惰性，调动积极性，发掘自身的潜能，开拓创新，勇于进取。因此，竞争给人和社会带来了生机与活力，促进了人与社会的发展。大学生作为国家未来的栋梁和希望，应该正确看待竞争，敢于竞争，要在竞争中汲取动力，充分发挥自己的聪明才智，并且在竞争中追求公平，讲求道德与合作，通过合作谋求人与自然的协调发展，而不要因为竞争处处提防别人，产生较强的比较和嫉妒心理，与周围存在竞争关系的人敌对起来。现代社会是充满激烈竞争的社会，它需要有合作意识和奉献精神，更需要"在合作中竞争"和"在竞争中合作"的精神。竞争与合作在当今时代无处不在、无时不在，因而学会正确对待竞争与合作的大学生才能更好地适应社会，最终成就一番事业。

7.寻求专业心理咨询的帮助

如果人际交往中出现的障碍较为严重，自己难以克服，并且已经严重影响到自身的学习与生活，那就要及时求助于专业人士，求助于学校心理健康中心的老师或者各大正规医院的医生，进行科学、系统的心理咨询或治疗。虽然成长中面临挫折和困难是难以避免的，但是当自身的力量难以克服时，寻求他人的专业帮助才是明智之举。"冰冻三尺非一日之寒"，我们所熟知的那些大学生悲剧人物都不是突然在某一天"一失足成千古恨"的，其实问题已经在他们身上"生长"了很长时间，而他们却没有及时采取措施自救或是寻求帮助。心理咨询或者治疗是帮助大家解决心理困惑、疏导心理压力的科学方式，作为大学生，完全不应对这种方式抱有成见或偏见。但愿每一位经历过心理上"生长痛"的大学生都能早日走向成熟，回归阳光愉快的大学生活！

心理活动方案

活动1：我说你画

活动目的：体会人际沟通是一个双向的过程；明白有时候你所表达的并不一定就是别人所理解的，你所听到的未必就是别人想表达的。沟通并不是一件简单的事情，需要双方不断反馈、调节沟通方式，才能达到最佳效果。

活动准备：准备若干张由正方形、长方形、三角形、圆形、直线、曲线、不规则图形等组成的图片，要求描述起来有一定的难度。

活动方法：两两组成一个小组，老师给每组中的一名成员出示图片，并确保另一名成员无法看到。然后请前者向后者描述图片的内容，后者根据前者的描述画出该图片。要求在描述的过程中，只能通过言语表达，不能用手比画。比比看哪一组画得又快又准确。然后每组中的两个成员交换角色，重复上述游戏。

活动2：人际财富

活动目的：试着整理自己的人际财富，反思自己在人际交往中所体现出来的性格特点，找出自己需要继续发扬和改进的地方。

活动准备：给每个同学分发一张白纸、一支笔，然后请大家跟着老师的指导语和示范，绘制自己的人际财富图。

活动步骤：

(1)在白纸的中央画一个实心圆点代表自己。

(2)以这个实心圆点为中心，画三个半径不等的同心圆，代表三种人际财富或者人际圈。同心圆内任意一点到中心的距离表示心理距离。将亲朋好友的名字写在图上，名字越靠近中心圆点，表明他与你的关系越亲密。

(3)写在最小同心圆内的属于你的“一级人际财富”。你们彼此相爱，你愿意让对方走进自己心灵的最深处，分享你内心的秘密、痛苦和快乐。这样的人际财富不多，却是你最大的心灵慰藉，也是你生命中最重要的成长力量。

(4)写在第二大同心圆内的是你的“二级人际财富”。你们彼此关心，时常聚在一起聊天戏耍，一起分享快乐，一起努力奋斗。虽然你们之间有些秘密是无法分享的，但这类朋友让你时常感到人生的温馨。

(5)写在最大一个同心圆内的属于你的“三级人际财富”。这些朋友可以是平时见面打个招呼，但是需要帮助时也愿意尽力帮忙的朋友；可以是曾经比较亲密但渐渐疏远，却仍然在你心中占有一席之地的朋友；也可以是平时难得见面，却不会忘记在逢年过节问候一声的朋友。

(6)同心圆外的空白处代表你的“潜在人际财富”。尽量搜索你的记忆系统，把那些虽然比较疏远但仍属于你的人际财富的人的名字写下来。

心理百草园

1.图书：[美]基思·法拉奇，塔尔·雷兹.《别独自用餐》

本书作者用亲身经历讲述了一个来自贫穷家庭的孩子如何成为一名成功职业经理人的故事。除了才华和天赋，成功还源于人们在世界中丰富的情感联系。本书告诉读者：如何根据自己的个性和特点建立自己的圈子，提升自己的社交圈，实现自己的职业发展？

2.图书：蔡康永.《蔡康永的说话之道》

蔡康永，台湾著名的节目主持人、作家。本书是蔡康永在“说话”多年之后，首次尝试教人“说话”。这本书如同蔡康永的主持风格一样犀利俏皮、饶有情趣，会让“本来已经很讨人喜欢的你，在未来变得更讨人喜欢”。

3.电影：《七月与安生》

电影讲述了“七月”和“安生”两个性格迥异的女孩从13岁开始相识相知、羁绊十几年跨越时间、空间的成长故事。本片被评价为从青春情感的高度上升到了人性矛盾面的高度，获得了第53届台湾电影金马奖最佳女主角奖，第36届香港电影金像奖最佳电影、最佳女主角、最佳导演、最佳编剧等12项提名。

4.电影:《中国合伙人》

本片讲述了“土鳖”成东青、“海龟”孟晓骏和“愤青”王阳三个年轻人从学生年代相遇、相识，共同创办英语培训学校，最终实现“中国式梦想”的故事。该片把梦想、友谊、爱情巧妙地融合在一起，既不失青春活力，又不乏真诚励志;既贴合内地，又符合时代脉动。

5.电影:《牛仔裤的夏天》(*The Sisterhood of the Traveling Pants*)

影片讲述了四个女孩与一条牛仔裤的故事，在清新自然的风格下展示了友谊的美好与力量。每个人都会在影片中发现自己的影子，并跟随故事中的主人公开始一段心灵旅程。

心理测试

社交能力自测

指导语:这份社交能力自测表共包括30道题，你可以按照与自己的符合程度来打分。符合打5分，基本符合打4分，难以判断打3分，基本不符合打2分，完全不符合打1分。

1.我上朋友家做客，首先要问有没有不熟悉的人出席，如有，我的热情就会明显下降。

2.我看见陌生人常常觉得无话可说。

3.在陌生的异性面前，我常感到手足无措。

4.我不喜欢在大庭广众面前说话。

5.我的文字表达能力远比我的口头表达能力强。

6.在公共场合讲话，我不敢看听众的眼睛。

7.我不喜欢广交朋友。

8.我的要好朋友很少。

9.我只喜欢和我谈得来的人接近。

10.到一个新的环境，我可以接连好几天不讲话。

11.如果没有熟人在场，我感到很难找到彼此交流的话题。

12.如果要在“主持会议”和“做会议记录”这两项工作中挑一样，我肯定会挑后者。

13.参加一次新的集会，我不会结识多少人。

14.别人请求我帮助而我无法满足对方要求时，我常感到很难对人开口。

15.不是不得已，我绝不求助于人，这倒不是我个性好强，而是感到很难对人开口。

16.我很少主动到同学、朋友家串门。

17.我不习惯和别人聊天。

18.领导、老师在场时,我讲话特别紧张。

19.我不善于说服人,尽管有时我觉得很有道理。

20.有人对我不友好时,我常常找不到恰当的对策。

21.我不知道怎样同嫉妒我的人相处。

22.我同别人友谊的发展,多数是别人采取主动态度。

23.我最怕在社交场合中碰到令人尴尬的事情。

24. 我不善于赞美别人,感到很难把话说得自然。

25.别人话中带刺挪揄我,除了生气外,我别无他法。

26.我最怕接待工作,同陌生人打交道。

27.参加集会,我总是坐在熟人旁边。

28.我的朋友都是同我年龄相仿的人。

29.我几乎没有异性朋友。

30.我不喜欢与地位比我高的人交往,我感到这种交往很拘束,很不自由。

量表解释:

把你的每道题得分相加即为本测验的总分。你的总分越高,说明你的社交能力越差;你的总分越低,说明你的社交能力越强。

如果你的总分大于或等于121分,那么你的社交能力存在很大的问题,你不太善于交往或你不喜欢社交,社交对于你来说是一件痛苦或害怕的事情。你在社交场合习惯于退缩、逃避,你对自己的社交能力没有信心,你还没有学会如何与别人尤其是陌生人打交道。为此,你要走出自我封闭的圈子,尝试去与人交往,不要怕失败和尴尬,你会发现人际交往会带给你许多乐趣和益处。

如果你的总分在91～120分之间,那么你的社交能力还有待进一步提高,你对人际交往还有些拘谨和尴尬。但你是可以交往的,如果你更大胆一些,更多地培养自己的社交能力,那么你将会从社交活动中获得更大的快乐和成功。

如果你的总分在70～90分之间,那么你的社交能力尚可。

如果你的总分低于70分,那么你是一个善于社交的人,你喜欢交往,能从交往中获得快乐和收获。你能与不同的人相处,能较快地适应环境。你的总分越低,你的适应能力就越强。

第七章

爱之初体验

——大学生恋爱心理及性心理

爱情是人类永恒的话题。爱情，带给我们的不仅是心灵的激荡，也是情感上的历练。到底什么才是爱情？也许每个人心中都有着不同的定义。充满激情的年轻人认为爱情是一见钟情的浪漫，经过岁月沉淀的人会告诉你爱情是细水长流的平平淡淡。但没有人会否认爱情能使人成长，让我们的人生更加完整。这种美好的情感能让每一颗年轻的心在接受洗礼的同时慢慢走向成熟。说到“爱”，就不得不提到“性”，“性”与“爱”从来都是统一的整体。大学生正处于青春年少的阶段，内心情感懵懂而活跃，性生理趋于成熟，如何正确认识与理解性，调控性冲动与性需要的平衡，保持身心的健康和谐，是大学生面临的重要成长课题。同学们，面对爱情与性，你们准备好了吗？

第一节 爱情是什么

案例导入

小米一进入大学就在社团里结识了一位师兄,师兄出众的工作能力以及在工作中表现出的写作才能让小米钦佩不已。在逐渐的接触中,小米也主动向师兄表达了自己心中对他的欣赏和崇拜。不料一次聚餐之后,师兄突然提出让小米做自己的女朋友,小米还没来得及仔细思考就稀里糊涂地答应了。可是,接下来作为女朋友与师兄的相处过程却让小米整天忧心忡忡,茶不思饭不想。她变得害怕见到师兄,害怕以女朋友的身份与他相处,心中对于牵手、拥抱这类恋爱中应该有的亲密举动也充满抵触。她想提出分手,可是又不知道该如何开口,担心会伤害到师兄,从此无法再成为普通朋友。小米的心中充满痛苦与困惑,她以为对师兄的崇拜和好感可以发展成爱情,可事实证明并非如此。

爱情是人类最美妙的情感,大学生正处于一生中最美好与悸动的年龄,理应对爱情充满渴望和憧憬。但爱情又是人类一种最复杂而微妙的情感,它的变幻莫测和难以捉摸让人类对于它永远有述说不完的激情。爱情能给人带来无穷无尽的幸福和快乐,也能给人带来难以忍受的痛苦和烦恼。大学生正处在人生的春天、恋爱的季节,有强烈的爱与被爱的需要,但同时也因为爱情而充满困惑和烦恼。因此,了解爱情、学会恋爱是大学生成长的必修课,也是人生发展的重要课题。那么,我们应该如何从心理学的角度解读爱情呢?爱情对大学生的成长又有什么样的意义呢?

一、爱情三元理论

在现实生活中,我们常常看到爱情有各种各样的表现形式:有的人一见钟情,也有的人日久生情;有的爱情平静如水,有的爱情激情澎湃。似乎一百个人对于爱情就有一百种理解。爱情为什么会如此不同呢?美国著名心理学家斯腾伯格提出的爱情三元理论对此做出了合理的解释。斯腾伯格认为,爱情虽然复杂多变,但基本上由三种成分组成,即亲密、激情和承诺,这三个成分构成了三角形的三个边,组成爱情三角形。虽然世间的爱情形式因人而异,但其实都可以由这三种成分以某种方式混合演绎出来(如图 7-1)。

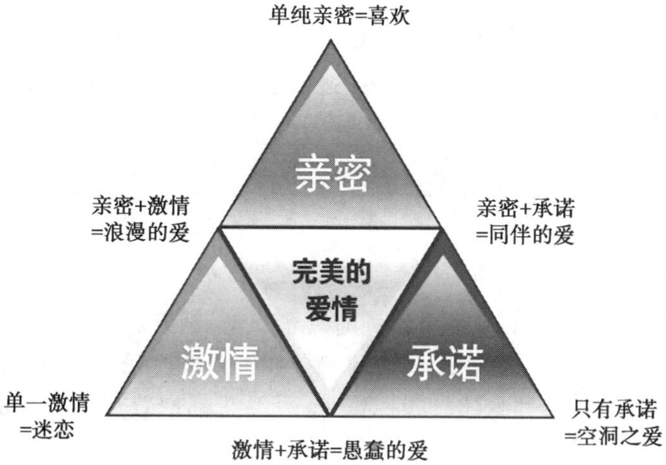

图 7-1　斯腾伯格爱情三角形理论

亲密是指在爱情关系中促使双方心灵相近、互相契合、互相归属、不分彼此的感觉。通向亲密的关键是友谊的质量,包括信任、诚实、尊重、责任感、安全感、支持、慷慨、理解等。亲密是爱情的基础,是经过一段时间后逐渐发展起来的。

激情是指强烈地被对方所吸引,渴望与对方结合,满足归属、支配和性的需要的内在情感。它以个体生理上的性唤醒为特征,表现为陷入爱情时双方对于性的渴望,所谓的对某个人有特殊的“感觉”就属于爱情中的激情范畴。

承诺是指内心或口头对于投身于一份感情的决定及维持感情的努力,包括短期和长期两个部分。短期的部分是指个体决定去爱一个人,而长期的部分是指对维护两人之间的亲密关系所做的持久性承诺。

从本质上来看,承诺主要是认知性的,亲密是情感性的,而激情是动机性的。爱情关系的“热度”来自激情,“温暖”来自亲密,而承诺所反映的是一个决定,是爱情中的理性成分。

斯腾伯格认为,上述三种成分的不同组合构成了 7 种不同类型的爱情:完美式爱情、喜欢式爱情、迷恋式爱情、空洞式爱情、浪漫式爱情、伴侣式爱情、愚蠢式爱情(见表 7-1)。

表 7-1　斯腾伯格爱情的七种类型

爱情类型	爱情成分	特点
喜欢式爱情	亲密	与友谊类似,缺乏爱情应有的激情与承诺
迷恋式爱情	激情	多见于初恋,爱情双方缺乏对于彼此的深入了解
空洞式爱情	承诺	多见于包办婚姻,在没有激情和亲密感的状态下做出婚姻承诺
浪漫式爱情	亲密＋激情	“不求天长地久,只求曾经拥有”式的爱情
伴侣式爱情	亲密＋承诺	激情退去,双方如朋友般相处的爱情状态

续表

爱情类型	爱情成分	特点
愚蠢式爱情	激情＋承诺	多见于“闪婚一族”，在激情状态下做出一生的承诺
完美式爱情	亲密＋激情＋承诺	具备爱情的三个要素，是爱情的理想状态

1.完美式爱情

在斯腾伯格看来，完美的爱情应该同时具备激情、亲密和承诺三种成分，是三种要素的有机结合与完美统一。这种爱情中的双方在感到彼此强烈吸引的同时，还有类似于知心好友之间的温暖和共鸣感，同时对于这段关系都抱着严肃认真的态度，对于彼此的未来有所承诺。显然，完美的爱情可遇而不可求。

2.喜欢式爱情

这种爱情中只有亲密，没有激情和承诺。双方在一起感觉很舒服，但是觉得缺少激情，也没有强烈的要与对方厮守终生的念头。其实，这种感情类似于知心好友间的友谊。显然，友谊并不是爱情，喜欢并不等于爱情，虽然友谊有可能发展成爱情，但是爱情毕竟是比朋友间的友谊强烈许多的感情。

3.迷恋式爱情

这种爱情只有激情体验，认为对方有强烈的吸引力，除此之外，对对方了解不多，也没有想过将来。双方只有激情，没有亲密和承诺。很多初恋都属于这种爱情形式，第一次的恋爱总是充满了激情，却缺少对于彼此的了解和沟通，是一种受到本能牵引和导向的青涩爱情。

4.空洞式爱情

这种爱情只有承诺，缺乏亲密和激情，那些纯粹为了婚姻的爱情就属于此类。空有承诺的爱情看上去丰满，却缺少必要的内容，也许双方在各种现实条件上相当匹配，但是没有爱情中该有的激情和亲密感。我国传统社会中的包办婚姻就属于此种类型。

5.浪漫式爱情

这类爱情有亲密关系和激情体验，却没有对于未来的承诺。这种爱情崇尚过程，不在乎结果。当今大学校园中的许多“不在乎天长地久，只在乎曾经拥有”的爱情就属于这种类型。很多大学生情侣虽然在恋爱中享受了爱情的甜蜜，但是在面对未来时却无法给出确定的答案。

6.伴侣式爱情

这种爱情有亲密和承诺，但是没有激情。毕竟激情是容易消退的，因此，处于长期恋爱或者婚姻关系中的两个人，更多地保留着一份互相理解和支持的亲密感，以及厮守终生的承诺。

7.愚蠢式爱情

这种爱情只有激情和承诺，却没有亲密。没有亲密的激情顶多是生理上的冲动，而没有亲密的承诺不过是空头支票。现在很多“闪婚一族”在充满激情的热恋期就做出走进婚姻殿堂的承诺，结果很多不欢而散。爱情虽然是充满激情的，但是被激情冲昏的头脑只会做出错误的决定。

拓展阅读

爱情中的“吊桥效应”

——心动不一定是真爱

著名情绪心理学家阿瑟·阿伦曾经做过一个经典实验。实验中，研究者找到一位漂亮的女性作为研究助手，让她到一些大学男生中做一个调查。调查中，首先让这些男生完成一个简单的问卷，然后再根据一张图片编一个小故事。实验的特别之处在于把所有参加实验的大学生分成了三组，并且在三个不同的地方对这三组大学生进行了调查。这三个地方分别是：一个安静的公园、一座坚固而低矮的石桥和一座危险的吊桥。这位女助手在对所有的大学生进行完简短的调查之后，把自己的名字和电话号码告诉了每一个参加实验的大学生。实验结果显示：与其他两组相比，在危险的吊桥上参加实验的大学生给女调查者打电话的人数最多，而在他们所编撰的故事中，也更多含有爱情的色彩。

我们应该怎样来理解这个实验结果呢？当人处于危险的情境中时，会不由自主地心跳加速、呼吸急促，产生相应的恐惧情绪，这是不以我们的意志为转移的。在这个实验当中，那些在吊桥上接受实验的大学生比其他两组产生更多生理上的反应。根据情绪的二因素理论，他们会为自己的生理表现寻求一个合适的解释。也就是说，在危险的吊桥上进行实验的大学生会把自己心跳和呼吸的异常表现错误地解释为因为遇见了这个美丽的女调查者。换句话说，一些大学生对自己的生理唤醒进行了错误归因，即吊桥上的那些人，本来是危险的环境致使他们心跳过速，但是他们却将这错误地理解为是调查者的魅力所致。而正是这样的原因，导致了那些处于危险情境中的男大学生们，与其他环境中的人相比较，对自己身边的调查者产生了更多的兴趣，更多地拨通了漂亮女调查者的电话。这便是所谓的“吊桥效应”。人在危险的环境里，对其环境中的异性产生小鹿乱撞的心跳，以为是一见钟情或产生好感，但实际是一种思维的误导所产生的错觉。

二、恋爱的发展阶段

恋爱的过程是感情发展的过程,是彼此深入了解、互相适应的过程。尽管每个人的恋爱经历各不相同,但一般来说,恋爱大致包括以下几个阶段。

1.理想对象的建构阶段

青少年从对异性的反感和疏远期进入对异性的接近和爱慕期后,产生了异性间的相互吸引,出现希望彼此接触的意愿。处于此阶段的青年男女,开始特别注意自己的容貌和风度,希望引起异性的注意和兴趣,博得对方的好感和青睐。生活中,他们开始格外关心周围发生的爱情方面的趣闻轶事,热衷于讨论与爱情有关的各种话题,并利用各种机会与异性接触交往。但是,由于恋爱心理的不成熟性,这一时期的异性交往往往是泛化的、不稳定的,缺乏专一的、明确的恋爱指向。在这一阶段与异性交往的过程中,大家逐渐开始建构理想对象的模型,开始勾勒出自己心中理想伴侣的形象。

2.现实对象的确定阶段

理想伴侣的形象确定之后,恋爱便进入了现实对象的确定阶段。这时,大家往往会按照心中的理想对象在现实中寻找与之符合的异性。如果内心的理想对象的形象比较清晰、具体,并且比较符合实际情况,就能较快地在现实中找到理想的伴侣;相反,如果头脑中的理想对象的形象比较模糊,或者过于理想化,与实际情况不符,那在现实生活中就比较难找到理想的伴侣。

3.热恋阶段

确定恋爱关系之后,经过一段时间的相互了解和感情磨合,恋爱双方会进入关系更加亲密的激情热恋阶段。处于热恋阶段的双方,会产生难舍难分、如胶似漆的感情,其心理会发生两个方面的明显变化:其一是时空感觉上的变化,“一日不见,如隔三秋”就是对于这种变化的生动描述;其二是感情和理智方面的变化,在热恋期,人们的理智水平会相对降低,充沛的感情支配着人的行为,因此会做出一些在别人看来不可思议的事情。人们常说“恋爱中的女人智商为零”,处于热恋中的双方容易做出一些幼稚的行为以取悦对方,虽然坠入爱河的两人乐在其中,但是在旁人眼中会幼稚得像幼儿园小朋友。

4.心理磨合阶段

甜蜜的热恋之后,恋爱便进入了心理相撞与调适的磨合阶段。进入这一阶段后,恋爱双方的感情逐渐降温,理智重新回到正常水平并主宰内心世界。此时,原来没有发现的对方身上存在的问题和毛病会逐渐显现,对方在自己心里的形象不再完美,甚至以前认为可爱的一些小缺点也开始变得难以忍受。因此,这一阶段双方会发生争论、冲突、心理碰撞,感情也会起伏波动。此时,恋爱双方应该静下心来,重新审视自己的恋人和爱情,在心理上进行进一步的磨合和调适,试着适应、理解、改造和接纳对方的一切。

5.感情平静阶段

顺利度过心理磨合阶段后，恋爱双方就会进入感情平静阶段。在这一阶段，双方已经对彼此有了深入和全面的了解，既爱慕对方的长处和优点，又能包容、接纳对方的缺点和不足，彼此心平气和，心灵上达到融为一体的境界。这时的爱情建立在理想的基础之上，恋人从浪漫的迷雾中落回现实。然而，如果恋情没有顺利地度过心理磨合阶段，则会导致恋爱关系的破裂，出现失恋。

三、爱情对于大学生的心理意义

1.爱情可以促进自我成长

感受爱，学会爱，对于每一个人的成长来说都有着举足轻重的作用和意义，就像文学家莫里哀曾说过的一样："恋爱是一所学校，教我们重新做人！"甚至有心理学家认为，恋爱具有心理治疗的功效。在恋爱中，恋人会像一面镜子一样，照出自己的许多东西，促使自己更好地发现自我、塑造自我，获得自我成长。大学生正处于自我成长的关键时期，通过恋爱，可以更好地认识自己的个性特点，了解自己的情感世界，发现自身的优点和缺点，培养自己的性别角色。同时，爱情是一种亲密关系，这种亲密感可以带来归属、爱的满足和自我价值感。在恋爱关系中，双方都会体会到被对方接纳，体会到被关心、照顾、体贴、理解。来自自己所爱的人的肯定和欣赏，是自我认同的一个重要部分，能让自身体会到充分的自我价值感，对于大学生的自我认同起到非常积极的作用。

2.爱情可以塑造身心健康

爱情是一种伴侣间的亲密关系，它带给人们安全感、归属感和满足感，给爱情双方提供相互扶持、相互关怀的心理慰藉，从而成为一种对抗生活压力的"缓冲器"和"防护墙"。有研究发现，在乳腺癌和心脏病的患者中，拥有伴侣和亲密关系的病人存活率和复发率都显著地低于没有伴侣的病人。因此，有科学家认为，爱情可以提高人的生命力，爱情是比任何药物都具有神奇疗效的"心灵抗生素"。大学生处在即将走向独立的过渡时期，心理的发展尚未完全成熟，面对学习、就业、人际关系、社会适应等方面的问题，容易出现心理困扰。而在爱情这种亲密关系中，大学生能够自由地相互倾诉心中的困惑，宣泄自己的不良情绪，得到爱的抚慰，满足自己爱与被爱的需要，有效缓解心理压力，保持良好的心理状态。因此，爱情可以有效地促进大学生的身心健康，帮助大学生更好地度过成长中的各种考验和难关。

3.爱情可以激发生命潜能

著名心理学家弗洛姆说，真正的爱情可以在对方身上唤起某种有生命力的东西，而双方都会因唤醒了内心的某种生命力而充满快乐。爱情可以使我们的内心充满前所未有的激情和快乐，因为与另一个人生命的分享，也许会使你看待世界的角度都发生变化。真正的爱情是每个人生命中的“奇迹”，这个“奇迹”会让我们重新思考未来的目标以及生活的意义，给每一个年轻的生命带来无穷的动力，努力去把脑海中美好的人生蓝图变为现实。因此，美好的爱情可以成为激发大学生生命潜能、成就美好明天的动力。

值得注意的是，大学生恋爱是一门“选修课”，恋爱与否，在乎缘分，“得之我幸，不得我命”，没有必要去刻意尝试。我们有选择恋爱的自由，也有选择不恋爱的权利，重要的是我们要对自己负责、对自己的选择和行为负责，要在大学这几年时间里不断完善自我、健全自我，当遇见属于自己完美的爱情时经得起风吹雨打。

第二节　大学生常见的恋爱问题

案例导入

男生小姚的烦恼:"这已经是我第三次被这样拒绝了。每次我觉得喜欢上对方,也感觉对方对我有好感,就鼓起勇气表白,可每次对方都说只是把我当朋友,没有进一步发展的可能。可我明明觉得她们对我的好是不一般的,是和普通朋友不一样的啊!"

女生小陈的苦恼:"我们是在网上认识的,他那时说是大四的学生,刚开始时感觉他特别会关心人,对我特别好,和周围的男同学都不一样。见面以后虽然感觉他看着年纪有点大,但也还可以接受。可是没想到他骗了我,他其实已经快30岁了,而且有女朋友,马上准备结婚。我现在感觉离不开他,完全不知道该怎么办。"

女生小张的痛苦:"我们刚谈恋爱的时候特别甜蜜,可不知为什么,现在感觉他离我越来越远了,他说我的爱让他透不过气来。最近我们无数次吵架又和好,这让我很痛苦,我不愿分手,可又不知该如何继续。"

2016年10月28日,《2016中国大学生恋爱白皮书》正式发布。据统计,中国在校大学生人数3559万,其中有过恋爱经历的比例高达80%。恋爱,已经成为大学生的"必修课"。白皮书还提到,91%的大学生恋爱受"四难"困扰:相遇难、脱单难、恋爱难、维持难。

爱情的道路绝不是平坦的,爱情就好像是一颗怪味豆,让人酸、甜、苦、辣都尝尽,在爱情中每个人都会经历快乐与痛苦。大学生到了恋爱的年龄,多了对爱情的思考与体验,但也出现了种种由爱情带来的心理困扰。对于大学生来说,学会与异性相处,学会面对和处理恋爱中的问题与波折,是大学阶段课堂以外的重要一"课",对于其人格的成熟和完善、将来收获美满的爱情和婚姻具有重要意义。

一、大学生恋爱心理的常见问题

1.爱情错觉与单相思

每个人都渴望在大学期间与美好的爱情相遇,在人生最美的季节与那个特别的他(她)邂逅。然而,有时候自己的"一见倾心"也可能只是"一厢情愿"的错觉,自以为的"爱情"只是一场"美丽的误会"。好感与爱情是大学生在与异性交往中经常遇到又难以区分的两种感情。大学生之间有共同的兴趣、爱好和话题,很容易互生好感,发展成友谊,但友谊不等于爱情。错将友谊当爱情,是缺乏恋爱经验又有恋爱欲望的年轻人容易产生的错觉。在与异性交往的过程中,要分清爱情和友谊的界限。爱情错觉往往是在自己爱上对方,而对方也从言行上表示出对你有好感的趋势时产生的,产生错觉的个体会把对方的一个微笑、一句问候、一次关心当作爱的表示,做出各种爱情的想象和假设,陶醉在遐想的爱情当中。其实很可能对方对你的好感,也仅仅是好感,或者是一种友谊的表现。虽然好感和友谊在一定条件下能发展为爱情,但它绝不是爱情本身。异性之间的好感一般来说是广泛的、无排他性的,而爱情则是专一的、排他的并具有性爱的因素。好感常常表现为人们一时出现的情绪感受,而爱情则是一种强烈的要与所爱的人共度此生的情感。

如果爱情错觉持续下去,就有可能形成单相思。单相思是异性关系中一方单方面的倾慕,因此并不是爱情。但由于这种感情强烈,付出的感情得不到回报,往往会给当事人造成较大的情感伤害。一旦发现自己陷入单恋的境地,就应该毫不迟疑地打消这爱情上的"海市蜃楼",尽快地摆脱自己编织的虚幻的情网,借助理智的力量,获得感情上的解放。如果你对对方一见钟情,深陷其中,并且觉得对方也很爱你,但很快又发现事实并非如此,就要能够急流勇退,牢牢地握住感情的舵,尽可能减少或避免与对方的接触,克服虚荣心理和由对方冷淡而造成的自卑感。反之,一味追求对方,死缠烂打,或者沉迷于单恋的泥潭不能自拔,只会降低自己的人格,遭到对方的反感。

2.网恋困扰

随着互联网的发展和普及,网恋这种特殊的恋爱方式已经成为当代大学生另一片"缘分的天空"。不少大学生认为,网恋打破了时空界限,突破了生活环境对人际交往的限制,为年轻人提供了更广阔和自由的交流空间,扩大了恋爱的选择范围。同时,还有大学生觉得网恋比普通的恋爱更加真实和美好,因为网络就像一层厚厚的面纱,让隔着面纱的双方能够毫无保留地展现出真实的自我,不需要遮掩和伪装,同时由于缺乏实际接触,恋人在自己心中的形象更加完美,恋情也更加浪漫。但是,网络世界毕竟是虚拟世界,网络上的爱情再美好,也还是要回归到现实生活中,网络的虚拟性和隐蔽性使得网恋中的"美好"并非都是真实的。网络交往是纯精神的交往,与现实生活始终存在着差距。一些大学生对网恋的虚幻性缺乏足够的认识,付出很多时间和感情,对于"见光死"的可能后果也缺乏心理准备,结果是"竹篮打水一场空",心理和情感均受到打击。此外,网恋难以实现爱情的专一性,有可能成为多角恋和婚外恋的温床,对大学生造成情感伤害。

大学生对于网恋应该有清醒、客观的认识,有意识地避免网恋的负面影响和伤害。首先,增强自我保护意识,不要轻信网友,第一次见面避免到黑暗、隐蔽的地方去;其次,通过多种渠道了解对方,以证实网络中的信息是否可信;最后,尽量缩短网恋的时间,用现实交往来考验这段恋情和对方,以避免时间和精力的浪费。

3.恋爱中的波折

每个人都希望自己的恋爱一帆风顺,但在恋爱一段时间后却发出"相爱容易相处难"的感叹。其实,恋爱本身就是双方相互磨合走向融合的过程,双方在各方面存在的差异决定了他们必然会在一些问题上产生分歧,出现恋爱中的波折。因此,恋爱中的波折是每段恋情都会出现的正常现象,是双方在磨合的过程中不可避免的,是每对恋人相互影响走向融合的必经之路。但是,如果恋爱过程中波折过于频繁,持续时间过长，情绪波动过大，则会有损身心健康，影响大学生的正常学习和生活。现实生活中，有些大学生由于心智不够成熟，面对恋爱中的波折常常反应激烈，过于情绪化，或者“三天一小吵，五天一大吵”，“分手”常挂在嘴边；或者视恋爱为儿戏，今天分手，明天和好。结果一次次的恋爱波折弄得双方两败俱伤，心力交瘁，学习成绩一落千丈。其实，恋爱中的每一次波折都会给感情带来负面的影响，对于初涉爱河的大学生来说更是有较大的杀伤力。那么，我们应该怎样面对恋爱中的波折呢？

首先，面对分歧和矛盾切不可感情用事，不能赌气，要理智对待，可以冷静地想一想产生矛盾的原因是什么，是否值得为此伤害彼此的感情，有没有更好的解决方式；其次，要学会换位思考，从对方的角度考虑问题，多考虑对方的感受和立场，尽量做到包容对方，给予对方更多的空间；最后，遇到分歧要尽快通过坦诚沟通的方式来解决，不打冷战，避免过激的言行。同时，要宽容大度，勇于反省和自我批评，敢于向对方道歉。当我们用理智的力量解决了恋爱中的波折和冲突时，爱情就向成熟迈进了一步。

常常有人在回忆自己年轻时期的恋爱时会说：都怪自己当时太年轻，不懂得怎样去爱，所以错过了那个人，导致一生的遗憾。爱情是美好而甜蜜的，但是如果没有健康、正确的恋爱观和择偶观，只会收获爱的苦果，难以品尝到爱的甘甜，更难以让爱情步入婚姻的殿堂。大学生要有意识地培养起健康、积极的恋爱观和择偶观，让“对”的自己在“对”的时间遇到“对”的人。

二、大学生收获甜蜜爱情的要素

爱情的道路很可能不平坦，但是正是由于一路走来的不易，才让人们更加珍惜最终收获的幸福。大学生为了收获美好的爱情，应该注意些什么问题呢？

1.保持独立的人格

每个人都是独特的个体。爱情中非常重要的一点就是不能失去自我，要始终保持独立的人格。恋爱中，随着爱情的一天天加深，心中会有为所爱的人付出和奉献一切的冲动。往往爱得越深，付出的就越多。但是，年轻人在享受爱情甜蜜的同时，请千万记住不要在这种忘我的奉献中失去了自我，成为他人的依附。失去自我的爱不仅是一种依附，还会让爱情变成束缚，从依恋变成自卑，从而失去爱情双方平等的地位，使爱情逐渐枯萎甚至死亡。真正的爱情应该有弹性、有张力，彼此既非僵硬的占有，也非软弱的依附，双方的关系要拉得开，但是又扯不断。相爱的双方要给予对方充分的自由与空间，这是彼此尊重的表现，也是对于爱情和自身充满信心的体现。大学生特别是女大学生们，在坠入爱河以后一定要避免过度依赖和迁就对方，只有始终保持独立的人格，才能始终保持自身对于对方的吸引力，才能让双方都从爱情中汲取到正能量，才能让恋爱关系朝着健康的方向发展。反之，一旦失去自我，让自己迷失其中的爱情必然会以悲剧收场。

2.摆正爱情与学业的关系

作为大学生，四年的大学生活转瞬即逝，大家应该把学业放在首位，摆正爱情与学业的关系,不能把宝贵的时间都用于谈情说爱而忽略了学习。爱情是重要的,但不是生活的全部内容,人生中除了爱情还有许多有意义的事情值得大家去奋斗和追求。当我们把爱情视为生命的唯一时,爱情就是一株温室中的花朵,娇弱美丽却经不起任何打击。当爱情成为大学生唯一的追求时,她(他)就会失去人格的独立和魅力,也很容易失去被爱的理由。古今中外,凡是立大志、树大业的人都能正确处理好爱情与事业的关系。青年大学生更应利用自己的"黄金时期"多多积累知识,培养自己在各个方面的能力。大学生不能因为好奇而过早涉入爱情,更不能以爱情为托词来满足自己寻求刺激的心理。当爱情真的降临到你身上时,要进行理智的思考,摆正爱情与学业之间的关系。希望大家能在学习知识的同时享受美好的爱情,做到爱情、学业"双丰收",让爱情成为促使自己为明天奋斗的动力,而不是浪费大好光阴的借口。

3.理性面对恋爱过程中的挫折

每个人都希望自己的爱情之路一帆风顺、一路坦途,都希望把自己纯洁美好的初恋献给最亲爱的人。但这只是人们美好的愿望,现实中绝大部分人都会在爱情这条不平坦的路上经历挫折与遗憾。大学生的恋爱受多种因素的制约,在追求爱情的过程中遇到各种波折是在所难免的。单相思、爱情错觉、失恋等恋爱心理挫折对大学生的心理承受能力是一种考验。如果承受能力较强,就能较好地应付挫折,否则就有可能造成不良后果。当爱情受挫后,大学生应该用理智来驾驭感情,通过增强理智感,分析原因,总结经验与教训,寻找解决问题的方法和途径,在新的追求中确认和实现自己的价值,从而提高自己的心理承受能力。尼采有句名言:"任何不能杀死你的,都会使你更强大。"恋爱道路上的挫折其实也是一笔人生的财富,使人有了更多的人生体验,心理走向进一步的成熟。面对恋爱挫折,大学生们一定要抱有积极健康的心态,勇敢承受求爱遭拒或者失恋带来的心理困扰,请始终相信痛苦和煎熬过后你将走向真正的成熟,而在未来等待你的将是更加美好、甜蜜的爱情。

第三节　如何面对失恋

案例导入

小雨的男友是她的高中同学，上大学以后谈了近三年的异地恋。小雨原本对于毕业后两人终于可以朝夕相处的生活充满了憧憬，不料男友却在半个月前跟她提出了分手。这半个月来，小雨整天神情恍惚，茶饭不思，以泪洗面，靠回忆以往相爱的日子度日。往事历历在目，爱情的誓言还在耳边回荡，但深爱的人已走远。在这段灰色的日子里，小雨被绝望紧紧包围，夜夜辗转难眠。她心中充满痛苦、伤心和困惑，原本那么爱自己的一个人怎么说变就变了呢？这样昏暗的生活什么时候才能结束呢？自己的生活还能迎来阳光吗？

失恋是恋爱过程的中断，是重要关系的丧失，是心理平衡的打破。失恋是恋爱过程中最沉重的打击，往往会给人们带来较大的痛苦和折磨。对爱的绝望感和一时的孤独感、虚无感是失恋中常见的体验。失恋的滋味虽然是苦涩的，但也绝不足以让我们彻底失去对生活的希望。了解失恋后的心理变化以及积极应对失恋的策略，有助于大学生尽快走出失恋的阴霾，迎来新生活的曙光。

一、失恋后的心理变化

失恋必然是一种痛苦的体验，但是随着时间的推移，心理重新达到平衡之后，各种负面情绪便不会那么让人难以承受。一般来说，每个人失恋后都会经历以下几个阶段。

1.否认期

“不可能，他(她)曾经对我那么好、那么爱我，怎么可能不要我了？假的，这不是真的！”否认，至少部分否认，是一种心理上的自我保护机制，起着保护自己免受痛苦和震惊的作用。这时会出现试图挽回、自欺欺人等行为。

2.愤怒期

“为什么是我？为什么上天对我这么不公平？为什么他(她)要这样对我？”感受到孤立无援、软弱无能又不愿接受现实、不想放手的感觉。尤其是对方有了新欢，那更是雪上加霜、火上浇油。情绪表现为暴躁不安、易怒，对他人信任度下降。

3.协议期

心情逐渐趋于平静，开始理智地面对现实。但是也许心中还抱有一线希望，不想一下失去太多，开始“讨价还价”，似乎要达成某种协议，比如说，将关系转化成“兄妹”或者“好朋友”，借此寻求关心的借口，以弥补前后过大的反差和失落。这个时期最容易把对方在自己心中的形象神化，产生更大的迷恋或怨恨。

4.抑郁期

当最后意识到怎么做也无法挽回的时候，精神开始萎靡，日渐虚弱，有强烈的无奈感。这时可能会出现节食或暴饮暴食，或借酒消愁等自虐行为，并伴随自闭，拒绝正常的人际交往，自我沉浸于悲伤之中，不愿和人接触，尤其是异性。

5.接受期

经过了否认一愤怒一协议一抑郁四个阶段之后，终于进入对于失恋这一事实明朗的接受阶段。

二、积极面对比哭泣更重要

失恋的滋味虽然不好受，但是它在使人消沉的同时，也会带来心理上的成长和成熟。其实，恋爱和失恋是相伴而生的，就像歌词里所唱的那样“只要有爱就有痛”。有人对全国1000对美满家庭做了抽样调查，发现只有不到10%的人的配偶是初恋恋人。也就是说，90%以上的恩爱夫妻都经历过失恋的痛苦，或者说都经历过恋爱的再选择过程。既然失恋是大部分人爱情道路上都会遇到的挫折，那我们就应该正视它，并且尽快从失恋的阴影中走出来。

大学生由于未来的不确定性，恋爱也存在各种未知的变数，如果遭遇失恋，大家一定要以积极阳光的心态面对，不可作茧自缚，长期在痛苦的漩涡里徘徊，或由此心灰意冷，愤世嫉俗，痛不欲生，甚至恼羞成怒，伺机报复。失恋是痛苦的，但它同时也给我们提供了一次重新认识自己、重新认识世界的机会。千万不要把失恋看成人生的巨大失败和对自我的根本否定，而要在失恋中学习，把失恋看作一种人生经验和财富。成功地“穿越”失恋之后，等待我们的将是“蜕变”和“重生”。那么，面对失恋，我们应该做些什么才能尽快摆脱心中的阴霾呢？

1.情绪宣泄法

失恋后如果把自己的痛苦、烦躁、怨恨、委屈等负面情绪过分压抑，就容易使自己更加苦闷、孤独和惆怅。失恋者应当把自己心中的负面情绪向亲朋好友诉说，这样会得到他们的同情、安慰和鼓励，也会得到他们客观的分析和中肯的建议，这有利于失恋者冷静地对待失恋，达到心理的平衡。如果没有合适的对象倾诉，可以寻找其他的适当宣泄方式，如关起门来大哭一场，或者到无人的地方大叫，尽情地发泄自己的情绪，以达到心理的平衡、理智状态的恢复。表7-2就给大家提供了一些适当的心理宣泄方式。

表7-2　心理宣泄的方式

适当选择	中性选择	不当选择
听音乐	吃东西	骂人
运动	购物	找人打架

续表

适当选择	中性选择	不当选择
写日记	撕纸	生闷气
找朋友倾诉	喝水	砸东西
哭泣		报复对方
旅行		以牙还牙

2.认知转变法

大部分失恋后挫折感强、难以自拔的人往往都在认知方面存在某些错误观念，他们或者对已经逝去的爱情不肯放手，整天靠回忆度日；或者对对方始终不能死心，幻想破镜重圆，甚至有人爱不成则恨，采取报复手段干扰对方的生活，最终酿成悲剧。一般来说，否定性和对抗性情绪是失恋者的通病。那么，应该怎样摆脱这些错误的认知观念呢？在心理宣泄的基础上，冷静地分析失恋原因是有效消除失恋痛苦的途径之一。例如，列出“感情清单”就不失为一个好办法。“感情清单”包括以下内容：

——我们是怎样开始恋爱的？

——我和他(她)在一起时，是否觉得比跟别人在一起时更快乐、幸福？

——我的付出，对方是否有明确的回应？

——我们在一起时，是否不用多说话就会有一种默契？

——对方提出分手的理由是否成立？如果真是这样应该怎么办？不是这样又说明了什么？

——对方有哪些缺点？如何评价对方？

——悲伤、痛苦将给自己带来什么后果？

——念念不忘对方会对自己的未来产生何种影响？有无必要？值不值得？

——我现在和过去有哪些改变？

——我对未来有哪些计划？

大多数人在列出“感情清单”之后就会发现自己理智、清醒了许多，明白原来的恋爱关系并不像自己以为的那样完美，甚至认为分手才是最好的结局。

3.情感转移法

失恋是痛苦的，它在人们心境中的印记常常具有触发性，因此，失恋后立即换个环境，暂时与会触动自己恋爱痛苦回忆的景、物、人隔离，并主动置身于新的、欢乐的、开阔的人际交往与自然环境中；或者将注意力集中在自己感兴趣的事物上，如专心学习，将失恋的痛苦转化为动力；或者在兴趣爱好中寄托情怀，寻找乐趣。你若跳出了原来狭窄的爱情世界，会重新感受到世界的美好、生活的美好和爱情的美好！

面对失恋，大学生应该首先通过各种方式进行积极的自我调节，但是如果感到力不从心，压抑、痛苦的情绪久久不能散去，也可以主动寻求心理咨询师的帮助。

第四节　谈"性"不改色

案例导入

现如今，性话题成了大学生间公开的谈资，不少学校设有安全套自动售卖机，学校周边的"日租房""钟点房"也应运而生。更有调查显示，近半数大学生赞成婚前性行为。前不久，国家人口计生委发布的一组数据显示，中国每年人工流产多达1300万人次，位居世界第一。其中25岁以下女性占一半以上，大学生成为人流"主力军"。

当代大学生越来越开放，这基本上成了当下社会的"共识"。近日，广东省的一项调查显示，48%的大学生赞成恋人间发生婚前性行为。华南地区几所大学进行的一项大学生性观念抽样调查显示，近40%的大学生不介意自己的伴侣是否是处女(处男)。

(资料来源：中国大学生生活现状系列调查：性开放弥漫大学校园[EB/OL].[2016-10-11].http://www.haiwainet.cn/BIG5/n/2012/1022/c232583－17614658.html.)

在社会越来越开放、价值观越来越多元化的今天，象牙塔里的大学生们早已不再"谈性色变"。性与爱是一个统一的整体，性不是爱的全部，却是爱情中不可或缺的重要部分。性是塑造生命的过程，它既是一种生理现象，又是一种社会现象和心理现象。大学生正处于生理、心理逐步走向成熟的阶段，应当对性有科学全面的认识，培养和塑造健康的性心理是当代大学生身心健康发展的重要内容。

一、大学生常见的性心理困惑

大学生处于个体发展的青年期，性生理已经发育成熟，但由于处于大学学习的特殊阶段，性的生理需要和社会文化约束之间的矛盾比较突出。在此过程中，大学生常常会出现以下几个方面的不适与困惑。

1.性心理困惑

我国在校大学生一般处于青年前期，性生理的成熟与整个身体的发育已经基本完成，但是性心理的发展却并未达到成熟。大学生性心理发展速度滞后于生理成熟速度这一特点，使他们对于性既敏感又好奇。在没有建立起科学的性观念之前，对于性容易产生一些较为矛盾和复杂的心态，从而出现各种性心理困扰。

(1)性别认同困扰

性别认同指个体在心理上觉得自己是男性还是女性，以及自己对现有性别的喜恶和是否有选择相反性别的倾向。一项针对大学生性文明的调查发现，有8.8%的大学生不喜欢自己的性别，有6.5%的男大学生愿意选择为女性，有32.8%的女大学生愿意选择为男性。这表明大学生中仍有一部分人对于自己的性别无法完全认同。在传统重男轻女思想的影响下，女大学生在性别认同方面显然比男大学生有着更多的困惑。虽然随着我国社会的进一步开放与发展，男女平等的观点已经被越来越多的人所接受，但性别自贱的心理在大学生中依然存在。

(2)性取向困惑

案例链接

小颖是一位大一女生，自幼与奶奶生活在一起，奶奶为了方便总是给她剪短发。小时候，小颖喜欢找小伙伴一起爬山，玩打仗的游戏，她大大咧咧、不拘小节的性格让她总是和男孩子玩在一起。上中学以后，小颖还是习惯于剪短发，穿比较男性化的服装，以至于同宿舍的女同学都管她叫“大哥”，寻求她的帮助和庇护。上大学后，本以为还会像中学时那样，身边有很多女孩子追随她，但没想到女同学们都纷纷远离她，说她的穿着打扮不像个女生，和她在一起有同性恋之嫌。小颖感到既震惊又困惑，她确实没有喜欢过哪个男孩子，也喜欢被女孩们包围和依赖的感觉，难道自己真的是同性恋吗？

对于今天的“00后”大学生来说，同性恋不仅不再是禁忌话题，反而是大家最感兴趣的热点话题之一。但是从专业的心理学视角，大家对性取向有充分的了解和认识吗？性取向是指一个人的情绪和性欲吸引、指向同性、异性或者两种性别成员的程度。一般来说，性取向被分为异性恋、同性恋和双性恋三种。同性恋是指对异性不感兴趣而迷恋同性，对同性产生性冲动，寻求同性性行为的现象。据统计，同性恋者在男性中占3%，在女性中占1%。现在，越来越多“00后”大学生对同性恋表示理解和尊重，但是相比庞大的异性恋主流群体，同性恋者依然是社会中的边缘群体，在社会大环境中，他们还很难得到大众的认可和接受，大多数背负着较重的心理负担。

国内外性心理学的研究以及心理咨询的个案一再证实，青春期是一个性取向比较混乱的时期。处于青春期的少男少女容易由于同性间的交往过密而产生“同性恋恐惧”，怀疑自己或者身边的朋友是同性恋，从而产生不安和恐惧的情绪。这种心理的实质是对自己长大的恐惧和不安，在潜意识中对未来的担忧和缺乏信心。从混乱走向有序，是个体性心理发展的必由之路。经过这样一个阶段，大多数的人都能完成性别的自我同一性，告别性取向的混乱期，并形成常态的性取向。因此，青春期的性取向是很难界定的，同性间的亲密关系并不一定就是同性恋倾向，有了性体验的个体才能更准确地判定自己或他人是否是同性恋，不要在这个阶段给自己或他人乱贴标签。

面对同性恋，大家也不能简单地贴上“病态”的标签。1973年，美国心理协会、美国精神医学会将同性恋行为从性障碍中删除。2001年，《中国精神障碍分类与诊断标准》(第三版)中不再把同性恋统统划为心理异常，只有当个体因同性恋导致心理矛盾、焦虑，严重影响正常的生活和学习时，才被认为是性心理障碍。性学专家金赛博士在他的研究中发现许多人都无法被简单地归入“异性恋”或“同性恋”的行列，他认为人并不是只有同性恋和异性恋两种，许多人都有一定的同性恋倾向，区别只在于程度的不同。此外，随着时间的推移，个体的同性恋倾向也不是一成不变的。例如，同性恋群体中其实还存在双性恋和境遇性同性恋的可能，与绝对同性恋不同，境遇性同性恋可以随着环境的改变而发生变化。总之，同性恋是一种极其复杂多样的生理、心理、社会现象，只凭一个人偶尔的简单行为倾向便加以判断是否是同性恋的做法是不恰当的。当然，如果真是同性恋者而且为之很痛苦，那么也希望他（她）能主动寻求专业心理辅导的帮助。

(3)性幻想的困扰

性幻想也就是性的白日梦，是指在某种特定因素的诱导下，自编、自导、自演的与性内容有关的心理活动的过程，如约会、接吻、拥抱、性交等。当与异性交往的强烈渴求不能直接实现时，性幻想就有可能发生。这种白日梦可以导致生理上的性兴奋，偶尔也会出现性高潮，这在一定程度上可以缓解人们的性压力，满足性需求。医学研究证明，在16岁以后到结婚以前，这种白日梦在很多人的心头萦绕不去，是一种常见的心理现象，因此不用为此产生不必要的负罪感和焦虑情绪。但是，如果性幻想过了头，整天沉迷于其中不能自拔，导致注意力分散、思想无法集中，影响到了正常的学习和生活，这就是一种病态的行为，需要及时寻求心理咨询师或者精神科医生的帮助。

(4)手淫引起的心理焦虑

案例链接

小胡是一名大二男生，从初二开始有了手淫的习惯，现在每天都不能控制想要手淫的冲动，但是同时又感到自己很龌龊和肮脏。小胡很想改掉这个毛病，但是越想控制就越控制不住，自己被搞得惶恐不安，上课精力不集中，学习成绩下降。

手淫是指用手或者其他工具刺激生殖器而获得性快感、疏解性冲动的一种方式，它是青春期常见的一种性行为。从科学的角度来讲，一个身心健康、对手淫有正确认识的人，适度的手淫可以缓解性冲动，解除生理和心理上的紧张，不会给身体带来任何损害和不良后果。因此，手淫是一种自然的、正常的性行为，大学生大可不必受到传统观念的影响，认为这种行为是肮脏的、不道德的，从而产生一系列的负面情绪。但是，如果过度手淫，沉溺于其中就有可能造成精力下降、神经衰弱，严重影响身体健康和日常生活。

2.性心理障碍

在人类的性行为中以异常的方式获得性满足，这种心理状态被称为性心理障碍。大学生中有少数人由于个人经历及家庭、社会的影响，可能存在较为严重的性心理障碍。存在性心理障碍的人不仅自身苦恼，也会给他人带来困扰。这里介绍几种常见的性心理障碍，以帮助大家识别和恰当地应对。

(1)恋物癖

恋物癖通常开始于青春期，多见于男性，指通过与异性穿戴或佩戴过的物品（包括异性的内衣、鞋袜等）相接触而引起兴奋与性满足的性心理异常。他们对异性本身或者异性的身体没有兴趣，而是在触摸这些物品时产生性快感。有时异性身体的某一部分，如手、脚、头发等也是恋物癖患者迷恋的对象。

(2)露阴癖

露阴癖是指在不适当的场合把自己的生殖器裸露在异性面前而获得性满足的性心理异常，多见于成年男性。露阴癖是一种强迫症行为，当事者自己无法克制，他们会在与陌生异性相遇时突然暴露生殖器，从异性震惊、恐惧、惊慌的反应中获得反常的性满足。其暴露的目的不是诱惑对方，也不会有进一步的性骚扰行为，而是展示自我，从对方惊恐的反应中获得性快感。

(3)窥阴癖

窥阴癖也多见于成年男性，指借助窥视异性的裸体或者性行为而获得性快感的不良性嗜好。他们有时躲在女厕所，有时透过浴室的窗户偷窥女性裸体，有的在当时或者事后进行手淫以达到性快感。窥阴癖患者偷窥的对象一般为陌生女性，其窥视欲望常不能自制，若勉强抑制则会产生极度焦虑，所以常因屡犯而被抓获。

了解以上几种性心理障碍，有助于我们在生活中分辨、识别这些异常性行为，减少心理冲突。这三种性心理障碍者均是通过异常性行为来获得快感，多数情况下不会威胁到当事人的人身安全，因此，女同学在面对性心理障碍者的性骚扰时，要表现得沉着冷静，这样对方才能感到索然无味，有失败感，从而减少再次受到骚扰的可能，千万不要用尖叫、惊慌失措的反应让对方获得预期的满足感。上述几种性心理障碍在大学生中虽然属于个别现象，但是会严重影响患者的正常学习、生活，应当及时接受系统的心理治疗。

二、大学生保持性健康的途径

培养大学生的性健康是当今大学教育的重要方面，受到了来自社会各界的广泛关注。在恋爱中如何正确处理恋爱与性的关系，如何处理与性有关的心理困扰，都是大学生们必须要学习的人生功课。

1.掌握科学的性知识

作为大学生，应该对性有一个科学的认识。性是人的自然属性之一，是人性的重要部分。大学生应该通过正规的渠道学习和掌握性知识，避免由于性无知而造成的对性恐惧和厌恶的不当态度，树立科学、健康的性观念。在产生性困惑的时候，除了自己通过网络、书籍等渠道获得知识以外，也可以通过请教父母、心理专家或者有关医生的方式解除自己的困惑，尽快消除内心的压力与负担。

2.积极进行自我调节

青年期是性欲望、性冲动频繁出现的时期，大学生应该正确地看待自身的各种性需求，并且通过一些积极的、符合社会规范的方式来取代或者转移性冲动，对性冲动进行适度的控制。例如，投入学习、工作，积极参加各种文体活动，开展男女正常交往等。我们既要遵从人的自然属性，又要符合道德规范，防止自己在两性吸引以及偶然诱因影响下的冲动或者越轨行为。许多大学生的性心理困惑主要源于对自身性幻想、性冲动的恐惧与负罪感。这种时候,大家最好对知心好友或者信任的师长进行倾诉,一方面宣泄自己的不良情绪,另一方面获得一些如何应对青春期烦恼的信息和经验,从而有助于自己更好地进行自我调节。

3.文明适度的异性交往

与异性的交往是每个大学生人际交往的重要组成部分,文明适度的异性交往可以满足青年期性心理的需求,缓解性压力,有助于大学生身心的健康发展。异性交往有益于自我完善,对个人的恋爱及成才有重要的作用。但是,大学生与异性交往要把握好分寸,注意场合,规范行为,处理好友情和爱情的关系,以及爱情与性的关系。

随着社会的不断进步,性观念也正在经历一场革命,传统的婚姻观、爱情观正遭遇巨大的挑战。有关调查显示,已有超过50%的大学生支持婚前性行为,认为只要双方愿意就可以发生性行为,大学生在校外租房同居更是各大高校面临的日益突出的问题。虽然在今天来说,婚前性行为已经不是旧观念中那种如“洪水猛兽”般的不道德行为,但对于心理尚未完全成熟、经济也未能独立的大学生来说,面对婚前性行为,还需“三思而后行”。从生理的角度来说,性行为有带来性传播疾病,以及怀孕和人工流产的风险。从心理的角度来说,性行为会使恋爱双方的关系出现一些微妙的变化,女性更容易在发生性行为后出现敏感和强烈的依赖心理,即使有些女性当时可能出于冲破传统观念束缚的动机,但事后隐藏在心灵深处的贞操观念会突然鲜明起来,从而感到恐惧不安,唯恐对方疏远自己。只要男方稍有疏忽,或热情减退,女性就会产生焦虑、失落感。不论是从生理还是心理来说,发生性行为都会对女性产生更大的影响。所以,只要心中还存有一丝的顾虑和抵触,女生都应该以适当的方式拒绝发生性行为,而不要为了配合或是取悦对方勉强自己,以免产生不必要的生理和心理上的困扰和伤害。希望大学生们都能在与异性交往的过程中保持清醒、理智的头脑,时刻充分意识到自己对于自身行为所应当承担的责任。

4.对性骚扰的自我保护

在今天的大学校园中,性骚扰事件时有发生。大学生们,特别是女大学生们应该提高警惕,学会自我保护。例如,女生尽量不要在晚上单独外出,就算在校园中,也要避开人烟稀少的区域;不要单独到男性或者陌生人家里长时间逗留;面对熟人或者陌生人的性骚扰行为,要勇敢地大声说“不”。要以严厉的态度制止和反抗性骚扰,必要时向别人呼救或向公安部门寻求帮助。对于被骚扰的经历,不要过分自责和恐惧,要明白自己才是受害者。在因为性骚扰产生心理困扰时,要及时向可信赖的朋友、师长吐露心声,寻求恰当的帮助。

5.预防性传播疾病和艾滋病

随着社会的发展,大学生的性观念日渐开放,性行为日渐增多。种种迹象表明,性传播疾病、艾滋病在大学生中间传播的可能性是存在的,大学生已经处于性传播疾病和艾滋病感染的危险之中。据世界卫生组织报道，性传播疾病传染的速度非常快，估计世界上每秒钟就有 4 人会感染上性传播疾病，易感人群是 20～24 岁的青年。艾滋病这种“20 世纪的新瘟疫”更是正在全球疯狂地肆虐，据统计，全球目前每天有 6000 人感染艾滋病，其中男男同性恋是主要传播途径。我国目前已有超过 80 万的人群感染艾滋病毒，高校大学生在过去是远离艾滋病的群体，但近几年来陆续在全国各大高校发现感染艾滋病的大学生，并且人数呈逐年增加的趋势。2010 年，杭州市对 3 所高校的抽查调查显示，每 1000 个大学生中就有 4 人感染了艾滋病毒，说明艾滋病在我国已经由高危人群的传播扩散到普通人群。一位美国学者在回顾了美国与性传播疾病、艾滋病做斗争的 20 年的痛苦经历后深深感受到，人类最后遏制性病、艾滋病的途径既不可能是特效药和疫苗，更不会是避孕套，而是人格教育和健康的家庭。因此，大学生应当完善自己的人格，学会自尊、自爱，拥有积极健康的生活态度，杜绝吸毒、嫖娼、“一夜情”等这些感染疾病的高危行为，不与认识不久、了解不深的恋人发生性行为，同时也尊重他人的人格，遵守性道德，有效控制自己的性行为，对自己、他人和社会负起责任。

6.寻求心理咨询的帮助

在心理咨询室中，性不再是一个难以启齿的话题，同学们可以尽情地宣泄心中的郁闷，保守来访者的隐私也是每一个心理咨询师的基本职业道德。据不完全统计，在大学生前来咨询的问题中，与异性的交往问题占据了一半以上，其中的大部分都或多或少涉及性的困惑。因此，如果遇到有关性的心理困扰时，希望大家可以坦然地寻求心理咨询师的专业帮助，更快地摆脱心中的疑惑，拥有阳光健康的大学生活。

心理活动方案

活动主题：爱是什么？

活动目的：通过活动让学生思考自己的爱情观，同时通过大家对爱的实质的讨论更全面地领悟爱的真谛，并能对自己的情感生活有所反思。

活动准备：白纸、笔。

活动方法：请静静地思考一下爱是什么，并在白纸上写出 5 条你所认为的爱的实质，如爱是需要、关怀……（请更关注那些直觉的、第一印象的内容，而非理性思考的内容和感受），写好后每个同学在小组里向大家汇报自己的选择与感受。小组讨论以后，每个小组将排在前 5 位的爱的实质写到黑板上，在全班进行分享，同时分享自己参与活动的感受以及对于自身情感生活的反思。

心理百草园

1.图书:[美]艾·弗洛姆.《爱的艺术》

本书被誉为当代爱的艺术理论专著中最著名的作品。人本主义心理大师艾·弗洛姆认为,爱情不是一种与人的成熟程度无关、只需要投入身心的感情。如果不努力发展自己的全部人格并以此达到一种创造倾向性,那么每种爱的试图都会失败。爱是一门艺术,爱是人格整体的展现,要发展爱的能力,就需要努力发展自己的人格,并朝着有益的目标迈进。

2.图书:[美]约翰·格雷.《男人来自火星,女人来自金星》

本书作者心理学博士约翰·格雷用了整整7年时间,咨询调查了25 000人,推出了《男人来自火星,女人来自金星》一书,被誉为是迄今为止世界上最著名的两性情感关系图书之一。作者以男女来自不同的星球这一新鲜、生动、形象的比喻作为他的全部实践活动的理论支撑点,即男人和女人无论是在生理上还是在心理上,无论是在语言上还是在情感上,都是大不相同的。

3.电影:《和莎莫的500天》[(500)*Days of Summer*]

影片讲述了男主人公与女孩Summer在一起的500天,他们相识、相恋、分手、痛苦、释怀。故事简单到好像就发生在身边,但是勾起了每个人对于一段恋爱的所有感觉与回忆。不是每一段恋爱都会如你所期望的那样发展,不是每一个你爱的人都会同样爱你,到底什么才是真正的爱情?这是个值得思考的问题。

4.电影:《致我们终将逝去的青春》

该片是2013年中国内地青春爱情校园题材电影,改编自辛夷坞同名小说,真实地展现了蓬勃绽放的内地一代人的青春感情和青春蜕变。影片上映后,央视新闻评价其为"十年来内地最好的青春片"。

5.电影:《失恋33天》

该片是中国内地首部为光棍节定制的"治愈系"爱情电影,改编自鲍鲸鲸同名小说。影片用亲切又不失幽默的方式讲述了女主角黄小仙从遭遇失恋到走出心理阴霾的33天。

6.视频:耶鲁公开课《心理学导论之什么是爱情》.http://tv.sohu.com/20140207/n394579078.shtml

心理测试

Zick Rubin爱情与喜欢量表

指导语:请根据自己的实际情况对下列陈述做出判断,符合记1分,不符合记0分。

1.他(她)觉得情绪很低落的时候,我觉得很重要的职责就是使他(她)快乐起来。
2.在所有的事件上,我都可以信赖他(她)。
3.我觉得我要忽略他(她)的过失是一件很容易的事情。
4.我愿意为他(她)做所有的事情。
5.对他(她),我有一点儿占有欲。
6.若我不能和他(她)在一起,我觉得非常不幸。
7.假使我很孤寂,首先想到的就是要去找他(她)。
8.在世界上也许我关心很多事,但有一件事就是他(她)幸不幸福。
9.他(她)不管做什么,我都愿意宽恕他(她)。
10.我觉得(他)她的幸福是我的责任。
11.当我和他(她)在一起时,我发现我什么事都不做,只是用眼睛看着他(她)。
12.若我也能让他(她)百分之百地信赖,我觉得十分快乐。
13.没有他(她),我觉得难以生活下去。
14.当我和他(她)在一起时,我发觉好像二人有相同的心情。
15.我认为他(她)非常好。
16.我愿意推荐他(她)去做为人尊敬的事。
17.以我看来,他(她)特别成熟。
18.我对他(她)有高度的信心。
19.我觉得什么人和他(她)相处,大部分都会有很好的印象。
20.我觉得和他(她)很相似。
21.我愿意在班上或团体中,做什么事都投他(她)一票。
22.我觉得他(她)是许多人中,容易让别人尊敬的一个。
23.我认为他(她)是十二万分聪明的。
24.我觉得他(她)是在我所有认识的人中,非常讨人喜欢的。
25.他(她)是我很想学的那种人。
26.我觉得他(她)非常容易赢得别人的好感。

请算出上述陈述中前13项和后13项的得分,然后比较哪一部分得分较多。该量表其实由两部分组成,前13项为“爱情量表”,后13项为“喜欢量表”,如果前13项的得分高于后13项,表明你对某个人的情感是“爱情”;而如果后13项的得分高于前13项,则表明你对某个人的感情只是“喜欢”。此二量表有许多共通处,但爱情有“依附感”“关怀感”和“亲密感”,而喜欢只是“正面的感受”“好感”及“崇拜”,没有牵扯到你为他(她)做什么和独占的感觉。

第八章

走向成熟的历练

——压力管理与挫折应对

“人有悲欢离合，月有阴晴圆缺，此事古难全。”每个人都希望一帆风顺，但压力与挫折在我们的生活中是如此常见，以致无人能够完全与其隔离开来。大学生在处理环境适应、人际交往、学业职业、恋爱及家庭关系等方面问题时，总会感受到压力，遭遇一些挫折。但压力和挫折对每个人的影响是不一样的，有些人迎难而上，有些人熟视无睹，有些人萎靡不振。那么，压力和挫折到底是什么呢？我们应该怎样面对压力和挫折呢？

第一节　压力与挫折概述

案例导入

洋洋因为性格原因，在宿舍里不愿意和别人分享自己的东西而被室友们认作“小气”。久而久之，她与室友们无法融洽相处，一直游离于这个集体之外。洋洋好像也看到了自己的问题，她显得很焦虑，在大三时就主动向学校心理咨询老师求助。

“这个女孩本来长得挺高的，挺有气质，但每次来办公室都是弓着腰，没有精神，就是因为和室友处不好关系而没有了自信。”从大三开始，洋洋前前后后进行了20多次心理咨询，每次都有新的问题。但20多次的咨询和交流还是起到了不小的效果。洋洋尽量站在对方的角度去思考问题，或者干脆接受一些事实，最终重新树立自身形象，和室友的矛盾也不再尖锐。

人际关系的矛盾对洋洋造成了很大的压力，这种压力造成她对学习、社团活动等都失去了自信。一定程度的压力会促进个体不断进步，但是当压力成为长时间、超负荷的困扰时，就会影响个人的心理健康。

一、压力与挫折是什么

压力和挫折与我们的人生如影随形，适当的压力和挫折不仅不会击垮我们，反而会成为我们前行的动力。

1.压力的内涵

压力一般也称之为心理压力，是现代健康心理学和心理卫生等学科领域里的一个核心概念，也是日常生活中的一个极为敏感的现实问题。“压力”与英文中的“stress”一词相对应，曾被广泛用于物理学中，表示施加在物体上的外力、压力或张力，后引申到医学界，表示人体受到的过度负荷。心理压力则指人们在适应社会生活的过程中对各种刺激做出生理、心理和行为反应时所产生的一种不良的心理体验和感受。从这一界定可知，心理压力包含三个方面的内容。

(1)压力源

压力源又称紧张源或应激源，来自人们在适应社会生活的过程中所遇到的各种刺激。压力源狭义上指诱发压力的外部客观事件或刺激；广义上指对个体的适应能力产生威胁的各种因素，一般包含生理、心理和社会环境等内外部因素。对于大学生而言，学业、人际交往、爱情等都可能成为压力源。

(2)压力认知

压力认知属于认知范畴的一种，是对压力情境的认识和理解。当我们意识到某种情形、某个人或者某件事对自己的当前状态具有明显的或潜在的威胁时，我们的情绪、思维和行为等就会做出相应的调整和改变。

(3)压力反应

压力源与压力反应相当于作用力与反作用力。在压力源被意识到的那一刻,个体就会根据既有的认知和评估,做出“心理状态调整”与“身体备战状态”等一系列快速、复杂的综合反应。由于个体和环境的差异,压力反应存在主动反应和被动反应两种类型。

2.挫折的内涵

由于研究者的角度不一,人们对挫折的理解和描述仍存有争议。挫折是个体从事有目的的活动受到阻碍或干扰,导致动机不能得到实现、需要不能得到满足时的情绪状态。挫折体验一般包含痛苦、失落、无望或焦虑等多种情绪。挫折可从三个方面来理解。

(1)挫折情境

挫折情境即对人们的需要、动机或目的性活动造成内外障碍或困扰的情绪状态或条件。这一情境可能是某个人、某件事,也可能是各种自然环境、社会环境。如考试成绩不理想、风俗习惯不适应、家庭发生变故、人际关系不和谐、失恋、求职不顺利等,这些事件都可能成为大学生产生挫折的情境。

(2)挫折认知

挫折认知即对挫折情境的知觉、认识和评价。挫折认知是核心要素,决定了挫折感的性质和强度。例如,由于各种各样的原因,很多同学在求职过程中屡屡失败,有些同学认为这是自己能力不足造成的,进而否定自己,觉得再也找不到合适的工作了,于是产生深深的挫折感。

(3)挫折反应

挫折反应是人们因动机、需要受阻而产生的各种负面情绪体验。一般来说,心理动机的冲突比外部环境造成的挫折感更为明显和强烈。

拓展阅读

蝴蝶为什么会过早死去?

草地上有一个蛹,被一个小孩发现并带回了家。过了几天,蛹上出现了一道小裂缝,里面的蝴蝶挣扎了好长时间,身子似乎被卡住了,一直出不来。天真的孩子看到蛹中的蝴蝶痛苦挣扎的样子十分不忍,于是,他便拿起剪刀把蛹壳剪开,帮助蝴蝶脱蛹出来……

你猜猜故事的结尾是什么样的?

结果:由于这只蝴蝶没有经过破蛹前必须经过的痛苦挣扎,以致出壳后身躯臃肿,翅膀干瘪,根本飞不起来,不久就死了。自然,这只蝴蝶的欢乐也就随着它的死亡而永远地消失了。

这个小故事也说明了一个人生的道理：要得到欢乐就必须能够承受痛苦和挫折，这是对人的磨炼，也是一个人成长必经的过程。

3.压力与挫折的关系

压力与挫折既有区别又有联系。压力是个体的身心在感受到威胁时产生的一种紧张状态，是对内外失衡状况的体验，即压力带来主观威胁，并不一定造成客观伤害。挫折是动机受阻、期望难以实现时获得的一种情绪体验，是由于主观愿望与现实之间的差距而产生的一种状态。压力发生在问题解决过程的可能性困难中，挫折发生于目标达成过程的现实阻碍中。从二者的内涵来看，均涉及情境、认知和反应三因素，在概念和运用中具有交叉重叠，一般情况下并未做严格区分，可交替使用。此外，压力延续时间过长，强度过大，超出个人的承受能力就容易带来挫折感，而且挫折感的强弱也会引起压力强度的变化。

二、压力与挫折的常见类型及表现

1.压力的常见类型

(1)正向压力与负向压力

根据压力的性质划分，正向压力带来积极、愉悦的体验，负向压力带来消极、不愉快的体验。社会心理学中有一组概念——社会促进与社会抑制，指由于他人的在场，导致效率比平时更高或者更低两种现象。可见，同样的社会情境、任务难度，由于个体的认知差异，产生了不同的结果。同样，在面临人际交往、期末考试、求职面试等各种压力环境时，个人所采取的认知态度不同，取得的效果也是完全不一样的。当然，正向压力与负向压力都是动态变化的，超过一定的度，二者就会相互转化。

(2)内部压力与外部压力

根据压力的来源划分，内部压力来自个人的生理、性格、动机、态度和思维等方面。大学生处于生理阶段的青春过渡期、心理发展阶段的人格完善期，身心变化容易带来陌生、慌乱和恐惧感，寻求依赖、帮助却又渴望自主、独立，内心经历巨大的煎熬。外部压力来自外在的自然环境、社会环境。自然环境主要指个人不能预料和控制的事件，如死亡、疾病、洪水、地震等。社会环境主要指个人所处的政治、经济、文化环境以及社会角色。一些大学生为做好自己的子女角色，遵循父母的选择，读了自己不喜欢的专业，但同时又不愿放弃自己的兴趣和梦想，于是在现实和理想之间徘徊。压力一般是对内外部压力源的综合反应，但内部压力与外部压力的构成权重并不是一成不变的。

2.压力的表现

压力感虽然因人而异，但仍可通过一系列的生理、心理和行为反应加以识别。

(1)生理反应

大量的研究和实验证明，个体处于心理压力状态时，可能导致神经内分泌、神经生化、免疫功能等方面的变化。这些变化往往是暂时的,心理压力消除后,机体又会逐渐恢复正常。但如果压力持续存在,可能致使组织结构发生异常,甚至诱发疾病。在面临一些重大考试或场合时,一些学生可能出现心跳加速、出汗、颤抖、痉挛甚至晕厥等现象。

(2)心理反应

在压力适度的状态下,人们的心理状态是心情愉快、精神焕发、充满信心。在过度压力的情况下,则容易出现焦急、忧愁、恐惧、抑郁、悲观失望、易激怒等,或者出现倦怠、疲劳、注意力不集中、记忆力下降、失眠等现象。在严重而持久的压力因素影响下,则会产生多方面的精神崩溃。

(3)行为反应

面对压力,人们并不是原地不动、无所作为。如果压力对个人产生威胁,人们一般采用两种态度和行为来应对压力:一是积极行为,主动运用个人的背景经验和知识能力,或者求助,寻求应付的策略,减轻或消除压力源,使自己脱离危险或不利的环境;二是消极行为,个体以减少或者暂时消除与压力体验有关的消极情绪做出反应。消极反应并不能取消压力源,反而会将自己拉入更大的压力源之中。

3.挫折的常见类型

根据挫折产生的情境,可将其分为如下几类。

(1)学业挫折

低年级大学生经常会因兴趣爱好、学习方法、时间分配、专业难度、授课方式等原因导致学习不畅、学习吃力的情况,并伴随厌学、无助、焦虑等情绪。中高年级的大学生面临评奖学金、考取各种证书以及社会实践等问题,关注点多,难以合理分配时间,容易产生迷茫、无望、失落等情绪。

(2)交际挫折

人际交往是人们生活中的基本需要,大学阶段的群体生活使得满足这一需要更加必要且迫切。但是,从“踏着铃声进出课堂,宿舍里面不声不响,互联网上诉说衷肠”到“感谢室友的不杀之恩”,大学生之间的关系从淡漠到仇恨,反映出很多大学生人际交往不畅,甚至产生了心理障碍。导致交际受挫有多方面的原因,如缺乏沟通技巧、自卑、人格不完善等。

(3)恋爱挫折

恋爱是大学生中最为普遍的现象之一,也是造成困扰最多的一个问题。大学生处于青春期,面临亲密与孤独的冲突。他们渴望得到异性的青睐,害怕孤独。由于不懂恋爱技巧,缺乏对异性心理的了解,容易以感性思维为主导,往往出现因沟通不畅而导致的失恋、暗恋、多角恋等情况。暗恋许久不敢开口、热烈追求而不得、恋爱过程中争吵不断、多次恋爱分手等,都容易导致大学生对爱情失去信心,变得一蹶不振。

(4)健康挫折

俗话说“身体是革命的本钱”,健康的身体是大学生搞好学习、参与各项活动的根本和前提。一些大学生不按时就餐，时常空腹上课或暴饮暴食，忽视适度膳食与营养搭配，每天多与电脑为伍，晚睡晚起，不参加体育锻炼，导致身体素质严重下降，影响正常的学习活动，甚至因病休学、退学。还有一些大学生身带残疾或慢性疾病，不能参与集体的正常活动，并且深以自己的健康问题为耻，产生严重的挫折感。

(5)家庭挫折

家庭理应是每个人心灵的港湾，是个人休憩和恢复身心的场所。由于离婚率的增加，单亲家庭成为一种普遍的社会现象并引发了很多的社会问题，大学生就是其中的受害者之一。单亲孩子难以获得完满的父母之爱，这既影响他们的身心健康发展，也使其不愿谈论家庭。一旦遭遇需要父爱或母爱的情况，或者看见他人享受天伦之乐时，就会产生深深的家庭挫折感。此外，家庭氛围不和谐、父母教养方式不合理也容易影响家庭的归属感。

(6)就业挫折

随着高校毕业生的不断增加，用人单位对求职者的学历层次、人际交往能力、压力应对能力、态度兴趣等方面的要求也越来越多、越来越苛刻，加上大部分学生社会实践经验少，对就业市场缺乏深入具体的了解，美好的自我期望与屡屡面试失败相遇，就会产生严重的就业挫折感。特别是专业冷门、家庭条件一般、学习成绩不理想、综合素质不强、自我期望过高的学生，更容易在求职过程中受伤。

(7)经济挫折

大学生作为旺盛的消费群体，贫富差距现象表现得非常明显。一些同学家庭条件较为优越，经常三五成群外出聚餐，购买名牌，出手大方阔绰。相反，来自落后地区或贫困家庭的学生，他们首先需要考虑的则是个人的温饱问题，其次是学习生活中的一些必需消费，最后才是服务型消费。囊中羞涩的他们以远离集体活动的方式来尽可能地减少消费，这势必影响他们的交往需要、归属需要，需要的不满足反过来会加深个人的自卑感。

4.挫折的表现

“挫折是泯灭生机的北风，也是孕育希望的瑞雪。”挫折对每个人的影响是不一样的，每个人面对挫折的反应也是千差万别的。概括而言，大学生遭遇挫折时可能会有以下三个方面的反应：第一，情绪反应。情绪反应是人们天生具有的一种反应形式。大学生在学习、生活和交往中遭受挫折时，会产生强烈的内心体验，或者表现出特定的行为反应，一般有消极、偏激、固执、逃避、畏缩、恐惧、抑郁、攻击、退化、幻想等。第二，理智反应。挫折并不总是带来伤害和阻碍。同样一块大石头，对有些人而言可能是前进路上的绊脚石，对另一些人而言却是通向成功的垫脚石。第三，个性反应。挫折在每个人身上的持续时间和作用强度是不一样的。如果一个人长期遭受某些挫折的困扰，他的行为反应就会逐渐固定下来，成为一种习惯。大学生尚处于人格的形成和完善阶段，这种固定下来的习惯反应会在不同程度上影响个性的发展。

拓展阅读

阅读林肯的一生，想想自己所遭遇的压力和挫折。

1809 年，出生在寂静的荒野上的一间简陋的小屋里；

1816 年，7 岁，全家被赶出居住地，他必须工作以抚养他们；

1818 年，9 岁，年仅 36 岁的母亲不幸去世；

1827 年，18 岁，自己制作了一艘摆渡船；

1831 年，22 岁，经商失败；

1832 年，23 岁，竞选州议员，但落选了，想进法学院学法律，但进不去，工作也丢了；

1833 年，24 岁，向朋友借钱经商，年底破产，接下来花了 16 年才把这笔钱还清；

1834 年，25 岁，再次竞选州议员，当选；

1835 年，26 岁，订婚后即将结婚时，未婚妻病逝，因此他的心也碎了；

1836 年，27 岁，精神完全崩溃，卧病在床 6 个月；

1838 年，29 岁，努力争取成为州议员的发言人，没有成功；

1840 年，31 岁，争取成为被选举人，落选了；

1843 年，34 岁，参加国会大选，又落选了；

1846 年，37 岁，再次参加国会大选，这次当选了，前往华盛顿特区，表现可圈可点；

1848 年，39 岁，寻求国会议员连任，失败了；

1849 年，40 岁，想在自己州内担任土地局局长，被拒绝了；

1854 年，45 岁，竞选参议员，落选了；

1856 年，47 岁，在共和党的全国代表大会上争取副总统的提名，得票不到 100 张；

1858 年，49 岁，再度参选参议员，再度落选；

1860 年，51 岁，当选美国总统；

1864 年，55 岁，连任美国总统，北方军取得胜利；

1865 年，56 岁，内战结束，随后被枪杀在剧场。

第二节 大学生压力与挫折的产生与特点

案例导入

某大学大三学生王某，在教室里看书时，总担心会有人坐在身后并干扰自己，有强烈的不安全感，以至于只能坐在角落或者靠墙而坐，否则无法安心看书。他对同寝室一位同学放收音机的行为非常反感，有时简直难以忍受，尤其是中午睡午觉时总担心会有收音机的声音干扰自己，从而睡不着觉，经常休息不好。但又不好意思跟其发生当面冲突，因为他觉得为这样的小事发脾气，可能是自己的不对。他很长时间不能摆脱这种心理困境，很苦恼，严重影响日常生活和学习。即将毕业，他心中一片茫然，担心找不到理想的工作，有时候也懒得去想这个问题，怕增添烦恼。他学习成绩一般，看到其他同学都在准备考研究生，他也想考，但是又不能集中精力学习。家在农村，经济状况一般，他认为自己有责任挑起家庭的重担，但又觉得力不从心。

经济压力、就业压力、学习压力，都成为影响王某心理健康的因素。这种压力持续一段时间得不到合理疏解，就演化为心境，对他的学习和生活都产生了不良的影响。大学生压力与挫折的发生机制有不同的理论，其来源也有多种类型。大学生生活、学习的方方面面都可能会引发新的压力和挫折。

一、压力与挫折的发生机制

每个人在学习、生活中都会或多或少地遇到一些压力与挫折。关于压力与挫折的发生机制，常见的观点有以下几种。

1.压力刺激理论

行为心理学的创始人华生建立的“刺激—反应”原理指出，人类的复杂行为可以被分解为两部分：刺激和反应。人的行为是受到刺激后的反应。刺激来自两方面——身体内部的刺激和体外环境的刺激，而反应总是随着刺激而呈现的。压力刺激理论认为，压力就是导致个体产生紧张反应的外部环境刺激，也就是说，人的压力来自外在的环境。在大学校园里，大学生的压力源主要来自学业、恋爱、人际关系以及职业等方面，共同的外在环境诱发了比较普遍的心理压力。同时，也有相当一部分大学生并未受到这些问题的困扰，可见，并不是某种环境必然导致相同的压力。

2.反应理论

该理论认为，压力是人或动物有机体对外在环境刺激的一种生物学反应现象，由有机体的众多不同需求引发，而且这些需求并不指向某类特定的对象。个体对不同来源的刺激，产生压力反应的量不同，有的个体在很强的刺激下才会产生压力，有的个体只需要很少的刺激就能产生较大的压力。同时，个体对刺激类型的反应也有所区别，有的刺激能引起压力反应，有的刺激则不能引起压力反应。例如，有些学生对考试成绩有很高的要求，有些学生则对朋友的质量和数量有严苛的要求，但是成绩的不理想与人际的冲突都会带来压力感，产生心跳加速、紧张出汗、睡眠质量不好等现象。

3.需要—紧张的心理系统理论

勒温认为，个体的各种需要如果不能得到满足，就容易出现紧张、焦虑等状态，从而导致心理状态失衡，产生负面的情绪体验，即挫败感。一般来说，人们在进行某项活动时，都会怀有某种需要或期待，如果活动进展顺利，个人发挥正常，不出纰漏，则会获得积极的心理体验；如果活动出现意外情况，如某个环节出了差错、个人表现失常等，则会产生沮丧、难过、紧张等负面情绪。

4.个体—环境匹配理论

个体—环境匹配理论在压力领域被广泛接受。该理论认为，每个人的行为是个体与环境之间相互作用的功能体现，环境变量和个人特征决定是否产生压力。常言道"一方水土养一方人"，不同的地理、气候和历史条件，不同地域的人有不同的性格特征，在同一种环境下，不同的人可能会有不一样的感受和体验。尤其是大学生，刚刚离开父母到新的地方求学，容易受到环境的影响产生压力。个别学生因为不能适应气候、饮食等可能萌生退学的想法；个别学生长期不能适应环境而对学习、人际交往不感兴趣。

5.精神分析的挫折理论

精神分析学派的创始人弗洛伊德认为，人的一切行为都是以"力比多"(libido)为动力的，如果心理性欲的发展过程受到压抑或阻碍，就可能造成行为异常。挫折即指最原始的欲望受到其他因素的影响而未得到满足。我国有句古话"三岁看大，七岁看老"，这也从心理发展的延续性角度说明了婴幼儿时期的经历对一个人一生的影响，同时也说明成年阶段的压力、挫折反应可能源自童年经历的一些创伤。

二、大学生产生压力与挫折的因素

著名作家史铁生先生认为，每个人都是有残疾的。西方心理学大师阿德勒认为，每个人都有他的自卑之处。无论是残疾或自卑，本质上都是对自身某种特征的不认可、不接纳，这也是个人遭遇压力与挫折的根源。大学生的压力与挫折主要来自主观与客观两方面，细化来看，主要有以下方面。

1.生理因素

生理条件是一个人立足社会的载体、前提和基础，一般涉及身高、体重、外形、生理功能等方面。网络世界对优质男女分别冠以"高富帅""白富美"的称谓。对自己的内在和外在条件不自信，则会给自己增添压力和困扰。

同时，受先天遗传的神经类型的影响，有的大学生敏感多虑、优柔寡断，面对压力则易产生恐惧、焦虑等情绪；有的大学生个性争强好胜、喜欢控制别人或控制自己的生活，对应激事件忍耐力差，也容易产生过度的压力。

2.自然环境

地形、气候、植被等自然因素对一个人的影响是巨大的。古人云："橘生淮南则为橘，生于淮北则为枳。"同种植物，在不同的自然环境下竟会发生如此之大的变化；同样，不同自然环境下生活的人的性格特征也有明显的差异，面对同样的问题也就有不同的反应。长期在较为恶劣的自然条件下生活的人们，会受环境的影响形成较为坚韧的品质，对外在的刺激在一定程度上要迟钝得多；而一些在较好的自然环境下生存的人，则容易因为小的生活事件产生挫败感。

3.社会环境

人们在特定的社会环境中生活，社会的政治、经济、文化、法律、道德、风俗习惯等对个体的活动起着调节作用。社会结构、社会风俗和习惯、信仰和价值观念、行为规范、生活方式、文化传统、人口规模与地理分布等因素的形成或变动会形成社会的文化环境，这种环境会给生活在其中的人打上文化和历史的烙印，这种烙印就成为一个民族或国家的精神内核。这样的环境对人的影响很大，往往会成为一群人区别于另一群人的关键点。大学的每年入学初，这种现象也较常出现。可见，社会环境对一个人的影响既是深远的，也是直接的。

4.家庭因素

家庭对一个人的影响是直接的、全面的、深远的。家庭物质条件的好坏，可能对孩子的自信程度产生影响，或自负或自卑。家庭的精神环境，如家庭的氛围、父母之间的感情基础、父母的文化水平等，影响着大学生社会交往的态度和方式。此外，家庭的教养方式，常见的有民主型、权威型、放纵型等，对大学生的人格、人际交往等均有深远的影响。

5.性格因素

常言道："江山易改，禀性难移。"禀性就是本性、天性、一个人的性格。这句话说明了性格具有一定的稳定性。大学生正处于性格的形成、定型阶段，常见的性格类型有内向型和外向型。内向型的人将兴趣和关注点指向内部，外向型的人则指向外部。外向型的人相对而言比较热情、活泼、好动，善于与他人打成一片，很少将事情压在心底，话语直接坦率。因此，外向型的大学生可能因人际冲突而产生心理困扰，内向型的大学生则更多因为缺乏朋友而烦恼。

6.动机冲突

动机冲突是引起大学生压力与挫折的重要原因。在学习生活中，人们常常遇见产生两个或多个动机的事件，如果这些同时并存的动机不能兼顾，甚至出现相互排斥的现象，这就是动机之间的冲突。动机冲突一般分为三种：双趋冲突，指同时存在两个具有吸引力的目标，如鱼与熊掌，但是不可兼得；回避冲突，指同时存在两个具有威胁性的目标，如前有狼后有虎，但不能同时避开；趋避冲突，指同一事件本身同时具有让人趋近和逃避的心态。

7.人际关系

马斯洛的需要层次理论认为，人都具有归属与爱的需要。大学生离开温暖的家庭，独自一人外出求学，在陌生的环境里对归属与爱的需要尤为强烈。在校园这一特定环境里，人际交往不仅是实现群体归属的一个重要途径，也是学习生活中必然要面对的一项重要内容。

8.恋爱与性

恋爱是绝大多数在校大学生都会经历的。由于正处于生理发育成熟、心理结构逐步稳定成型的时期，大学生有强烈的性生理、性心理的需要。宽松的校园环境、充裕的业余时间、自由的自我管理等因素，都为恋爱的发生创造了充分的条件。但是，应试教育背景下的大学生对两性交往知之甚少，对性知识更是讳莫如深，甚至一无所知。因此，长久的单相思、被动恋爱、失恋都会带来“心理地震”，引发挫败感。加之性知识的缺乏与性冲动，一不小心就会带来身心的双重伤害，或者是以性压抑、性幻想与性自慰等方式来转移，产生挫折心理。

9.认知偏差

心理学家艾利斯认为，影响我们的不是事件本身，而是我们对于事件本身的看法。对自我与外部事件的认识情况，直接影响个体的心理状态和行为。大学生普遍处在较为单一的学习环境中，缺乏社会经验，往往不能对自我与外部事件有充分、全面、合理的认识和评价。常见的认知偏差有三种表现：绝对化的要求、过分概括化、糟糕至极。

10.高期望值

“望子成龙，望女成凤”一直是广大父母对子女最殷切的希望，学生学习成绩优秀、多才多艺又是学校老师的深切期待，因此，当代大学生被父母和老师寄予了很高的期待。但是，学校和家庭并未进行必要的压力与挫折教育，造成他们的适应能力、实践能力较差，只具有如何获得成功的单向性准备，缺乏可能遭遇失败的预期。同时，大学生群体对自身也有较高的期待，他们以自我为中心，憧憬美好的未来，确立理想的目标。一旦遭遇环境变迁、人际矛盾，便容易与自我的美好期待产生冲突。如果将造成困境的原因归结为外部，则会形成强烈的无力感；如果归结为个人，容易否定自我，产生自卑。

三、大学生压力与挫折的特点

1.集中性

托尔斯泰曾说，幸福的家庭都是相似的，不幸的家庭各有各的不幸。在这里，幸福可理解为一种主观的体验，不幸是对现实困难处境的描述。对于大学生而言，身处同样的校园环境，相似的年龄与学习阶段，趋近的压力、挫折承载力，共同的心理期待等，导致大学生的压力源和挫败源具有普遍的集中性。学习（并不特指专业课程学习）问题、人际关系处理、恋爱行为、职业方向选择等都会成为困扰大学生的压力。对于这些问题的错误认知和行为还会产生挫折感，成为大学生产生不良情绪的诱因。

2.易夸大

有部电视剧的台词曾说，在每个人那里，都有天大的事儿。就个人而言，个体一旦面临无法处理的问题或情境，造成的心理压力会无限占用他所有的心神，那就是比天还大的事儿。就大学生群体而言，压力与挫折的发生类型具有明显的普遍性和共通性。造成心理行为反应的不一致，源于个体的认知和行为模式的差异。大学生处于自我意识的分化与整合阶段，会在一定程度上引发其对于压力和挫折认识的扩大化。这就是我们常见的，一点小问题就可能引发剧烈的负面情绪表达，从而形成严重的心理问题。

3.突发性

大学生处于身心发育的不稳定阶段，人格、认知方式、社会支持系统等均不完善，由于环境、人际圈子以及学习方式等多方面的变化，极易产生挫败感，被大量的负面情绪包围。大学生常因为未通过考试、恋爱失败、评优失败等问题而遭受压力，更有一些较敏感的大学生会因为别人的言语、眼神等而遭受挫折。

这种突发性就在于大学生可能因为一些无论大小的现实困难或问题，突然产生巨大的压力感或挫折感，并且这种不良感觉会不断攀升，进而影响个体的正确认知和行为选择。

第三节　大学生压力管理与挫折应对

案例导入

将三碗水放在火上烧热，第一个碗里放入红萝卜；第二个碗里放入鸡蛋；第三个碗里放入已经被磨成粉的咖啡豆。煮15分钟后，将里面的材料取出。

红萝卜本来是硬的，但现在变软了；鸡蛋的里面本来是软的，但现在变硬了；咖啡的粉末不见了，但是水变了颜色而且有了香醇的味道。

从面对挫折的角度考虑，把开水比作挫折，比较三样材料前后的性质变化。

我们可以像红萝卜，一开始强有力，结束时沮丧且虚弱。红萝卜代表原来是健康的心态，面对挫折后变得软弱、自卑。

我们可以像鸡蛋，一开始有柔软且敏感的心，结束时却没有了知觉且失去了同情心。鸡蛋代表原来内心善良、敏感的人，面对挫折后变得麻木、冷漠。

我们可以像咖啡豆，水并不会改变咖啡的粉末，而咖啡的粉末却改变了水。咖啡粉融入水里，代表碰到挫折时，能够坦然、宽容面对；改变水的颜色，代表能积极改变挫折。

趋利避害是生物的本性。压力与挫折带来的负面情绪是绝大部分大学生在学习与生活中都本能地想要避开的。然而，忽略、回避、压抑、轻视、高估压力与挫折，只会让负面影响如雪球般越滚越大，最终诱发严重的心理问题。面对、正视、重视、接纳并理性对待压力与挫折，则会避免可能产生的危害，甚至将危害转变为提高心理素质的助力，获得自我的成长。

一、大学生应对压力与挫折的常见方式

结合压力与挫折在个体身上的不同影响，以及性别、性格、认知经验、社会支持系统等因素的差异，大学生对压力与挫折的态度、应对方式也存在明显的差异。一般来说，大学生常见的应对方式主要有三种取向。

1.积极取向

(1)升华

升华是精神分析的专业术语，指将不符合社会规范的原始冲动或欲望以社会赞许的方式表达出来。升华的表现形式多种多样。某大一学生向喜欢的女生表白，因成绩落后被婉拒，该男生并未沉浸在伤痛中，反而对以前毫不感兴趣的专业课产生了浓厚的兴趣，到大二时，已经成为院系的学霸。他勇敢地将失恋的痛苦、学习不良的软肋转化为努力学习的动力，成功实现了自我的升华。

(2)补偿

补偿是以另一种类型的成功来弥补压力、挫折事件导致的失败以克服受挫心理的方式。也就是说,人们在某项活动上的挫败感,可以在其他地方获得修复。补偿功能意味着一种功能的缺失并不会带来永久性的伤害,可以借助其他方式或途径加以弥补,从而达到克服受挫心理的目的。

(3)坚持

坚持指个体在发现短期内难以实现目标且可能遭遇一些意外的情况下,要求自己加倍地、不断地努力,最终实现目标。坚持是个体意志行为的体现。备受大家喜爱的电影《阿甘正传》中的主人公阿甘,虽然智商并不高,但他简单而又坚持不懈的举动让他最终获得了常人也颇为羡慕的事业与生活。

2.折中取向

(1)责任推诿

责任推诿指当个体遭遇压力或受挫时,不是从个人身上寻找事件失败或受阻的原因,而是将责任推给他人,甚至埋怨他人,以此减轻自己的焦虑和不安。这种行为将责任转嫁,属于外归因模式。如果一遇到压力或挫折就将责任推给他人,长久下去会导致个人责任感缺失,泯灭寻求补救措施的意识,无助于个人的成长。

(2)自我安慰

自我安慰指一定程度地曲解客观事实,以符合内心的需要,缓解紧张的压力。把明显的不利情况设想为尚不确定,把他人对自己的歧视、否定当成重视、褒扬。阿Q的精神胜利法是自我安慰的典型表现形式。

3.消极取向

(1)压抑

压抑是应对挫折的一种常见机制。为了免除挫折带来的紧张和压力,个体倾向于把那些痛苦的、难受的、不快的事情压在心底,使负面的影响在感觉层面上产生被消除的假象。压抑常用的方式是否认,即否认事件曾经发生过,以避免超强的刺激所造成的痛苦。如对因地震、洪水灾害、重大疾病等导致的重要亲人的丧失予以否认,反复念叨,觉得亲人就在身边,并未离去,甚至要求救护人员继续施救。

(2)退行

退行指个体受到无法承受的压力或挫折时,往往表现出与自己的年龄、身份特征很不相称的幼稚的、原始的行为。如当一个成年人不能面对工作、生活的压力时,会呈现出年少时期的心态和行为。我们在影视剧或文学作品中时常可以看到,在一些重要的、危急的时刻,成年人会出现夜间尿床、大哭大闹、就地打滚、装病等反成熟的行为。

案例链接

谭某,某高校大二学生,在刚入学时,阳光活泼,乐于助人,并在社团中认识了一位十分如意的女生,交往两个月后被父母知晓,由于女孩家境相对较差,他们的交往遭到父母的强烈反对。女生不堪男孩母亲频繁的电话袭扰与冷嘲热讽而与他分手。谭某无法接受分手的事实，与父母进行冷战，精神也变得萎靡不振。为了寻求精神上的慰藉，他每天泡在网上与异性聊天、玩网络游戏，学习成绩直线下滑，最后被学校勒令退学。

从案例中可以看出，谭某在遭遇恋爱失败时，并没有积极采取措施解决问题，而是长期采取逃避的方法，沉浸在问题之中不能自拔，最终让自己堕入难以回首的深渊。

(3)攻击

攻击是指导致他人身体或心理痛苦的行为。攻击行为一般分为两种：一是直接攻击行为，即受挫者对影响自己达成目标的人物、事物直接实施攻击行为，常见的有侮辱、谩骂、肢体冲突、借助器械实施身体攻击等；二是受挫者将不满情绪发泄给毫不相干的人与物。

(4)幻想

幻想是把自己放在一个理想化的世界中，借助非现实的、虚构的情境来应对挫折。幻想有时候也可称为白日梦，偶尔为之是大多数人都有过的经历。如果长期处于幻想之中，则会导致适应不良。

(5)冷漠

大学生在遭受挫折，觉得自我无力且求助无望，看不到改变境况的希望时，容易表现出冷漠的反应。他们对身边人的情绪状态显得麻木，对周围的事物毫无兴趣，对同龄人和老师的宽慰与帮助无动于衷，几乎拒绝对外在的人与事做出积极的应对，总是呈现出一副沉默的样子，其实内心已经绝望。冷漠并不代表内心的沉默与平静，可能蕴藏着极大的不满和深深的愤怒。

(6)固执

固执指大学生遭遇的压力与挫折使其心理发展产生了停顿，顽固地坚持某种不合理的观念和态度，或者盲目重复无效的动作。固执的大学生一般心胸较为狭窄，不愿听、听不进其他人的意见和建议。“不撞南墙不回头”是一种典型的固执心理。

(7)自杀

一些大学生在遇到无力疏解的压力或挫折，并引发严重的心理问题时可能会选择自杀，这也是后果最为严重的一种行为反应。由于大学生的心理承受能力普遍偏弱，一旦遭遇突然而沉重的打击，或者长期遭受精神上的折磨，在社会支持系统缺乏的情况下，就容易陷入万念俱灰的泥沼之中，从而实施结束自己生命的行为。

二、大学生提高承压抗挫能力的对策

波普说：“并非每一个灾难都是祸；早临的逆境常是福。经过克服的困难，不但给了我们教训，并且对我们未来的奋斗有所激励。”遭遇压力与挫折并不可怕，关键在于能否将其进行有效的转化。因此，能否有效地应对来自内部与外部的各种压力与挫折，是评价当代大学生心理健康水平的重要标准之一。提高大学生的承压抗挫能力，可从以下几个方面来考虑。

1.保持健康的身体

大学生处于人生的重要阶段，身体的发育，心灵的动荡，校园与社会的交织，林林总总的负面情绪源不可避免。健康的身体是拥有强大免疫力、维持良好心态的前提和基础。在高考的冲刺阶段，同学之间不仅具有知识与能力的竞争，还有心态与身体素质的竞争。关心身体，重视健康，是培养承压抗挫能力的第一步。大学生应当首先保证自己的身体健康，养成正常的作息习惯、饮食习惯、学习习惯和锻炼习惯，不断强化健康的生活模式。

2.调整认知的视角

压力与挫折都是由一定的刺激所诱发的。为什么有些刺激能够诱发压力与挫折，而有些刺激则不能呢？这首先取决于人们对外在刺激的认知，如果通过不同的视角重新认识这些刺激，就可能获得不同甚至完全相反的信息。对刺激进行多方面的考察，能够提高当事人对事件评估的准确度，也就可能将压力、挫折事件转变为普通的、常规的事件。

案例链接

在台湾，黄美廉的名字家喻户晓。她出生时因为意外患了脑瘫，6岁前全身的运动神经受到伤害，而且失去了讲话的能力。在别人的眼里，她就像一个怪物。但黄美廉没有被这些外在的痛苦击败，二年级时，在老师的启发下，她确定了当画家的志向。中学毕业后，她进入了加州州立大学研读艺术。她付出了常人十倍的努力，最终获得了艺术博士学位，而她的画展也轰动了世界。

在一次报告会上，一个学生很不礼貌地质问她："你从小就长成这样，请问你怎么看你自己？难道你没有怨恨吗?"在场的人都责怪这个无礼的提问。但她嫣然一笑，坦然地在黑板上龙飞凤舞地写下了几行字：我很可爱！我的腿长得很美！我的爸妈很爱我！我会画画，也会写稿！我有一只可爱的猫……最后，她以一句话做结论："我只看我所有的，不看我所没有的!"掌声在报告会场上经久不息。

黄美廉的故事证明了，当我们用积极的心态主宰自己的心境、用光明的思维去看世界时，我们就会发现头顶的天原来是那样的蓝，身边的树原来是那样的绿，路边的花原来是那样的美。生活中不是没有阳光，是因为你总是低着头；不是没有绿洲，是因为你心中只有一片沙漠。

3.适度宣泄

压力与挫折总会伴随着紧张、焦虑、不安等负面情绪，如同水库中淤积的污水，如果不加以释放，就会影响整个水库的水质，危及大坝的安全。每个人的心理承受能力是一定的、有限度的，无休止地体验和容忍各种负面情绪而不加以宣泄，就会破坏心理平衡，危害心理健康。因此，在遭受压力与挫折时，进行适度的宣泄是必要的。

4.寻求社会支持系统

社会支持是他人提供的一种资源，告知某人他是被爱、被关心、被尊重的，他生活在一个彼此联系且相互帮助的社会网络中。人具有社会属性，这就决定了每个人都必然生活在一定的关系网之中。社会支持系统相当于一个人的后盾，能够缓冲突如其来的不幸遭遇，增强个人的承受力和抵抗力。社会支持系统不仅可以提供情感的支持，也可以提供物质的、信息的支持。你的家人、亲戚、朋友、同事、邻居甚至部分网友等，都可以在你需要的时候成为社会支持系统的一部分，为你的生活提供坚强的后盾。

心理活动方案

活动主题：压力初体验

活动目的：分析自己目前的压力，通过团体辅导减压。

活动准备：准备纸、笔。

活动过程：

小组每个成员先思考，然后轮流陈述以下问题(2分钟)：(1)你的压力来自哪些方面？(2)列出前5个压力。(3)在压力状况下，你通常有什么表现？(4)你通常怎样处理这些压力？

个人陈述结束后，小组成员分享自己所遇到的压力，你会发现很多压力已经得到排解。最后由组长进行总结和点评。

心理百草园

1.图书：尚致胜.《走出困境：如何应对挫折与压力》

人生难免遇到挫折，难免有一些失败的经历，但很多人不能从过去的阴影中走出来，甚至对自己形成了一种错误的认知。这种认知影响了你的能力及其发挥，是你实现成功人生的绊脚石。本书就是要帮助朋友们改变过去，去除你的阴暗历史，使你的心灵充满阳光，积极应对人生道路上的挫折，笑对人生。

2.图书：[美]沃尔特·艾萨克森.《史蒂夫·乔布斯传》

乔布斯带领苹果公司上演了一场活生生的海明威式神话："你可以打败我，但你永远打不垮我。"他的身上有无数让人着迷的特质：坚韧不拔、知难而进、勇于创新、敢于冒险……

3.电影：《当幸福来敲门》(*The Pursuit of Happiness*)

每个人在压力下都会有不同的反应。电影主人公克里斯·加德纳在单亲家庭中长大，直到28岁才见到自己的亲生父亲，于是，他想给自己的儿子充分的父爱。然而，困苦的生活让妻子离开他，身无分文的他只能带着儿子过着流浪的生活。但是，他从未放弃自己的梦想——成为一名投资专家。经过没有薪水酬劳的6个月实习期，他终于成为一名正式的经济师，他敲开了幸福的大门，眼中的泪花是幸福的味道。影片深刻地阐释了只要坚持，梦想总会实现，幸福并不遥远的理念。

4.电影：《风雨哈佛路》(*Homeless to Harvard: The Liz Murray Story*)

本片是美国一部催人警醒的电影，通过一位生长在纽约的女孩莉斯，经历人生的艰苦和辛酸，凭借自己的努力，最终走进了最高学府的经历，表达了一个贫穷苦难的女孩用执着的信念和顽强的毅力改变自己、改变人生的主题。

心理测试

中国大学生压力量表

请根据自己的实际情况，从0～3中选择一个数字代表以下事件对你的压力程度。0＝没有压力；1＝轻度压力；2＝中度压力；3＝严重压力。

个人烦忧

1.渴望真(爱)情却得不到

2.青春期成长

3.同学关系紧张

4.外形不佳

5.身体不好

6.同学间互相攀比

7.居住条件差

8.遭受冷遇

9.社会上的各种诱惑

10.晚上宿舍太吵

11.没人追或找不到男/女朋友

12.没有人说知心话

13.没有学到多少真本领

14.独立生活能力差

15.各种应酬有困难

16.家庭经济条件差

学习烦忧

17.有些科目怎么努力也学不好

18.学习成绩总体不理想

19.讨论问题时常反应不过来

20.考试压力

21.同学间的竞争
22.学习效率低
23.每学期期末考试排名
24.完成课业有困难
25.有些课程作业太多
26.各种测验繁多

消极生活事件

27.累计两门以上功课考试不及格
28.一门功课考试不及格
29.当众出丑
30.被人当众指责

分析说明：

总分高于或等于45分，表明近期承受的压力偏高，可采取自助或求助的方式。自助方面，阅读解压书籍，学习一些身体和心灵放松的方式，如肌肉放松训练、倾听轻音乐等；求助方面，找亲密的朋友倾诉、寻求辅导员或专业心理咨询师的帮助等。

总分低于45分，表明面临的压力在能承受的范围内。建议调整认知，多参加活动，转移注意力，积极与朋友沟通。

第九章

乐享生命的旅程

——大学生生命教育

生命，是亘古至今大家讨论未歇的一个话题。每每谈及生命，人们总会多一些敬畏，多一些期待。我们都希望像诗人泰戈尔写的那样活着："我相信自己/生来如同璀璨的夏日之花/不凋不败，妖冶如火/承受心跳的负荷和呼吸的累赘/乐此不疲……我相信自己/死时如同静美的秋日落叶/不盛不乱，姿态如烟/即便枯萎也保留丰肌清骨的傲然/玄之又玄。"然而，如何达到这样的境界，对于高校的大学生而言，以往的学校教育没有教过，自己也没有学过，好像没有什么太大的感受。

几乎与工业化同步发展起来的现代学校制度，将学生与现实生活隔离开来，在标准化的教学、沉重的课业和激烈的考试竞争中，学生的生命感觉变得迟钝。特别是新媒体时代的到来，当代大学生每天面对着虚拟的网络，他们的社会责任感、道德价值评价标准以及对生命的意义和价值观的认识更加面临着严峻的挑战。部分大学生生命意识淡薄，存在游戏生命、漠视生命、否定生命和伤害生命的倾向。教育的对象是人，满足人生命成长的需要是教育的基本内容。那么，如何激活大学生的生命经验，使我们认识生命的价值，正确面对生命的危机与消逝呢？让我们走进大学生生命教育的世界。

第一节　揭开生命教育的神秘面纱

案例导入

某高校的大一学生小吉，从进入咨询室开始，就表现出极度的痛苦，眼圈红红的，低着头，精神状态非常糟糕。沟通中，小吉讲到，最近他在宿舍里和同学说："我要与自己的过去告别，我很快就会消失。"同宿舍的室友却以为他在开玩笑，直接回复说："要得，你想怎么样就快去。"其实，小吉的本意是觉得自己以前特立独行的个性需要改变，下决心要改变自己，想好好地与室友谈谈，以后好好跟同学以及室友相处。室友的回复让他觉得自己在别人心目中其实是可有可无的，再加上自己是理科生，本来来到学校学习的文科专业也不是自己喜欢的，专业学习上遇到了很多困难。人际交往中存在的问题加上学业困难让小吉觉得自己非常孤独与失败，没有朋友，没有成就，没有人会在意他。之后，他经常无法入睡，上课也不想去，也不想再与室友和同学说话，整个人非常痛苦和难过，不知道该怎么办，因此来求助。

案例中，对于一个渴望能被接纳的生命，小吉的室友并没有重视。多数时候，我们会以为有和死亡相关的事件才能归入生命教育的部分，而我们当下的生活部分不会那么自然地被认为属于生命教育的组成部分，所以当小吉和室友之间出现人际关系问题时，小吉很自然地被漠然对待，这种漠视也很自然地对小吉产生了极大的消极影响。因此，我们非常有必要去探讨生命以及生命教育的内涵与外延。

一、生命的内涵与特性

1.生命的内涵

生命是什么？古老而原始的观点认为，生命是上帝创造的。《旧约全书·创世纪·传道书》中记载，世上的万物包括生命和人类都是上帝按照一定次序分别创造出来的。

近代，恩格斯首次科学地定义了生命："生命是蛋白体的存在方式，这个存在方式的基本因素在于和它周围的外部自然界的不断的新陈代谢，而且这种新陈代谢一停止，生命就随之停止，结果便是蛋白质的分解。"之后，达尔文的生物进化论认为，人不过是由猿演化而来的一种动物。

当代，学界对于生命的理解渐渐从"自然生命、社会生命"两个维度演变到"自然生命、社会生命、精神生命"三重维度。自然生命指人是一种生物性的存在，是作为一个自然理性的肉体生命而存在的，其生长和发展必须遵循生物界的法则和规律。也就是说，每一个人都要吃喝拉撒、衣食住行，并且无法逃避生老病死。社会生命指人是一种社会性的存在，每个人要想生存下去，就必须与他人沟通、交往、互动，参与并融入人的各类活动之中，追寻人生命存在的意义和价值。精神生命指人要追求超越生物性存在的精神性存在，人之所以为人，是因为人赋予了生命以人文意义和价值，让生命得到了理性的意蕴和道德的升华。

综上所述，对于生命的定义大致分为三类：把生命看作生物基本的存在形式；把生命看作神秘的概念；把生命看作自然、社会和精神的融合存在。通常，我们在日常生活中更多地习惯于从生物角度来定义生命。

2.生命的特性

(1)生命的有限性

就如同太阳会东升西落一般，每个人都有生老病死，最终一抔黄土，长眠于地下，这就是生命的有限性。简而言之，死亡为生命设限。死亡如同生一样，是人类存在、成长及发展的一部分，它赋予人类存在的意义，它给我们今生的时间规定界限。每一个被划定界限的生命在无始无终的时间之流面前，都不过是微不足道的一瞬间。

(2)生命的唯一性

人的生命是唯一的，人无论活多久，也只能活一次。每个人的生命只有一次，不会有第二次，更不会有多次；每个人的生命是短暂的，在时间的长河中，生命就像昙花一现，一去便永不复返。

(3)生命的独特性

生命的诞生是一个奇迹，每一个生命的孕育都是偶然的、艰难的。从生理学上来说，男性一次性行为可以排出2亿至4亿个精子，而女性每个月只排出一个卵子。每一个生命的诞生，都只有几亿分之一的概率。经过激烈竞争而产生的生命又在不同的生活环境和条件下长大成人，从而导致每个生命的不同。这种不同不仅是生理上的，更是社会与文化性的。这种独特性导致每个人的生活内涵以及人生道路都是不同的，就像世界上没有两片相同的叶子一样，世界上也没有完全相同的两个生命。

(4)生命的不可逆性

生命从诞生到死亡，整个过程遵循自然界生老病死的永恒定律，它不会"倒行逆施""返老还童"，只能向前，不能后退，没有如果，只有曾经。"人生不能倒带""人死不能复生"，指的就是生命的不可逆性。我们每个人只有一条命，它在一点一点积聚的同时，也在一分一秒地逝去，我们发现自己长大了，却逝去了美好的童年。逝去的不能再拥有，错过的不能再重来。

(5)生命是一个过程

生命是一个过程，生命的意义要靠个人在这个过程中体验和发现。人本主义大师罗杰斯说："美好的人生是一个过程，而不是一种存在状态；它是一个方向，而非一个目的地。"的确，生命的意义并不在那个最终的结局上，而在生命的过程中，当生命把它所追寻、所创造的全部内容呈现出来时，生命的价值和意义也就实现了。

我们曾经和现在所走的每一个脚印，所经历的每一件事、每一次抉择都是在建构我们的生命；每一次成功和失败、每一次收获和失落都在为我们的生命谱写乐章，增添色彩。不管是喜悦或悲伤、顺境或逆境，生命本身的存在就是意义。

(6)生命具有强大的潜能

一个人生命的潜能究竟有多大？其实，每个人都有巨大的潜在能量，关键在于你是否能开发出自己的潜在能量。就拿人的大脑来说，科学家认为，人脑的构造和功能是迄今为止宇宙中已知物体中最复杂的，其本身就如同一个小宇宙，即使像爱因斯坦那样伟大的科学家，也只用了自己大脑 1/10 的功能，绝大部分脑细胞仍然处于待业状态。

人的潜能犹如一座待开发的金矿，价值无穷。如果人们能够抛开自卑心理的限制，敢于突破自己、开发自己，那么你的潜能就会像山泉一样喷涌而出，你就有可能创造出连自己也大吃一惊的辉煌未来。

二、生命教育的内涵

1968 年，美国人杰·唐纳·华特士在加利福尼亚创建了“阿南达村”学校，开始倡导和推行生命教育思想。之后，生命教育理念越来越被人们所重视。从 20 世纪 80 年代开始，在有识人士的推动下，生命教育逐渐兴起。它的出现是为了抗衡工具理性主义、功利主义在教育中的影响，追问教育的本质究竟是什么——培养人还是培养人才。

生命教育发展到今天，关于它的表述有很多。有些专家认为，生命涵盖生死，在由生到死的这个过程中，每个人可以决定如何与自己、他人、自然、超自然等层面互动，可以选择如何展现、面对、突破，甚至创造出生活的风貌，这些都是生命教育的范畴。也有专家认为，生命教育就是指“引导学生正确认识人的价值、人的生命，理解生活的真正意义，培养学生的人文精神，培养学生对终极信仰的追求，养成学生的关爱情怀，使他们学会过现代文明生活”。

总的来看，生命教育大致可以从广义和狭义两个方面来理解：广义的生命教育是教育的一种新诠释，立足于生命理解教育；狭义的生命教育主要是教育学生正确认识生命、体验珍惜生命以及追求人生的幸福生活的一种活动。

拓展阅读

一堂特别的生命教育课

——《小猪教室》

4 月的一天，六年级 2 班迎来了一位新班主任——星老师，他带着一只小猪走进了教室。未来的一年，这只猪将交给在座的孩子们来饲养，等它长大了以后，就吃了它。

六年级 2 班的 26 位同学，一起在操场上建了一座小屋子，给小猪起了一个可爱的名字“小 P”，并将它养了起来。小 P 吃了池泽老师种植的西红柿，孩子们的妈妈们都坚决反对自家的孩子去养猪……自从小P在学校里住了下来,一件又一件令人为难的事情不断发生着。不过,班上的同学们齐心协力地照顾着小P,他们在一起玩得非常开心。

很快,暑假过去了,转眼就是第二年4月,到了六年级2班即将毕业的时候了,班上反对吃小P的同学越来越多。小P是大家亲手饲养长大的,如果吃了它,小P就太可怜了。到底应该如何处置小P呢?班上的同学拼命地想办法,提出各种各样的意见。在反复的讨论中,班里渐渐分成了"吃"与"不吃"两派。

眼见六年级2班马上就要小学毕业了,但是小P应该怎么处置依然未有结果。这26个孩子与星老师会做出怎样的决断呢?

这部影片让每一位观众都重新审视生命的意义,呼吁大家无论是动物与植物的生命,还是人类的生命,都需要重新去考虑。

三、大学生生命教育的内容

对于大学生生命教育来说,其理论基础更偏重于对狭义生命教育的理解。因此,大学生生命教育就是在其大学学习期间,有目的、有计划、有组织地对其进行生死观教育、伦理观教育、生存能力培养、生命价值提升,并最终让其找到生命存在的意义与价值,并探寻其恰当的生命方式,展示其生命质量的活动过程。大学生生命教育不仅是一种认识自我、培养自尊的教育(了解自己的优缺点,并对各种生命现象持尊重态度和人道关怀),也是一种全人的教育(认识生命现象、感悟生命境界),更是一种生活教育与体验教育。

1.人伦道德教育

人伦道德指原初人类家族、谱系、血统产生的关系及基本认识,是人类脱离动物之后的本性。人伦道德教育包含了亲情人伦教育与孝道人生教育,其中,亲情人伦教育涵盖了夫妻之道、父母之道和兄弟之道的教育;孝道人生教育主要指作为子女的孝悌之道的教育。夫妻之道,关键在于建立尊重、忠诚、互助、体贴、了解等既有道义又有亲情的关系。父母之道,即父母对子女的爱的表达方面,不仅表现在为子女做出的牺牲方面,还表现在对子女人格的尊重方面。兄弟之道则贵在平等互敬、互相友爱。

《孝经》讲:"夫孝,德之本也,教之所由生也。""夫孝,天之经也,地之义也,民之行也。""天地之性,人为贵。人之行,莫大于孝。"可见,中华传统文化非常强调孝道。子女的孝悌之道,主要表现在:第一,及时行孝;第二,物质上的供给;第三,精神上的陪伴;第四,行为上的恭顺。

2.个人品德修养教育

全人的教育需要对个人的品德修养进行全方位的培养,在这里,我们试图找寻最核心的两个部分进行分析说明:第一,理解和宽容;第二,学会放下和宽恕。在人生的过程中,每个人都会遇到一些开心的和不开心的事情,你会怎样面对那些不开心的甚至是摩擦冲突的事情呢？是以牙还牙，以怨报怨，还是一笑泯恩仇，理解它，宽容对待，最后让其消散在风中？谈到这里，不由想到一个很有意思的笑话。有一天，一个人被狗咬了，他很郁闷，决定以牙还牙，就跑过去咬了那条狗一口。当然，作为狗来讲，它不懂什么理论和逻辑，它本能地又反过去咬了这个人一口。于是，你咬我一口，我咬你一口，最后，那个人变成了一条狗。虽然这则笑话有夸张的成分，却很经典地道出了理解和宽容的重要性。理解和宽容是一种气度、一种态度，更是一门艺术，做到这一点需要长期的良好习惯的养成。

生命在成长的过程中需要不断地试错，但是失败后的挫折感、错误决定后的内疚感、努力后的失望感以及被背叛后的愤怒感，诸如此类的负性体验是成长过程中无法避免的，如果无法合理地处理，日积月累，我们必将长期处于负性情绪之中，从而无法获得内心的平静，更无法觉察生命的美好。因此，我们需要学会放下，学会宽恕。不仅要放下对他人的一些负性情绪，宽恕他人给自己带来的不美好的东西或者事件，还要放下对自己的一些负性情绪，宽恕自己给自己带来的麻烦或者不愉快。既要做到宽恕他人，还要做到自我宽恕。自我宽恕是一种力量，能够帮助主导者消除负性情绪体验和内心的冲突，促进自我的整合与悦纳，提高生活的幸福感。需要注意的是，不能把自我宽恕当作懒惰的借口。

3.为人处世法则教育

人是一种社会性的动物，他的存在需要通过在繁杂的社会中与人交往、沟通来实现，这是人独有的特性，即社会性。因此，要了解人的生命，把握人的生命，必然要学会与人、与物、与世界相处。鉴于人际关系在前面的章节有详尽的叙述，这里就不再赘述。仅谈谈与物、与世界的相处。

我们不仅生活在人类社会中，而且生活在由天地万物构成的自然界中，所以，我们还需要学习如何处理人与自然、人与其他生物，甚至人与天地万物的关系。自然是人类生命的来源，其他生物是人类忠实的伙伴，环境是人类生存的基础，三者互相联系，和谐共存，才有了今天的世界。因此，我们要学会尊重其他生物的生存权，爱护环境，低碳生活，在一定范围内改造和利用自然，维持生态环境系统的稳定、平衡与发展。

4.生死观教育

孔子曾经说过："未知生，焉知死？"大多数人会顺着来探讨人的生，然而却很少会逆着来探究人的死。死亡，对于大多数普通人来讲，是一件讳莫如深的事，虽然很多哲学家、文学家非常热衷于对这一主题的讨论，但仍然无法改变现状。然而，无论我们是否愿意，都始终会遭遇它，而学会面对死亡，学会面对我们自己和他人的死亡，理应成为人生中重要的组成部分。

第二节　走进大学生生命教育的世界

案例导入

青青是某高校大三的学生，刚进校时还担任年级干部，大一学年成绩在年级名列前茅。从大二第一学期开始，成绩开始下滑，也辞去了年级的职务，每天情绪非常不好，郁郁寡欢，感觉没有什么值得高兴的事情，无心学习，也无法处理好与同学的关系，整夜失眠。到大三时，严重的失眠以及情绪的持续低落致使其多次企图自杀。最后，不得不去医院精神科检查，被诊断为患上了抑郁症。

当下，大学生中像青青这样有抑郁现象的大有其人，究其原因，对生命的漠然、生命价值观的缺失以及自我否定是其主要方面。因此，如何唤醒大学生的生命意识，提升大学生的生命质量，成为当前研究的重点。

一、大学生生命意识的缺失现象

大学生在校园内轻视生命、伤害生命及浪费生命的现象已经屡见不鲜，这些都折射出大学生生命意识的缺失现象日益显著。它们的发生方式可能不同，但对生命的漠然和轻视是相似的。大学生生命意识的缺失现象可归纳为以下几种类型。

1.对生命的否定和漠视

大学生中普遍存在着漠视生命的现象，目前，自杀已成为大学生非正常死亡的一个重要原因。现有的研究表明，大学生是自杀的高危人群。大学生自杀从本质上来讲就是对自己生命意义和价值的根本否定，反映出大学生生命意识的严重缺失。

然而，更为严重的是发展为生命暴力现象，如同学之间的讽刺挖苦、打架斗殴等行为，都在一定程度上反映了大学生对生命的轻视和践踏。大学校园中的种种生命暴力行为，其背后都昭示着当事人人性的扭曲及生命意识的缺乏。

2.游戏式的生命

“郁闷”已成为大学校园中的一种“流行病”，不少大学生的生活常态就是颓废空虚、游戏人生。有的大学生将大学生活视为一场游戏，以玩耍的心情游戏生命；有的大学生则抱怨大学生活就是痛苦和无聊，利用网络消磨时光。这种在精神上的无家可归，会导致大学生忽视甚至怀疑生命存在的意义和价值。

3.丧失生命成就感

生命成就感是人对通过实践活动获得的成果的感悟和体认，是人对生命创造性的认识和肯定。当前，大学生面对各种社会生活问题，难以找到生命的价值和生活的意义，容易困惑甚至自暴自弃，主要表现为学业无目标性和生活无方向感。在“上大学”这一外在目标变成现实后，大学生也就丧失了学业上的目标，学习成了纯粹外在性的要求，而不是成就自己生命的内在需求。当学业作为大学生的主要生活内容丧失其核心和主体地位后，大学生正在成长的心理便要寻求新的填充源。于是，网络游戏、无聊的社会交往，甚至吸毒等颓废的生活方式就成为一部分大学生面临的更加严重的生命困顿。

二、大学生生命价值观缺失的原因

1.对自身价值没有正确客观的认识和评价

很多大学生处在校园的象牙塔里，自身优越感强，对自身及现实没有客观的认识，仍然认为自己是“天之骄子”。但是，现实中遇到的问题与困境和他们想象的美好之间的差距，使他们在心理上产生了极大的落差，心理和思想严重错位。面对现实困境，他们常常不知所措，迷失方向，生命价值观扭曲，导致极端行为的发生。

2.承受和应对挫折的能力差

当代大学生多是独生子女，周围多是掌声和鲜花，在父母的过度呵护和溺爱下，像温室里的花朵经受不了一点儿挫折。一旦遇到挫折或不公平对待，很容易一蹶不振，封闭自我。由于自私冷漠，一些大学生常常割裂生活与生命，表现出对他人生命和自己生命的麻木，由此导致暴力、伤害及自我伤害等严重的生命困顿，而其本质是自我生命无力的表现，亦即缺乏感情、缺乏意志力、缺乏生命感受。

3.信仰迷失

信仰是人们对于未来的一种寄托、憧憬和向往。但是，一部分大学生是在按照父母的期待，过着有求必应的生活。由于缺乏生活阅历和社会经验，他们心理脆弱、意志力薄弱，容易出现精神迷茫，由此而引起空虚感和无意义感。当他们生命的精神层面被遮蔽，迷失了方向，失去了信仰，价值观沦陷时，就很容易表现出一挫就折，因生活之困而使生命停顿。

三、大学生生命教育的实践路径

1.保持身体健康

健康对人来说到底有多重要呢？有人进行了形象的比喻：健康是1，其他所有一切都是跟在这个1后面的0。如果1倒下来，那么所有的0都将失去意义。对于青年时期的大学生来讲，身体健康是第一位的，学习是第二位的。没有健康的身体，学习再好，将来的工作、事业都失去了基础。

“健康”的含义在不同的历史发展阶段有所不同，反映着强烈的时代特征。当今，“健康不仅是免于疾病和虚弱，而是保持体格（生理）、心理（道德）和社会（适应能力）方面的完美状态”，这是一个广泛适用的概念。世界卫生组织还提出了健康的10个标志，如有充沛的精力，能从容不迫地应付日常生活和工作而不感到精神压力；处事乐观，态度积极，勇于承担责任；应变能力强，能适应外界的各种变化；能抵抗普通感冒和传染病；等等。

大学生保持健康状态的有效方法主要有：第一，建立健康的生活方式，养成良好的生活习惯，包括作息习惯和饮食习惯；适量运动，增强体质以预防疾病。第二，积极参加心理健康讲座等宣传教育活动，树立科学的健康观，掌握一些心理问题的鉴别方法和常用的心理调适方法；积极参加心理健康方面的社团实践活动，增进人际关系，提高挫折承受力和社会适应力。第三，积极参加心理普查，发现有心理困扰时，主动、积极、及时地到学校心理咨询室进行心理咨询或心理治疗。

2.拥有感恩之心

“感恩”一词虽是舶来词，但事实上，在中国传统文化中，感恩思想占据着非常重要的地位，古代的“忠、孝、节、义”思想就包含着感恩的内涵。“忠”为报国恩，“孝”为报亲恩，“节”为报夫恩，“义”为报友恩。随着时代的发展，人们对“感恩”也有了新的定义。有学者提出：“所谓感恩，就是对他人、社会和自然给予自己的恩惠或方便在心里产生认可，并希望回馈的一种认识、情怀和行为。”

中华民族自古就有知恩必报的优良传统，如“滴水之恩，当涌泉相报”“投之以桃，报之以李”“谁言寸草心，报得三春晖”等古训。感恩意识是大学生成长、成才、成功的必备素质。大学生作为当代社会的新鲜血液，尤其要明白，我们的生命、生活中所有的一切无不是父母、社会的恩赐。作为子女，要深刻理解“孝道”的深刻含义，感恩父母给予我们的一切，并对父母的恩泽有所报答，这便是一个人生命的真实归宿所在。

当然，我们也需明白，即使自己现在的生活是靠努力获得的，我们的这种“自力”，除了来自父母的教养外，还要归功于学校的教育、社会的锻炼。我们每一个人都是社会中的一个个体，我们既要在这样或那样的社会关系中享受生命的美好，又要在与他人、社会的互动中发挥自己的价值，还要在这些关系中得到成长。

3.追求自我实现

(1)在日常生活中体验生命的美好

用心感受，生命里总有些美好的事物值得我们去关注、去体验、去感悟。当前，有少数大学生因为学业压力、情感压力、就业压力等，无法看清生命的美好和生命的价值，根源在于自身承受能力太弱，同时又没有正确的生命观。因此，在日常生活中，多参加一些能体验生命意义和价值的文化活动是非常必要的，如充满生机和活力的体育活动、远足活动、体验生命的团辅活动等。

(2)在生活中实现生命价值

人的生命与生活虽然合一于人生，但两者的性质有着重大的区别：生命是有机体的存在，其表现是内在的；生活是各种人生滋味的总和，其表现是外在的。生命求稳；

生活求变。两者的关系使我们认识到:要在生活中实现生命的意义和价值,将生活的快乐和生命的成长结合起来。

(3)合理做好自己的生涯规划 ,追求自我实现

作为高素质人才的大学生,不仅要关注生命存在的意义,更要在生命存在的基础之上,给生命灌注更伟大的目标,从而实现其生命价值的超越。当前,许多大学生不知生涯,不做规划,走进大学,迷茫、随波逐流、目标不清,不仅在就业时出现诸多的心理问题,即便是在大学求学期间,也因为没有明确的规划而使得自己的大学生活空乏无力,从而导致自己对生命意义的理解非常浅薄,生命价值的实现与拓宽、质量的提升根本无从谈起。因此,大学生合理做好自己的生涯规划非常必要且迫切,这不仅有助于大学生避免人生发展的盲目性、随机性,学会在准确分析和认知自我的前提下,找准、调整、摆正自己的人生位置,更有助于大学生明确人生目标,挖掘和发挥自我潜能,拓展生命的宽度,在预期的发展中实现生命的价值与追求。

4.勇于直面挫折

(1)勇敢面对人生的痛苦和灾难

当一个人遭遇到不可避免的、无法改变的苦难时,他就得到了一个机会,去实现最高的价值与最深的意义。此时,最重要的是:用怎样的态度来承担痛苦?卡缪曾经用薛西弗斯的神话来说明这一点。薛西弗斯因为触怒了天神宙斯,于是宙斯决定要给他一个最绝望的惩罚。宙斯命令薛西弗斯将一块大石头从奥林匹亚山脚推到山顶,但每次当大石头被薛西弗斯推到离山顶只剩一步时,大石头就会滚回山脚,所以他必须每天不断地重复这项毫无意义的工作。

薛西弗斯在周而复始的痛苦折磨中发现,宙斯固然可以用外在的苦刑不断地折磨他,却无法剥夺他内在反抗宙斯的自由意志及对生命的热爱。于是,他选择快乐地面对折磨,也因此超越了宿命的审判,找到了生命的意义。在这场天人之战中,薛西弗斯才是真正的胜利者。卡缪告诉我们,人在极端不自由的外在环境中,如果能用积极的态度去超越自我生命的限度,便会找到生命的意义。

(2)为时间打上人生的烙印

时年96岁的杨绛在《走到人生边上——自问自答》一书中说:“我站在人生边上,向后看,是要探索人生的价值。人活一辈子,锻炼了一辈子,总会有或多或少的成绩。能有成绩,就不是虚生此世了。”我们虽然不知道能活多久,但是我们可以决定我们的每一个当下能展现出多少价值,能有多少意义。把握当下,规划未来,将有限的生命活出精彩。一位成功的创业家说:“把每一块钱都当成最后一块钱来使用,你会很珍惜每一块钱,并创造这一块钱的最大价值!”面对生命亦是如此,大学时光既美好又匆匆,四年时间转眼飞逝,我们更应努力在这有限的时间里过得充实、有色彩、有意义,珍惜分分秒秒,善用时间。在日常生活中,我们一定要有强烈的时间观念,最大限度地减少无意义的活动,这样就可以增加单位时间的意义,相应地也就延长了生命的时间。

(3)事无大小，认真对待

通过认真学习和工作，我们可以发现自己的潜能与价值，并获得成就感。相信大家都有类似的经验，当我们很认真地完成一件事时，即便只是一件小事，也常常可以从中获得成就感与满足感。慢慢地，我们会发现自己的潜能及存在的意义，这样的感觉就是一种自我实现。而如果我们能进一步超越自我的限度，完成很困难的工作，那就是一种自我超越。

拓展阅读

一位寒门状元的重生

故事的主人公，是我的同学，浙江大学经济学博士王争。

在浙江大学读硕士期间，我和王争一起上“制度经济学”课程，经常听到他的发言。他开朗大方、言辞犀利、见解独到、知识渊博，给每一个人都留下了深刻的印象。

王争虽然不是市状元，但是超级学霸。2001年，他的高考成绩远超浙江大学文科录取线。

遗憾的是，由于体检不合格，王争被拒之门外。

浙江大学时任校长潘云鹤听说了王争的事情，怜其才，特别批示特招，王争才得以进入浙江大学经济学院就读。

上了大学的王争，就如放进布袋的锥子，很快就显示出了在学术上的才华，本科期间就在《经济研究》和《北京大学学报》上发表论文。

由于学术成绩突出，王争被保送浙江大学西方经济学硕士，后又转为博士。读博期间，王争获得了浙江大学最高荣誉——竺可桢奖，并被学校推荐公派到英国诺丁汉大学留学。后来，王争成为宁波诺丁汉大学助理教授和博士生导师。

除了学术造诣之外，王争还写得一手好字，尤其是行书，脱胎于王羲之的《兰亭序》，飘逸洒脱。

你可能会觉得，王争虽然很牛，但是没有什么值得我们感动的。

请允许我再告诉你一个小故事。

有一个9岁的小孩，出于好奇心，在工厂触摸了高压电线，双臂烧焦，不得不齐肩截肢。

天使没有了翅膀，还能飞翔吗?

小孩用实际行动告诉我们，是的，能飞!

失去双臂的小孩，没有被命运击倒，他用坚毅和勤奋，狠狠地回击了命运，创造了一个又一个奇迹!

他的王体书法，是用嘴叼着笔写出来的。刚开始练习的时候，口水混着汗水，浸湿了一张张宣纸。

他的一篇又一篇发表在国际国内顶级期刊上的论文，是用脚趾头一个字母一个字母敲出来的。在杭州没有暖气的冰冷冬夜，他的一个个脚趾头生满冻疮，变成了“萝卜”。

这就是我的同学，王争的故事。

命运有时会捉弄我们，给我们降下各种苦难。

我们会痛苦，会彷徨，会焦虑。

我们会咒骂，会抱怨，会痛恨。

但是我们也不要忘记，命运也会眷恋我们，给我们送上各种祝福。

这个世界，有时候又是如此可爱。我们也常常会被温情包围。那些美好的人和事，常常给我们的生活带来幸福和感动。

我们愿意认清生活的真相，不回避痛苦的一面。但同时，我们更愿意乐观地对待生活，因为在真实的生活中，我们看到并体会到了人性之美。

（资料来源：http://www.sohu.com/a/295649549_120060793.）

第三节　做好危机预防与干预，让生命之花绽放

案例导入

小宇，某高校大二学生，家庭经济困难，本来相关部门已经给她开了贫困证明，她也完全够条件申请助学金，但是因为好强她没有申请，后因经济压力导致心理压力过大。另一方面，因为与母亲关系不太融洽，她总觉得自己在这个世上是多余的存在。于是便有了轻生的想法……事情发生后，辅导员和学院在了解了相关情况后，组织同学、老师们积极捐款，帮助小宇渡过难关，也帮助小宇办理了助学金的相关事宜。后来，小宇与母亲和解，并在母亲的陪同下去了医院，最后医生诊断为抑郁症，建议服药治疗。根据医生的建议，小宇回家休养了3个月。回到学校后，心理咨询中心的老师们为小宇提供了支持性的咨询，协助其疏导情绪，改变认知，重建自信。辅导员也安排小宇做自己的助理，鼓励她积极参加学校、班级的各种活动。在大家的关心下，小宇慢慢恢复了健康。

当前，随着新媒体时代的到来，由于生活节奏的增速以及科技水平的不断提高，各种危机事件日益突出且频繁爆发。大学生作为一个特殊的社会群体，更是面临着紧张、恐惧、适应困难等引发的各种心理危机急剧增长的威胁。案例中的小宇就面临着适应困难等空前的心理危机。这类事件的发生，在一定程度上凸显了大学生生命教育中心理危机的预防与干预的不可或缺。

一、心理危机与危机干预

“心理危机”的概念最早出现于1954年，美国心理学家卡普兰认为，每个人都在不断努力保持一种内心的稳定状态，保持自身与环境的平衡与协调。当重大问题或变化发生使个体感到难以解决、难以把握时，平衡就会被打破，内心的紧张不断积聚，继而出现无所适从甚至思维和行为的紊乱，即进入一种失衡状态，这就是危机状态。

国内对于心理危机的研究是从20世纪90年代开始的。蔡哲等人(2001)认为，当个体运用寻常应付方式不能处理目前所遇到的内外部应激时就会出现危机。樊富珉(2003)提出，危机有两层含义，一是指突发事件，二是指人所处的紧急状态。马湘培(2005)认为，心理危机是指某种心理上的严重困境，当事人遭遇超过其承受能力的紧张刺激而陷入极度焦虑、抑郁、失去控制、不能自拔的状态。

综上所述，心理危机主要指当个体面临丧失亲人、生活变故、失去工作、遇到危险、患重病等突发性、重大性困难或境遇时，靠个人的资源和应付机制无法解决，除非及时缓解，否则会导致情感、认知和行动的功能失调的一种心理状态。这种状态既是静态的，也是动态的。一方面，心理危机是静态的，它描述的是人持续存在于某一段时间内

的心理失衡状态;另一方面,心理危机又是动态的,它也可以描述在个体的稳定状态被打破后,新的平衡建立之前这段时间内,个体出现的情绪、思维或行为失去控制等特点。

心理危机干预则是指通过相关支持或技术,帮助个体从心理危机状态恢复至心理平衡状态。

二、大学生心理危机的特点

1.突发性

多数大学生虽然在年龄上已经成年,但身心发展尚未完全成熟,其抗压能力以及协调能力处于不稳定期,容易遭遇失眠、孤独、焦虑、烦躁、抑郁、神经衰弱等种种心理问题。再加上家庭、学校及社会的高期望值,大学生的身心从进入大学的那一天起便承受着重重的压力,本来就不成熟的心灵和脆弱的神经在一些小事的刺激下便会导致心理危机事件的发生,而这种情况往往出人意料,突如其来,且不可控。

2.复杂性

大学生心理危机的成因可能比较复杂,多种因素会交互作用,共同导致大学生心理危机的产生。在大学期间的学习生活中,每一位大学生都可能面临着学业压力、人际关系的处理、经济情况、感情困扰、就业压力以及新生适应等问题。一旦这些问题交织在一起,同时在一个学生身上爆发,那么极易引发学生的心理危机。

3.藏匿性

所谓藏匿性,指的是许多心理危机并不是直接爆发,而是潜藏在个体身上,一旦遇到危机事件,则可能由一些潜在的心理问题转变为心理危机,就像“黑天鹅”(比喻小概率高风险事件,主要指没有预料到的突发事件或问题)一样。例如,下面案例中的小叶,当心理危机来临的时候,对于她的亲人和朋友来说,都很意外。

案例链接

小叶,某高校的大四学生。在同学们的眼中,小叶是一个面容姣好、成绩优异、家庭富裕的“白富美”。在研究生考试的前一个月,小叶突然来到咨询室,大哭了一个多小时,称自己现在什么也干不了,一看书就想哭,无法集中注意力,连续失眠,一想到马上要考试了,自己这个状态,感觉更焦虑,越是想调整状态越是调整不好,现在整个人觉得很绝望,也很没有意义感。经过沟通交流发现,小叶从出生开始,就被父母认为是他们的骄傲,也是小伙伴们羡慕的对象,成绩一直很好,但是小叶内心深处一直都觉得压力很大,父母的期望对她来说就像一个紧箍咒,让她喘不过气来。不久前,小叶准备了 7 个月的司法考试没有通过,虽然父母没有说什么,但是她感觉到了深深的失望。之后一直想调整状态,认真准备研究生考试,争取考一个不错的学校,好给父母和自己一个交代。但越是这样想，状态越是回不来，最后演变到一进教室，打开书本就只能哭，什么也做不了。

当小叶处于这种状态中时，周围的同学又是怎样看待小叶的呢？经询问，周围的同学普遍觉得小叶司法考试没有通过只是失误，她成绩那么好，一定可以顺利考取研究生，况且小叶平时多才多艺，人也挺开朗，压根就没有想到小叶会出现心理危机。当她的父母得知自己的女儿出现心理危机时更是非常吃惊。

4.后果严重性

大学生发生心理危机后，常常会觉得无所适从，情绪低落，内心困惑，找不到释放的出口和化解的办法，严重的会身心俱疲，出现精神疾病。与此同时，心理危机还可能影响大学生的日常学习与人际交往等，严重的还可能会危及大学生的生命。

三、造成大学生心理危机的因素

1.新生适应问题

分析大学生发生心理危机的原因，要结合当前大学生的年龄特点和群体聚集的特点。一般来说，大学生在生理上已经接近成年人，但经济不独立，心理欠成熟，社会阅历相对浅，对事情的判断和认知有限。在此情况下，大学生突然离开自己熟悉的环境、亲人、同学与朋友，来到一个新的环境中开始学习生活。如果不能及时调整自己的认知与行动，与大学环境之间形成良性互动，容易引发学习、人际、生活甚至是价值观方面的危机问题。例如，一些新生入学后，可能会因为原来目标的丧失，新的目标还没有确立，暂时失去学习动力。还有一些学生，无法在新的环境下进行准确的角色定位，导致人际关系紧张。这些都容易使大学生产生焦虑和抑郁心理。

2.与学习相关的问题

调查表明，成绩较差或者相对靠后的大学生容易存在不健康的心理。在大学学习阶段，专业不理想、文理科之间的学习方法转换适应不良、学习压力大、考试成绩不理想、考前精神过度紧张、情绪烦躁、身体不适等都容易引发心理问题。由于这些问题长时间得不到改善，久而久之容易使个体产生自卑或抵触心理；若长久得不到消解，就会造成心理上的紧张、焦虑和困惑，从而引发心理危机。

3.与人际关系相关的问题

大学生人际关系的和谐程度也会对他们的身心健康产生影响。大学生来自全国各地，来自不同的家庭，拥有不同的性格特征和生活习惯，在同一个群体里，难免会出现不适应。有的大学生缺少朋友，缺少倾诉对象，慢慢习惯了自己一个人，越来越抵触外界，内心对和谐人际关系的向往与现实之间的落差与矛盾冲突，有可能产生对人际交往的紧张、不安、恐惧、敌对等。

4.与恋爱和性相关的问题

大学生正处于青春期的特殊年龄，对异性的好感比较强烈。然而，大学生不是都能够理智地面对感情、面对恋爱与性的。有些大学生会因失恋带来的痛苦而无法及时调整自己的心态和情绪；有些大学生奉行“速食”爱情，只看重外表而轻内在，相处过程中只在乎享乐，缺乏责任感；再加上大学生情感上的易冲动性，这些问题都易导致大学生不稳定的心理状态，严重的可能会出现抑郁，甚至会因情感问题而自残或伤害他人。

5.与职业前途相关的问题

大学生也同样面对就业难的问题。随着大学教育的扩招，大学教育已从精英教育变成了大众教育，大学生不再是天之骄子，自主择业以及双向选择的规则使越来越多的大学生面临着更加激烈的竞争。每一年都有找不到工作的毕业生存在，加上往年遗留的未就业学生，大学生的就业压力越来越大，巨大的就业压力容易引发心理危机，这是其一。其二，有些毕业生既想找一份收入高的工作，又害怕就业层次低让人瞧不起；既想早点就业，又害怕就业太早失去了更好的机会，由此而引发的矛盾、纠结、焦虑与不安，容易让毕业生产生择业恐惧。

6.与家庭以及经济相关的问题

家庭问题是学生心理问题的主要根源之一。父母之间的关系、家庭教育、家庭气氛、家庭经济情况等都容易影响学生的性格和心理。一般而言，在相对民主、和谐的家庭环境下成长起来的大学生产生心理危机的概率相对小一些；反之，在单亲、暴力、父母比较严苛、父母控制感比较强等家庭环境中成长起来的大学生，产生心理问题的概率要相对大一些。

经济条件也是大学生产生心理问题的原因之一。相对于家庭经济环境优越的大学生来说，家庭经济状况比较差的大学生背负着更大的心理压力。首先，家庭经济困难的大学生需要通过勤工俭学、兼职、申请助学贷款等方式来缓解经济负担，他们往往比较自卑，不愿意积极参加校内活动，表现出较大的经济压力和人际交往压力；其次，目前大学校园里出现的攀比现象，也会使那些来自经济困难的家庭的学生认为自己比不上他人，极易出现自卑心理，不愿同人沟通。长此下去，不自信会使得他们的学业受到影响，甚至使他们出现心理问题。

案例链接

某大三男生小祖，来自河北的一个农村家庭，父母都是地道的农民，家庭比较贫困。因自己靠勤工助学买来的手机被盗，他非常生气，一念之差，顺手拿走了自习室另外一位同学的手机。事发后，小祖被给予“劝其退学”的处理。小祖非常后悔与自责，想着马上要被退学回家，压力很大。尤其想到父母含辛茹苦供自己上大学，满心以为鲤鱼跳龙门，毕业之后找份好工作，能给他们在村子里挣个“面子”，让家里人能“翻个身”。现在怎么面对父母？怎么面对乡亲们？想到这些，他对自己绝望了，什么都不想做，总是长时间一个人低头不语，甚至有了轻生的念头。好在同学们发现及时，辅导员和心理咨询老师及时介入，帮助其顺利渡过了危机期。最后，小祖及其家人都平静地接受了学校的处理决定，小祖退学后还找到了一份工作，干得不错，心情也比较平和。

四、大学生心理危机的预防与干预机制的建立与健全

1.加大投入，增强工作队伍的规范化和专业化

高校应对心理危机预防与干预工作从机构设置、人员配置、经费投入等方面做出必要的支持。首先，建立健全心理危机干预系统的领导机制。大学生心理危机干预系统的领导机构应该由分管校领导、学生处、心理咨询中心、分管院系领导等组成，并成立办公室，专门协调学校内外部各个方面的关系。办公室可依据工作目标和干预方案，定期对有关工作进行检查和评估，提出修改和进一步完善的意见等。其次，有效发挥心理咨询中心在危机干预中的重要作用，保证心理咨询中心人员、经费、场地的有效运作，及时为产生心理危机的大学生提供有效帮助。要确保当大学生求助于心理咨询中心时，相关人员能迅速介入，采取紧急处理对策，有效化解心理危机。最后，提高准入制度，建立一支思想素质过硬、专业水平高、规范化的工作队伍。选拔一批拥有较强的工作热情和责任感，高学历、高素质的专职人员担任心理危机预防与干预的主要工作人员，并定期进行培训、学习，不断提升其专业素养，以更好地应对危机事件的发生。

2.预防为主，做好心理普查与心理的预警、防范工作

首先，大学生心理普查工作是实施危机干预的基础。高校应对大学生定期展开心理普查，通过普查的结果，了解大学生的心理健康状况，并依此建立专门的心理健康档案。对于普查中发现的可能发生或者正处于心理危机的学生，要给予重点的关注和帮助。一方面，给予这些学生更多的来自家人、朋友、同学的支持，共同维护大学生的心理健康；另一方面，当学校自身的资源和能力不足以改善或化解大学生的心理危机事件时，要及时寻求社会资源的帮助，将学生转介到当地的专业机构或者医疗机构做进一步的治疗。

其次，建立大学生心理危机的重点防范机制。针对不同时间节点、不同事件，提高危机防范意识。例如，对于新生、毕业生、家庭经济困难的学生、受处分的学生、遭遇突发事故的学生，做到早发现、早关注、早预防，有针对性地对其进行心理咨询和辅导，使其正确认识到自身存在的心理问题，并引导其进行自我调适，帮助其更加从容和坦然地面对不安因素，消除危机的萌芽状态。

拓展阅读

哪些人需要更多关注

识别一些征兆是预防危机、保护生命的重要途径，当有大学生受到以下事件影响或出现以下状况时容易产生极端行为：

※遭遇突发事件(如家庭发生重大变故，受到自然巨变、灾害或社会意外刺激)而出现心理或行为异常。

※因学习压力过大、学习困难而出现心理或行为异常。

※个人感情受挫后出现心理或行为异常。

※人际关系失调后出现心理或行为异常。

※性格过于内向、孤僻，缺乏同伴或群体支持，从而出现心理或行为异常。

※严重环境适应不良导致心理或行为异常。

※家境贫困，经济负担重，自己深感自卑，从而出现心理或行为异常。

※身体出现严重疾病，个人很痛苦，治疗周期长，从而出现心理或行为异常

※患有严重的心理疾病，如抑郁症、恐惧症、强迫症、癔症、焦虑症、精神分裂症、情感性精神病等。

※由于身边的同学出现个体危机状况而受到影响，处于恐慌、担心、焦虑的精神状态之中。

3.家校合作，构建良好的干预生态系统

当学生遭遇到复杂的心理刺激时，一时之间可能无法进行自我调节和适应，因此，就需要周围人帮助他们度过危机。然而，目前很多高校的危机干预只重视学校内部的因素，而忽视了家庭在危机干预中的重要作用。不可否认，在高校大学生心理危机干预过程中，学校的作用是必不可少的，然而不能忽视来自学生家庭因素的影响。做好学生的危机干预工作，要有效、合理地利用家庭、学校的共同力量，善于打组合拳，在最大程度上保障学生的健康、平安成长。

在大学生心理危机干预过程中，学校起着举足轻重的作用。大学生的大部分时间是在校园中度过的。我们要善于发挥宿舍、班级、学院、学校四级体系在高校危机干预中的作用。首先，一旦危机发生，宿舍成员之间要多一些理解、关心和帮助，不排斥，不孤立，以便让处于危机中的当事人感受到心灵上的温暖，减少当事人的孤独感、畏惧感、失落感。其次，班级上要定期开展与心理健康相关的活动，通过朋辈的力量，帮助当事人恢复心理平衡。再次，在危机干预阶段，当出现严重危机事件时，辅导员和学院领导应第一时间赶到现场，及时上报给学校相关部门，并联系家长。在此过程中，若家长和危机干预的专业人员还未赶到，需要先稳定当事人的情绪，派专人进行全程监护，

避免危机事件的再次发生。最后,心理危机干预的专业人员要对校内其他同学做好心理疏导与辅导工作,防止这些群体出现新的危机。

此外,在危机干预阶段,家庭的地位和作用也非常重要。家人的理解和支持是学校做好干预工作的重要基础。当危机发生后,亲人的理解、支持和帮助有可能成为妥善处理危机事件的关键。同时,家长要担负起对当事人的监护责任。如若发现家庭因素是导致学生心理危机产生的根本原因,需要家人直接进入干预系统。此类危机事件的处理可能需要家庭做出必要的付出和改变。无论如何,一旦危机事件发生,家庭应配合学校,一方面给予危机中的大学生以支持和鼓励,使其增强心理能力和信心,顺利渡过危机,重新面对生活,并及时向学校反馈危机大学生的恢复情况;另一方面,要将学生在家庭中的教育经历和成长经历与高校分享,以便专业人员及时从中发现有利于解决危机的契机。

心理活动方案

活动1:生命线

活动目的:了解生命的长河是曲折的,但是只要生命存在便有其意义与价值。

活动准备:纸、彩笔。

活动方法:在纸上画一条线,在右侧标出箭头,这一条线代表你的生命线,起点代表你出生的时间,在终点写上你的预测死亡年龄,然后找出自己目前所在的位置。回忆过去发生在你生活中的事情,并把它们按时间顺序在生命线上列出来,根据感受,愉快的可以放在线条上方,不愉快的可以放在线条下方;再想象未来想要做的事以及可能发生的事,仍然按照愉快的放在上方,不愉快的放在下方的原则;然后仔细看你的生命线,它就是你的心灵地图。有哪些在你的生命中是值得你记下的或者忘却的?面对有限的生命,你又会如何度过?如果现在只有三分钟可以活,你最想做的一件事又会是什么呢?这些给了你什么启示呢?

活动2:魔术商店

活动目的:了解自己的生命中什么最珍贵。

活动准备:准备可以容纳一定活动人数并可以舒适坐下的场地。

活动方法:请大家找一个最舒适的姿势坐下,闭上眼睛,想想此时此刻,我们穿越时光,走进了一间奇妙的商店,这家商店里放满了各种各样你想要的东西。你看到了一样你觉得最有价值的东西,那样东西是什么呢?如果你非常想买下这样东西,但是老板告诉你,这家商店的交易规则是:所有的东西都只能用你所拥有的东西来交换,当然,这样东西也不例外,需要用你目前所拥有的最珍贵的东西来交换。那么,你目前所拥有的最珍贵的东西是什么呢?你愿意跟老板进行交换吗?

心理百草园

1.图书:[美]罗洛·梅.《人的自我寻求》

《人的自我寻求》从分析人的空虚、孤独与焦虑入手,解释现代人面临的严重心理困境,并进一步指出,造成这一混乱的根源是价值核心的丧失、自我感的丧失、语言的丧失和悲剧感的丧失等社会历史和文化心理的因素;然后通过强调自我意识是人不同于动物的独特标志,力图论证它是人的自由赖以存在的基础;最后试图通过对自由、良心、勇气等传统价值做新的阐释而重新确立人格整合的目标。

2.图书:[奥]维克多·E.弗兰克尔.《追寻生命的意义》

在本书中,弗兰克尔博士现身说法,详述他如何由亲身经验发明"意义治疗法"。他曾是集中营里的囚犯,漫长的牢狱生涯使得他除了一息尚存之外别无余物。他的双亲、哥哥、妻子,不是死在牢营里,就是被送入毒气室。一家人除了他和妹妹,全都死了。像这样一个丧尽一切、饱受饥寒凌虐、随时都有死亡之虞的人,怎么会觉得人生还值得活下去呢?一位曾亲身经历过这种惨绝人寰遭遇的精神医学家,他的话必然值得我们洗耳恭听。他这种人,必然能够以睿智和悲悯的眼光来盱衡人类的处境。本书处处流露着坦率和真诚,因为都是刻骨铭心的实录,容不下丝毫欺瞒。

3.电影:《荒岛余生》(*Cast Away*)

该片讲述了一个联邦快递公司员工在南太平洋上空遇难坠机流浪到荒岛的故事。查克身为联邦快递的系统工程师,由于他是个超级工作狂,所以很少有时间陪女友凯莉,因此他们的关系出现危机。在一次出差的旅程中,查克搭乘的小飞机失事,他被困在一座资源贫瘠的无人荒岛上,他失去现代生活的便利以及人与人之间的互动,生活唯一的目的就是求生,他的人生观反而逐渐有所转变,他发现生活的压力顿时消失,便开始反思人生的目的,最后对工作、感情,甚至生命本身都有全新的体会和领悟。

心理测试

测测你的生命质量

下面的问题,请回答"是""基本是"或"不是",并根据评分标准来评定你的生命质量。

1.生活不能自理。

2.生活正常,能承担较为辛苦的工作。

3.最近一段时间因为身体不适而卧床休息了几天。

4.心情不好,感到焦虑、紧张,甚至压抑、忧郁和消沉。

5.精神愉快,觉得生活满足,无远虑无近忧。

6.对于突发事件的打击能承受得住，能控制自己的情绪。
7.记忆清楚，思维敏捷，不会犯常识性的错误。
8.与亲戚朋友往来密切，善于人际交往。
9.在工作中能较好地处理同事间的关系，善于团结人。
10.由于健康不佳或工作中的困难而不能坚持工作。

评分标准：

	1	2	3	4	5	6	7	8	9	10
是	−100	65	−10	−5	15	5	5	8	4	−3
基本是	−40	50	−5	−2	8	3	−1	−3	2	−2
不是	0	0	0	−1	0	−100	−4	−6	−4	3

80分以上：生命质量佳。你的身心俱佳，保持下去，应该会长寿的。

50～80分：生命质量良好。面对生活中的绝大部分磨难时，你都能应付得了，但这并不意味着你“无坚不摧”。在今后的生活中，你要做的是继续提高生命质量。

少于50分：生命质量较差。你不仅身体状况较差，在家庭生活、社会关系、精神状况上也不同程度地出现了问题。立刻着手改变这种糟糕的境遇吧！

（资料来源：王文科.大学生生命教育概论[M].广州：广东高等教育出版社，2013：34.）

第十章

走出心灵的阴霾

——异常心理的识别与心理咨询

朝气蓬勃的大学校园，本应是大学生绽放自我、追求人生梦想的绚丽舞台，但有相当一部分大学生却感到压抑、痛苦，饱受各种心理问题、神经症、精神疾病的折磨。他们的痛苦或许始于高中、初中，甚至更早，但由于社会对“心理异常”人群存在的种种偏见，导致学生和家长心存顾虑，怕被人视为异类，从而不愿别人知晓，更不愿寻求帮助。其实，许多心理问题的早期症状往往与精神疲劳和负性情绪有关，还未严重到影响学生的学习、生活。如果及早接受咨询或治疗，恢复得往往比较好。但如果自身无法调节，又不及时寻求专业帮助，长时间持续的异常表现会导致身体激素或大脑细微结构的改变，从而加重心理问题，给学生的生活带来极大的负面影响。

为使大学生正确认识心理问题，本章对什么是心理异常、异常心理与正常心理的区分、大学生中发生概率相对比较高的几种异常心理以及心理咨询的基本常识进行介绍。

第一节　神经症：纠结的“诉苦病”

案例导入

小李是大四的学生，临近毕业的他面临着司法考试、考研、找工作的多重压力。三个月前，小李的女友向他提出分手，这已经是他第二次失恋了。此后，他每日情绪低落、痛不欲生。眼见司法考试和考研的日子越来越近，他感到十分焦虑和紧张，心慌、胸闷的感觉越来越严重，晚上难以入睡，白天精神不佳，难以集中精力复习考试，甚至有时候他觉得自己一无是处。最近，他会整天思考：学习有没有意义？工作和生活是为了什么？人活着是为了什么？但一直没有答案，他只能让自己沉浸在空想中。他上网查了很多帮助自己集中精力的方法，却觉得这些方法犹如纸上谈兵，难以见效。

在日常生活中，很多同学因为失恋、考研等压力事件而感到焦虑和不安，甚至否定自己，对生活失去信心。像这样由于生理、心理或社会原因导致无法有效地采取合适的方式去适应环境，便会出现心理异常。

一、什么是心理异常

所谓的心理异常，是指人们由于生理、心理或社会原因导致无法有效地按照社会规范或适宜的方式去适应环境的要求。人们常常错误地认为，异常与正常像黑白两面，是截然不同、有着明确分界线的。其实，心理活动的正常与异常只是相比较而存在的，并没有一个截然区分的界限，两者常常交织在一起。正常中，偶尔也有异常的表现；异常中，也会有常态的部分。

医学标准是将心理异常当作躯体疾病一样看待，如果一个人表现出某种心理现象或行为，可以找到其病理生理变化的根据，便认为此人有心理异常。比如，一个人出现严重的情绪障碍，并发现他的大脑主管情绪的部位出现损伤，以此作为鉴定标准。

统计学标准认为，人们的心理状态是呈正态分布的，居中的大多数人属于正常范围（按统计学规定，把95%的值的分布范围作为正常范围），两端者则被视为“异常”。当然，只有一端属于病态，而另一端则是超出常人的优秀，比如天才儿童等。

以人的心理活动及表现是否符合一定的社会文化标准、行为准则、道德规范、价值观念、民族传统和风俗习惯作为判定标准，如果不符合相应的社会标准，则被视为异常。但随着社会的发展，常常会出现在某一文化背景下是“正常”的，而在另一文化背景下“不正常”的情况，如天才艺术家生活中的怪癖、作家奇特的创作习惯等。

二、什么是神经症

说到神经症，人们常常把它和神经病、精神病混为一谈。其实，这三者是完全不同类型的疾病，也有着截然不同的区别。

有些人把那些想法古怪、行为离奇的人称为“神经病”，这其实是对神经病的一种误读。神经病是人的神经系统受到损害，引起了麻木、疼痛、瘫痪、抽搐等身体上的问题，它是一种生理疾病。精神病指大脑受到有害因素的影响，功能发生了紊乱，表现为神志错乱或行为失常。如果一个人现在与过去相比，像是变了一个人，与他人相比，有时候行为异常、离奇，有时候喃喃自语、言语混乱，甚至出现幻觉，那他有可能就是患上了精神疾病。

那什么是神经症呢？它是一种精神障碍，主要表现为持久的(至少3个月)心理冲突，患者往往能觉察到或体验到这种冲突并因之而感到痛苦，且它会妨碍心理功能或社会功能，如内心持续痛苦、无法正常学习与生活等，并且这种状态不是由于身体的疾病或病变所导致的。所以，神经症既不是神经病，也不是精神病。

三、常见的神经症类型

目前，越来越多的大学生饱受着神经症带来的痛苦和折磨，影响学习与生活，严重者甚至休学、退学。其中，最为常见的神经症有焦虑症、抑郁症、强迫症、恐惧症和疑病症等。

1.焦虑症

德国精神病学家葛撒托曾说过，没有焦虑的生活和没有恐惧的生活一样，并不是我们真正需要的，焦虑可以推进人们的进步和发展，使人们富有一定的创造性，并激发人们去做最充分的准备。比如，考试前适当的焦虑可以成为学习的动力，促使我们抓紧时间复习，这是一种正常的焦虑状态。而焦虑症是指那些没有事实依据、无明确对象的提心吊胆和恐惧不安，焦虑的程度和即将要发生的事件的严重程度不相称。常见的焦虑症主要包括急性焦虑症和慢性焦虑症两种形式。

案例链接

小刘近一年来整日处于担心害怕之中。晚上睡觉时会担心第二天的外语课被抽到回答问题自己答不上来，因此而失眠一整夜；找兼职面试时站在台上会紧张、手心出汗、心跳加速、呼吸困难，甚至紧张得直接冲下台去；常常担心自己现在不能当众讲话的状态影响未来的工作面试；担心以后自己考研究生时面试仍然像现在这样。严重时，会因为这种担忧而无心学习。总之，小刘的生活整日处于这种担心中。

小刘的状态持续了一整年，并且因为焦虑而影响到自己的学习和生活，这便是焦虑症的表现。其实，焦虑症更多的是一种精神上的痛苦，我们可以通过态度的改变和具体的行动来消除它，如学会客观地看待事情可能带来的结果以及看到自己应对问题的潜能。但要注意的是，态度的一时改变，所谓的“霍然而愈”并不持久，因为人们的态度往往根植于稳定的人格中，所以态度的根本改变还需要对自己进行不断深入的了解，并运用积极的行为把焦虑控制在正常的范围内。作为大学生，更要学会调节情绪，陶冶情操，特别对于那些性情急躁、性格内向的同学来说，要不断克服性格上的弱点，学会与周围的同学和睦相处;提高处理复杂事物的能力,面对问题心态平和、处世不惊,这才是预防焦虑症产生的有效手段。一般程度的焦虑可以通过心理咨询来得以缓解,但严重的焦虑症患者须经过医院等专业权威机构的诊断,使用药物和其他手段进行治疗。

2.抑郁症

抑郁症被心理学专家称为"心理感冒",像伤风感冒一样,是一种大学生常见的心理疾病。它主要表现为情绪低落,无精打采,对任何事都提不起兴趣;悲观,思维迟缓,缺乏主动性,自责自罪,饮食、睡眠差,对自己的学习、生活失去希望,甚至认为人生毫无意义、充满痛苦,常常有一种无助的感觉。严重者可出现自杀的念头和行为。

案例链接

大四的小雷处于毕业季,自从9月开学以来,找工作屡屡受挫,最近女朋友也跟他提出分手,事业和感情均不顺利,于是出现了低落的情绪。眼见同学们有的考上公务员,有的进了大型国有企业,心里更加失落,否定自己,整天高兴不起来,觉得自己能力差,做什么事都做不好,以后不会有成功的希望了。他睡眠质量差,入睡困难,容易惊醒,每天凌晨三四点钟醒后便无法再入睡;吃什么都没胃口,近3个月来体重下降了7公斤。以前较为外向的他不愿出门,整天躺在寝室,很少再和同学们交流曾经感兴趣的事,打游戏、打球等也不感兴趣了,甚至在自己的QQ空间里写下了一封遗书准备轻生,被要好的同学发现后及时制止,并找到心理咨询老师。

小雷情绪持续低落,3个月来食欲减退,睡眠差,并有轻生的念头,这些正是抑郁症的常见表现。当下,大学生出现抑郁现象的越来越多,究其主要原因,是由于价值缺失和自我否定。抑郁现象一般表现为情绪低落、不稳定,不爱搭理人,做事情没有兴致。随着时间的流逝、情绪的积聚,慢慢地对学习、生活造成影响,严重的则会患上抑郁症。

曾经有人说:"抑郁很像是一条河流的改道。你的生命之流走了很长一段时间以后开始碰到了阻碍,生命之流再也流不出去了。你曾经喜欢的东西不再喜欢了,你开始跟这个世界保持距离。"抑郁症并非"洪水猛兽",它更像是我们生活中遇到的阻碍,只要"通了",也便好了。所以,预防大学生抑郁症最主要的办法是扫除障碍,让生命之流顺畅。具体来说,可以从以下几个方面来做。

(1)培养自己的兴趣爱好

抑郁症最为可怕的感觉是孤独感和迷失感,建立自己的兴趣爱好,让自己在这些兴趣爱好中感受愉悦的心情和满足的乐趣,让自己的心情有一个流浪的地方,这是大学生远离抑郁的保障。

(2)加强户外体育锻炼

众所周知,科学运动能让人保持身体健康,选择合适的运动也能调节或缓解不良情绪。焦虑时选择慢跑、瑜伽、游泳等能让肌肉放松、让内心平静的运动,特别是瑜伽,有助于平静神经系统;委屈、压抑时选择节奏较快、能量消耗多的运动,如打羽毛球、篮球等更容易释放负能量,消除愤怒的情绪;抑郁、持续情绪低落时可以选择集体性的体育项目、跑步等有氧运动，和三五个好友一起散散步，或者去郊外爬爬山等简单易行的运动可让抑郁的心情得到转移。走出课堂，走出寝室，每天保证户外锻炼一小时，是预防抑郁的基本条件。

(3)合理宣泄抑郁情绪

把自己的负性情绪释放出来，对身心的平衡很重要。情绪宣泄的方式有很多，如倾诉、说笑话、听音乐、参加体育活动，或适当玩游戏、写日记、写抒情诗词等。选择适合自己的宣泄情绪的方式，这是预防抑郁的重要方面。

(4)提高自我保健意识

在日常生活中，我们一方面要保证全面、均衡、适量的营养，另一方面要戒除不良习惯和嗜好，如抽烟、酗酒等。克服不良的生活方式，保证营养的摄入是预防抑郁的身体基础。

3.强迫症

相信大部分人都有过类似的经历：出门后老觉得自己的门没有锁好，睡觉后总觉得水龙头没有关，见到地上有头发就得把它清理掉，拿完不干净的东西反复多次洗手……这是不是患上了强迫症呢？我们来看一个真实的强迫症案例。

案例链接

8岁那年，我不小心从自行车上跌落，留下了“走路不稳，说话不清晰”的后遗症。初二时，父母离婚，我的成绩滑落到第11名，这对追求完美的我来说是一个致命的打击。从此以后，我跟自己较上劲了，我给自己定下了目标：每次考试必须进前三名，每天早上5:30起床、晚上11点睡觉……很多年后我才知道，给自己制订不合理的目标就是揠苗助长，不是逼自己成功，而是逼自己患上神经症。当时我的成绩确实进步很快。但是，我渐渐地发现自己上课容易走神，总是想一些无关紧要、鸡毛蒜皮的小事，比如，我经常想“1+1为什么等于2”(强迫性穷思竭虑)；“书本上的这个公式对不对，需不需要验证一下”(强迫性怀疑)；“站在高处万一跳下去怎么办”(强迫意向)……有时洗手的时候一定要按照顺序来，如果顺序错了，就要重新洗一遍(强迫仪式)……

虽然出现了强迫症状，但不论频率还是程度，都不算太重，我还是能带着症状学习。高二的某天，我崩溃了，强迫思维像漫出河堤的水一样，汹涌而至，我被医生诊断为强迫症，而且是重度。

(资料来源：王滋.我终于战胜了强迫症[J].心理与健康，2016(4).)

案例中的患者出现了强迫性穷思竭虑、强迫性怀疑等强迫观念，以及强迫意向、强迫仪式等强迫行为。像这样以强迫观念和强迫动作为主要表现的一种神经症，就是强迫症。强迫症还有一个很重要的特点，就是明知强迫观念和动作毫无意义且不合理，却不能克制，愈是企图努力抵制，反而愈感到紧张和痛苦。像之前描述的生活中的一些强迫现象，持续时间不长，或不会影响正常的学习和生活，更多的可能是由焦虑、压力或生活习惯导致的。

强迫症的症状就像弹簧，越压制它，就会跳得越高，所以，治疗最大的困难便是试图与症状对抗。当出现程度较轻的强迫症状时，可以尝试做到“三不”来进行自我调整。

(1)不怕它

正常人也会出现强迫症状，只是不在意罢了。而强迫症患者由于害怕心率加快、窒息等症状再现，就会紧张，结果越怕越会出现，形成恶性循环，并不断将强迫的观念和行为稳固下来。当出现强迫症状时，试着改变思路，告诉自己正常人也会有这些思维和行为。

(2)不理它

强迫症状就像拍皮球一样，怎样才能使球静止下来，即症状消失呢？答案就是停止拍球，顺其自然，球自然会静止下来。只有忽视它的存在，症状才会慢慢消失。

(3)不刻意注意它

经过初步调整后，强迫症状会减轻甚至很久不出现，患者会担心自己的强迫症状会不会再出现。这么一想，强迫症状果真就出现了，而且带来新一轮强迫，这种反复是正常的。

在临床上对于强迫症的治疗，主要采用精神分析、认知行为治疗和森田疗法，并常常配合药物进行治疗。因此，如果出现强迫症状，并为此感到十分痛苦，严重影响到生活和学习，则需及时寻求专业帮助。

4.恐惧症

恐惧症是指对外界某些处境、物体或与人交往时，产生异乎寻常的恐惧与紧张不安，伴有脸红、气促、出汗、心悸、恶心、无力甚至昏厥等身体反应，出现不愿面对恐惧事物等回避行为。虽然患者也知道这些害怕是过分的、不应该的或不合理的，但仍反复出现，难以控制。生活中，绝大多数人都会有害怕的东西，如害怕死亡、黑暗、蛇等，但正常的恐惧与恐惧症的区别是：正常人的恐惧面对现实，恐惧症患者回避现实。例如，一位女同学，非常害怕尖锐的物品，特别是绣花针。一天，同寝室的同学用针绣十字绣，这位女同学看到针就呼吸困难、心跳加速、浑身战栗、手心冒汗，赶紧跑到厕所躲了起来。

案例链接

贝克汉姆在足球场上威风八面，但这位英国帅哥对有羽毛的动物非常恐惧。据悉，小贝以及妻子维多利亚曾报名参加英国的一项著名贵族活动猎鹰课程，维多利亚十分热衷，每次活动必到，而贝克汉姆却老是借故不肯出席。有记者问维多利亚这是什么原因，她不假思索地回答：“贝克汉姆对有羽毛的动物特别敏感，想让贝克汉姆伸手抚摸鸟类，简直比登天还难。”

(资料来源：http://eladies.sina.com.cn/news/p/2009/0422/0643856368.shtml.)

足球场上威风八面的贝克汉姆也有恐惧症，很多人都不同程度地患有恐惧症，恐惧症并不可怕，就算患有恐惧症，我们依然可以正常地学习和生活。

恐惧症主要有场所恐惧、社交恐惧、特定性恐惧等。而大学生出现社交恐惧，对正常的人际交往影响较大一些。很多社交恐惧者都是因为不悦纳自己、对自己不自信造成的，所以，可以从以下几个方面来调节自己的恐惧心态：第一，接受和悦纳自己，树立起对自我的信心；第二，减少完美主义倾向，接受自己的现状，不要对自己要求过高，过于追求完美，不要太在意别人对自己的看法，越害怕出错，就越会感到手足无措；第三，不强化症状，别太在意自己的身体反应和身体上的不适。根据强化理论，如果紧张时我们太在意自己身体某些部位的紧张反应，就相当于在强化自己的紧张行为，反而会加重症状，而当我们不去管自己的紧张反应时，由于紧张得不到注意和强化，紧张反应就会随着时间的推移而逐渐消退。

5.疑病症

案例链接

大三学生欣欣平时学习成绩较好，但从初三开始，身上的“体味”就一直困扰着她。奇怪的是，这股“体味”身边的人都说闻不到，但欣欣不相信，7 年以来四处求医，到各大医院进行诊断，医生均未发现任何器质性病变和身体的异常。为此，欣欣痛苦不已，她始终坚持认为，是“体味”的存在，才影响了自己的人际关系，接下来还将影响自己找工作。

案例中的欣欣似乎并没有患上任何疾病，但她饱受“体味”的折磨。事实上，她患上的是疑病症，说白了这病是她自己琢磨出来的，硬安在自己身上。

疑病症主要指患者担心或相信自己患有一种或多种严重躯体疾病，他们反复就医，尽管经反复医学检查显示阴性（无身体疾病）以及医生给予没有相应疾病的医学解释，也不能打消他们的顾虑，他们常出现焦虑或抑郁情绪。那些具有孤僻、固执、内向、过分关注自身、敏感、自我中心、自恋、兴趣狭窄、胆怯、脆弱、暗示性强的人格特征的人，更容易患上疑病症。

这种不是病的疑病症，常常会给人们带来痛苦。它虽然不是身体疾病，更不是不治之症，但一般的医药疗法和简单的说服很难奏效。若是发现有疑病倾向，则可以通过以下几个方面进行调节。

（1）适当倾诉，宣泄压力

学会利用周围资源，如同学、老师，把困惑或不愉快倾诉出来，倾诉者会减轻自己的一些压力和烦恼，同时，也有可能得到一些有用的建议。

（2）转移注意，培养爱好

不要将自己的生活重心放在“病症”上，热衷于一项或多项爱好、活动，参与到集体活动中去，将注意力从“病症”上转移开。

(3)积极暗示,增强自信

疑病症患者往往易接受暗示,所以,当“病症”出现时,不要去刻意赶走它,试着与自己进行积极的对话,如“我感觉今天精神很好,很健康”“我没有病,我是健康人”等,同时相信医院对自己身体的诊断结果,和“病症”和平共处,带着“病症”去学习和工作,相信自己可以和“病症”和谐共处。

(4)调整认知,正视现实问题

疑病症患者往往通过“病症”来逃避现实问题,所以,在进行调节时,更要将注意力放在自己当前的现实问题上,如人际关系、学习问题等,积极面对问题,学会解决问题。

作为疑病症患者的家属或朋友,要给予他们心理上的支持,耐心倾听他们的倾诉,尝试转移他们的注意力,引导他们做一些有趣的事情。

第二节　精神疾病不是“癌症晚期”

案例导入

80岁的张婆婆有一个女儿叫安妮。安妮在1986年上高中时，因为感情问题而精神失常。安妮现已长大，可犯病的时候，就是完全陌生的一个人，吃喝拉撒睡，全都由张婆婆来照料。“当年她学习成绩很好，高考那年犯病，错过了考试。”张婆婆在接受记者采访时说，女儿一直心有不甘，一直说要圆大学梦。如今安妮已48岁，通过成人继续教育，她以高分考上了一所知名政法大学的法学专业，明年就将毕业。安妮同时还自学英语，目前已经考过了三级。

（资料来源：陈红，杨国杰，武鹏.48岁精神病患者 康复后读知名大学[EB/OL].[2017-02-06].http://ah.anhuinews.com/system/2016/05/08/007335969.shtml.）

“精神病”三个字在绝大多数人的字典里，几乎等于“癌症晚期”，无药可救。这是由于人们缺乏对精神病的了解所致。案例中的安妮，通过积极治疗，仍然可以回归社会，甚至圆了大学梦。其实，精神病经过正规治疗，是有机会得到康复，重新开始正常人的生活的。本节我们一起来了解关于精神病的一些基本知识。

一、什么是精神病性障碍

精神病，即精神病性障碍，是由于大脑机能活动发生紊乱，导致人的认知、情绪情感、行为等精神活动出现问题。它有以下表现：妄想、幻觉、错觉或哭笑无常、自言自语、行为怪异等。绝大多数患者缺乏自知力，不承认自己有病，不主动寻求医生的帮助。

我国著名心理学家郭念锋教授根据人类心理反应活动的一致性、协调性和现实性，提出了区分精神病与非精神病的三原则。

1.主观世界与客观世界的统一性原则

心理是客观现实的反映，任何正常的心理活动或行为，必须在形式和内容上与客观环境保持一致。临床心理将有无幻听、幻视、妄想和自知力作为判断精神正常与否的依据。

在任何社会历史条件和文化背景中，如果一个人说他看到或听到了什么，而客观世界中当时并不存在，他便产生了幻觉；而一个人的思维脱离现实，或思维逻辑背离客观事物的规定性，我们便说，他产生了妄想。“无自知力”或“自知力不完整”是病人对自身状态的错误反映。上述标准主要用于鉴别精神分裂症的幻觉、妄想等症状。

2.心理活动的内在协调性原则

人的认知、情绪情感、意志、行为等心理过程之间有着协调一致的关系。比如，一个人遇到一件令人愉快的事，有着愉快的内心体验，高兴地向别人讲述自己的事，他的认知、感觉和行为是一致的，我们就认为他是正常的。如果他用痛苦、悲伤的语调去向别人讲述这件高兴的事，或者对快乐的事反应痛苦，这时他的认知、感觉和行为就不协调一致，就是一种异常的心理状态。

3.人格的相对稳定性原则

每个人在漫长的经历中都会形成自己独特的人格特征，并且具有相对的稳定性。在没有重大外界事件影响的情况下，一个人人格的相对稳定性出现问题，如一个热情开朗的人，突然毫无缘由地变得非常冷漠，这时，他的精神活动可能已经偏离了正常轨道。

二、精神病性障碍的种类

精神病的种类很多，最为常见的有精神分裂症、情感性精神障碍、反应性精神障碍等。

1.精神分裂症

一个大学男生走在校园里，他戴着一顶铺着铝箔的帽子，他说这样外星人就无法探知他的内心活动了；一个正在参加军训的女生站在操场上，看到周围穿迷彩服的同学都拿枪对着她，说天上正飞来神仙拯救自己；28 岁的女博士在 8 年前曾拒绝过一位男同学，时隔 8 年这位女博士坚信这位男同学一直对她怀恨在心，并偷偷在学校的水管里放了微型探测仪，而这种微型探测仪不知道什么时候被她不小心喝了进去，停留在她体内，而这位男同学就可以通过微型探测仪探测她的内心……这些人可能就是患上了精神分裂症。

精神分裂症是一种严重的精神疾病，常常发生在青壮年人群中。患上此病的人在思维、情感、行为等多方面存在障碍，精神活动与环境常不协调，精神活动本身也存在问题。

目前，对于精神分裂症的病因人们还没有统一的答案，但精神病患者的家属患该病的可能性要高于普通人。同时，学者对精神分裂症患者的过去经历和家庭环境进行调查，发现他们在童年时常有不良遭遇，缺少照顾，父母酗酒或离异，家庭成员之间的沟通也常常是不协调的，如父母在拥抱孩子时表现得冷淡、家庭成员相互批评指责等。当然，有这些经历并不意味着会患上精神分裂症。

2.情感性精神障碍

案例链接

18 岁那一年，我上大二。作为一个男人，我感到自己身上有不少令我羞于言表或者说与众不同的性格特征。比如说，多愁善感，喜欢一个人静静地坐在寝室里，想些稀奇古怪的问题。而另一方面，我又是学校卡拉OK厅的常客甚至主角，组织文艺节目，参加乐队的演出，等于说一个非常内向的自己同时又非常外向。当时我并不知道躁郁症这个可怕的病魔已经向我袭来——经常有好几个月甚至一个学期，情绪低落，甚至躲在角落里哭泣，而又有一段时间天天喜笑颜开，无论是熟悉的还是陌生的同学都和他们相处得很融洽，什么时候只要同学们聚会、搞活动，我都是中心人物，激情洋溢，幽默风趣，唱歌，弹吉他，写诗歌。有时候我甚至不分昼夜地写文章，并对好朋友们宣称：自己在20岁前要出一部挑战牛顿的物理学专著。女朋友说我疯了，在做千秋大梦。我非常不满，打她骂她，并打电话给父母一定要他们说明白我是不是神童云云。现在看来，那是我第一次躁狂发作，然后就没有任何征兆地转入抑郁状态，天天阴沉着脸，每天说话不超过10句，逃课，逃避女朋友，在操场转来转去，偶尔遇到同班同学问我在干什么，我非常慌张地说在找东西。一点都不错，我是在找东西，那是我的灵魂。

（资料来源：躁郁16年[EB/OL].[2017-02-06].http://news.hexun.com/2014－08－01/167168632.html）

案例中正是一位情感性精神障碍患者。情感性精神障碍又被称为心境障碍，是指以明显而持久的心境高涨或低落为主的精神障碍，并有相应的思维和行为改变，有的患者还会有一些精神病性症状。它主要包括抑郁症、躁狂症和双相障碍（又名躁抑症）等类型。

情感性精神障碍的第一个基本状态是抑郁。患者情绪持续低落，对什么都没有兴趣，做什么都高兴不起来，并且自我评价低，对一切感到绝望，并伴有胃口不佳或突然暴饮暴食、体重明显减轻或增加等，较严重者会出现自杀念头或行为。抑郁的症状一般是白天比较严重，晚上较轻。

情感性精神障碍的第二个基本状态是躁狂。躁狂时会表现为一段时间内心境异常高涨，自我评价过于夸大，对每件事、每次活动都感到极为快乐。他们在集体活动中可能突然变得非常活跃，睡眠变少，有时候只睡3个小时便感觉足够了，会做出很夸大的行为和计划，如患者认为自己在没有经验的情况下可以开飞机，可以凭自己的双腿和汽车赛跑。有时候他们说话语速会变得非常快，但语无伦次，前一句话还没有说完，就开始说下一句，句子表达不完整。躁狂者即使在情绪高峰时也容易落泪，会面对微小的挫折大哭起来。

当抑郁与躁狂同时出现在同一个人身上，并不断交替出现时，我们将其称为双相障碍。案例中的患者便是双相障碍，时而一个人呆坐，时而激情洋溢，时而又阴沉着脸，每天说话不超过10句。双相障碍患者的极端情绪和反常行为常常给自己的学习和生活带来麻烦，同学和老师如果不知情，往往会被他们的行为激怒，因此很难维持好人际关系。

关于情感性精神障碍的病因，研究显示，可能与脑部某些化学物质异常有关，较严重者在临床治疗时需使用抗精神病药物或者进行物理治疗。在接受精神科医生治疗的基础上，患者情况稳定后加以心理上的支持，让患者适应当前生活，认识和接纳自己的状态和疾病，重塑信心，才能获得良好的效果。目前，临床上对情感性精神障碍进行心理治疗的方法有精神分析疗法、认知行为疗法等，其中，人际心理治疗(IPT)已经被证明是治疗重症抑郁的一种有效方法。

3.反应性精神障碍

“天有不测风云，人有旦夕祸福”，人的一生，少不了要经历三灾六难。有时候，这些灾难是来源于大自然的，如地震、雪灾、龙卷风、洪水；有时会是人为的灾难，如遭受到强暴、侵害、威胁等。在这些灾难来临时，或许我们失去的是对自己重要的人，或许是我们的精神世界受到冲击，我们因此而痛苦，甚至难以接受现实。这时，可能就会出现反应性精神障碍。

案例链接

小周是一名大二的男生，20岁。在3个月前，与表姐在外出的途中，目睹表姐遭遇车祸的全过程。此后他便出现恐惧心慌，有时会全身痉挛，口中胡言乱语，口喊“不要害我”“不要带我走”等。经检查，小周身体上没有问题。在进行精神检查时，他意识不清，认为有人(指已故的人)找他，要迫害他；还说食堂的饭菜有很难闻的气味，并且没有自知力，不承认自己出现了问题。

反应性精神障碍是由外部事件诱发的一种精神病，并且发病是由该事件引起的。案例中的小周正是由于目睹了车祸这一具体外部事件引起了反应性精神障碍。反应性精神障碍有三种主要类型：急性应激障碍、创伤后应激障碍和适应障碍。

(1)急性应激障碍

急性应激障碍是在接触极为严重的创伤性事件一个月之内发生的心理障碍。严重时可表现为呆若木鸡、无任何反应。这种木僵状态一般持续几分钟至几个小时。如果刺激患者的事件消除，症状往往历时短暂，通常在一个月以内缓解。

(2)创伤后应激障碍

创伤后应激障碍是发生在创伤性事件之后的一种严重而持久的情绪障碍，患者可能表现出睡眠障碍、抑郁、感情冷漠或麻木、易受惊吓等症状。患者在经历了创伤性事件后，常常在梦中出现当时死里逃生的场景或失去的人，或者提到相关的人或事会引起强烈的情绪反应，重现当时的场景，这种现象被称为“闪回”。例如，一名患者驾车与父亲一起在拉煤的途中发生车祸，常会回忆和梦见父亲，回避有关的事物，难以平复心灵的创伤。

其实，我们常常也会有疑惑，为什么同样经历了灾难事件，有的人可以很正常地生活，有的人却一直沉浸在阴霾中？有些人经历了常人觉得很可怕的创伤性事件，结果却心理健康，而另一些人只是经历了非常轻微的压力事件，结果却患上了创伤后应激障碍？相关研究表明，一个人是否会发展成为创伤后应激障碍，受创伤事件的特点、个人对创伤的预期、个人易感素质、是否有社会支持等因素制约。其中，个人易感素质包括家庭不稳定、容易焦虑、思维和认识狭隘等。

在心理咨询中，治疗创伤后应激障碍的目标主要是帮助患者提高应对危机事件的能力，发现自己身边已有的应对资源和社会支持，恢复生理和心理健康。在早期干预中，重点在于鼓励患者表达痛苦经历，表达压抑在内心的情绪，处理患者的内疚感和对生死的态度。后期干预主要采用的方法有精神动力学治疗和认知行为治疗。

(3)适应障碍

适应障碍是一种在明显的生活改变之后出现的以烦恼、抑郁等为主的情绪障碍。一般来讲，急性应激障碍、创伤后应激障碍更多是由交通事故、自然灾难等重大应激事件导致的，而适应障碍多由一般的生活事件引起，如失恋、亲人病重、考入大学进入新的学习和人际环境等。相比急性应激障碍和创伤后应激障碍，是否容易患适应障碍与个体的个性和人格特点更加相关。

总的来讲，适应障碍的发病时间不是很长。一旦患者能正确对待精神因素或精神因素消除后，症状即可消失，恢复比较完全，很少遗留后遗症。

三、正确认识精神疾病

1.正视精神问题，积极寻求帮助

虽然一个人患上精神疾病对全家人的生活都会带来极大的影响，但并不是终生不能缓解的，精神疾病也不会伴随所有患者的一生。有时候，症状发作一次后会消失，有时会在经过很长一段时间后再次发作，但在间歇期，患者是可以正常生活的。在大学校园里，有时学生被发现可能患上精神疾病，患者本人和家属都不配合医院和学校进行检查和治疗，这其实对病情是不利的。要知道，早期发现和早期治疗对精神疾病非常重要，从发病到接受治疗的时间越长，治疗起作用的时间也越长，预后也越差。有相当数量的同学在患上精神疾病后及时接受药物和心理治疗，重新返回校园，像正常的同学一样运动、学习、和家长朋友相处、获得学位、找到工作。就像感冒一样，我们不知道自己为什么会感冒，也不知道自己下一次感冒是什么时候，但感冒症状消失了，我们会认为个体是健康的。同样的道理，当精神疾病的症状消失后，我们也认为个体是健康的。

2.遵循科学规律，积极配合治疗

心理障碍的治疗方法一般分为心理咨询、药物治疗和物理治疗。若被医院的精神科医生或心理科医生诊断为心理障碍或精神疾病，被告知有必要服用药物或使用物理治疗时，我们要相信科学，遵循医嘱。有的患者和家属无视心理疾病的本质，只愿意接受心理咨询，不愿意使用药物，这并不利于病情。同时，精神疾病全程治疗一般分为急性治疗、巩固治疗和维持治疗三期，短则1～2年，长则数年。所以，在治疗的过程中，不要随意中断，病情的反复不利于康复。

拓展阅读

人格障碍

人格是在长期的社会进化过程中逐步形成，通过人际活动表现出来的相对稳定的行为方式。正常成人的人格是整体一致的，虽然会在一生中发生变化，但总体上讲是稳定的。但有一部分人，他们在其人格构成和机能上与绝大部分人相异，导致他们在人际交往的过程中存在困难，影响了生活、工作和学习，造成对社会的不适应，并为之感到痛苦。这部分人我们认为他们人格异常，有人格障碍。人格障碍也属于异常心理的一个大的种类，一般分为A、B、C三大组，十种类型。

1.A组人格障碍

这组人格障碍包括偏执型人格障碍、分裂样人格障碍、分裂型人格障碍。这三种类型存在一些共同的特点：他们在情感上表现得很淡漠，思维和言谈方式都较为古怪，对别人毫无根据地怀疑，很难建立与他人的人际关系，对社会不适应。

2.B组人格障碍

这组人格障碍包括社会型人格障碍、边缘型人格障碍、表演型人格障碍、自恋型人格障碍。它们的共同特征是：很难遵从社会规范，非常以自我为中心，行为往往很怪僻，并戏剧化、情绪化。

3.C组人格障碍

这组人格障碍包括回避型人格障碍、依赖型人格障碍和强迫型人格障碍。它们的共同特征是：有慢性焦虑或恐惧情绪，长期自我怀疑，以及一些适应不良的行为。

第三节　心理咨询，让成长不烦恼

案例导入

小孙从小到大成绩一直是班里的佼佼者。父母都是农民出身，没上过大学，因此在过去的17年里，让小孙考大学、考上名牌大学一直是全家人的梦想。为了这个梦想，小孙非常努力，很少看与学习无关的书籍，很少和同学们一起玩，把一切心思都用在学习上，终于实现了全家人的梦想，考进了全国知名的重点大学。

在人才济济的学校，小孙的成绩已经处于班级中后的位置，全然没有了过去的优势，老师对待她也没有对待优等生的照顾。失去优势的她，发现自己除了学习，什么也不会。看到同学们一个个能说会道、身怀特长，小孙内心非常沮丧，对自己失去了信心。最近，她常常感觉自己上课什么也听不进去，对周围的一切失去了兴趣。刚进入大学，感到前所未有的迷茫，不知未来将何去何从。

在大学里，有不少同学存在着像小孙一样的困境。或许家长和朋友的建议不够充分，又或许你找不到一个合适的可以倾诉的对象。在这种情况下，大学的心理咨询为你提供了一个有用的选择。或许，你对心理咨询还存在各种疑惑。本小节，我们将带着你走进心理咨询的世界，一起认识心理咨询、了解心理咨询。

一、什么是心理咨询

作为一门学科，咨询心理学是19世纪40年代逐渐发展起来的，它涉及职业指导、教育咨询、心理健康咨询、婚姻家庭咨询等诸多领域。

作为一种技术，心理咨询是一个专业化的助人自助的过程，它是指接受过专门训练的咨询师运用心理学的有关理论与方法，通过特殊的人际关系，帮助人们提升和改善心理机能的过程。通过这一过程，与人们一同面对和解决心理问题，提高人的适应能力，挖掘人的内在潜能，促进人的心理发展和健全人格的形成。

心理咨询不同于“谈心谈话”，“谈心谈话”更多带有思想教育的色彩，而心理咨询工作的核心在于“助人自助”，帮助人们实现自我成长，心理问题不能与思想问题混为一谈。同时，心理咨询帮助人们解决的问题是心理问题，或者是由心理问题引发的行为问题，咨询师不帮助人们解决任何生活中的具体问题。

二、心理咨询的对象

很多人认为，心理有病的人才需要做心理咨询，做心理咨询的人都是精神病人，寻求心理咨询很丢人。这种观点是错误的，是由于对心理咨询不了解而产生的误解。心理咨询最主要的工作对象是健康人群，或者是存在心理问题的亚健康人群，具体可分为三大类。

一是精神正常但遇到了与心理有关的现实问题并需要请求帮助的人群。在生活中，人们都会遇到这样或者那样的问题，如人际关系、学习、恋爱、自我发展、择业等问题，期待做出理想的选择，并尽可能地发挥自身能力，寻求良好的生活质量，实现人生价值。这时就可以寻求心理咨询的帮助。

二是精神正常但心理健康出现问题并需要请求帮助的人群。人人都可能出现心理方面的问题，当面临情绪低落、焦虑、压抑、失眠等问题时，有的人可以通过自身进行调节。当我们不能进行较好的自我调节时，也可以寻求心理咨询的帮助。

三是特殊对象，即临床治愈的曾犯有精神疾病的人。精神病人经过临床治疗已经恢复正常，但社会功能未必完全恢复，这就需要心理咨询的介入。如被诊断为抑郁症的学生，通过住院治疗回到学校以后，可以通过心理咨询进行进一步的调节。

拓展阅读

心理师的保密原则

在《中国心理学会临床与咨询心理学工作伦理守则》(第二版)中规定：心理师有责任保护寻求专业服务者的隐私权，同时明确认识到隐私权在内容和范围上受到国家法律和专业伦理规范的保护和约束。

在专业服务开始时，心理师有责任向寻求专业服务者说明工作的保密原则及其应用的限度、保密例外情况并签署知情同意书。心理师应清楚地了解保密原则的应用有其限度，下列情况为保密原则的例外：(1)心理师发现寻求专业服务者有伤害自身或他人的严重危险；(2)不具备完全民事行为能力的未成年人等受到性侵犯或虐待；(3)法律规定需要披露的其他情况。遇到(1)和(2)的情况，心理师有责任向寻求专业服务者的合法监护人、可确认的潜在受害者或相关部门预警；遇到(3)的情况，心理师有义务遵守法律法规，并按照最低限度原则披露有关信息，但须要求法庭及相关人员出示合法的正式文书，并要求他们注意专业服务相关信息的披露范围。

心理师因专业工作需要在案例讨论或教学、科研、写作中采用心理咨询或治疗案例，应隐去可能辨认出寻求专业服务者的相关信息。心理师在教学培训、科普宣传中，应避免使用完整案例，如果有可辨识身份的个人信息(如姓名、家庭背景、特殊成长或创伤经历、体貌特征等)，须采取必要措施保护当事人隐私。

三、大学生心理咨询的意义

心理咨询主要可以帮助心理正常的人群化解生活中的各类心理问题，改善不良行为，协调人际关系，更可深化自我认知，强化适应能力，提高心理素质，使人健康愉快地生活。

1.全面认识自我,正确理解他人

心理咨询的一个重要作用是协助人们全面认识自我并评价自我,从而能够更好地适应社会和生活。当人们能够较为全面地认识自我,认识自己的需要、价值观、态度、动机等时,就可以更加合理地安排自己的生活,使自己能够尽快获得人格上的成长并增进个人幸福感。

心理咨询不仅能让人们更全面地认识自我,也能促使人们加强自我反省,找出真实的自我或解除对真实自我的困惑,使他们对自己的理解得以深入,不再局限于从同一角度或在同一水平上重复思考问题,而能逐渐深入地理解自己的情感和社会环境及相关观念的联系。同时,这种理解往往伴随着自由的情感活动和行为反应,而不是老一套的情感体验和固定的行为模式。心理咨询能帮助个体更好地理解他人,站在他人的角度思考问题,体验他人的内心,重新看待自己与他人的关系,恢复心理平衡。

2.纠正不合理的信念,构建合理的行为模式

人们一般以为事件的发生会导致负面情绪的出现,但事实并不是如此,而是自己对这件事的看法引起负面情绪。不同的信念导致不同的结果,消极的、负面的、不合理的信念往往导致负面的情绪结果,积极的、正面的、合理的信念带来正面的情绪力量。心理咨询可以帮助来访者纠正不合理的信念和错误的思维,帮助他们重新看待所经历的事件和各种挫折,学会用新的思维和信念解决当前的心理问题。

心理困扰能否最终得到解决,关键看人们能不能将思想转化为实际行动。心理咨询可以帮助人们改变先前不合理的行为模式,建立一种新的、合理的行为模式。这种改变是在咨询师的启发、鼓励和支持下发生的,按照这种新的行为模式,来访者的心理问题能够得以改善,从而摆脱心理苦恼。

3.提高决策能力,增强心灵智慧

人的心理问题有各种类型和性质,其中许多并非心理疾病,它们是在纷繁复杂的社会生活中引发的。当一个人处于生活旋涡之中时,往往由于认知偏差或强烈的内心冲突而无法辨明问题或做出决定,正所谓"当局者迷,旁观者清"。作为旁观者,咨询师的头脑相对冷静,思路较为开阔,能在咨询过程中通过纠正人们的认知偏差或减轻来访者的内心冲突,帮助人们打开思路,提高人们的决策水平,使其在做出重大选择时更加从容和坚定。

心理咨询有两个基本目标:一是帮助人们有效处理现实生活中遇到的问题;二是提高人们以后处理问题和自我发展的能力。在具体的心理咨询活动中,在心理咨询师的协助下,将不愉快的经历当作自我成长的良机,积极地看待个人所经受的挫折与磨难,从危机中看到生机,从困难中看到希望,从挫折中认真反省,总结经验教训,增强生活和心灵智慧,以便能够更好地应付日后可能出现的各种不快经历。

四、心理咨询的准备与配合

良好的咨询效果，不仅仅与咨询师的水平有关，更与人们对心理咨询的认识、咨询前的准备及自我改变的意愿有关。在心理咨询的各个阶段，都需要与咨询师密切配合，做好充分的心理准备，才能最大限度地发挥心理咨询的作用。

1.咨询前的准备

(1)主动咨询的意愿

强烈的咨询意愿和成长动力是心理咨询成功的重要因素。就像我们没有办法叫醒一个装睡的人一样，如果没有主动沟通的愿望，而仅仅是在家长或老师的压力下前来咨询，对心理咨询充满阻抗，对咨询师不愿谈及真实的自我，咨询效果肯定会受到影响。通常，人们的求助动机越强，与咨询师的配合越好，咨询的效果就会更快、更明显。

(2)减少不必要的担心

心理咨询师有基本的职业道德和伦理守则，尤其是会对咨询者的信息进行保密，同时遵循价值中立原则，即对所有前来咨询的人都一视同仁，不管对方有什么爱好、难以启齿的隐私，咨询师都会保持中立、不批判的态度。在咨询过程中，如果隐去了某些关键性的问题，就不利于咨询师发现问题，做出判断。此外，有的人担心自己的行为是“非主流”的，如对自己的性别不认同，担心咨询师嘲笑，又想解决自己的痛苦，交流过程中表现得犹犹豫豫。这种担心是不必要的。在咨询过程中不妨打开心扉，尝试与咨询师进行深入交流。我们要知道，心理咨询不是做思想工作，不是与上级领导谈话，咨询师的关注点不是价值判断，而是帮助人们解决心理上的困惑。

(3)选择合适的咨询师

在进行第一次咨询前，尽量了解一些关于咨询师的情况，如他们的职业背景、职业经历、擅长领域等，找受过专业培训、具有从业资格的咨询师进行咨询。同时还要考虑自己的需求，如咨询性心理方面的问题，可以选择合适性别的咨询师，咨询时会让我们更放松。如果与咨询师接触后，感觉不适，可以提出终止咨询或请求转介其他咨询师。

(4)了解咨询的时间规定

咨询的时间是有限的，通常一次咨询的时间约 50 分钟；根据人们表现出来的心理问题程度，咨询师所使用的方法也不尽相同；咨询次数也不固定，有的 1～2 次就会达到咨询的目标，有的则需要较长的时间，几周，几个月，甚至持续数年。心理咨询一般需要提前预约，应按照约定的时间准时去咨询，如遇特殊情况，需要提前联系，更改咨询时间。

2.咨询过程中的配合

(1)要有自助意识

把心理咨询师当作“救世主”，走进咨询室，以为咨询师可以帮助自己解决心理问题，从此再无烦恼，这样的认识不仅不正确，而且会让我们对心理咨询本身丧失信心。

心理咨询不是一般的帮助人的行为，而是“助人自助”的过程，咨询师只能起到分析、引导、启发、支持、促进人们改变和人格成长的作用，不能替人产生改变或做出决定。心理咨询更需要我们积极主动配合，主动参与到咨询方案的制订中来，认真完成咨询作业，并要有改变自己、战胜自己的毅力与恒心，最终才能走出心理困境。

(2)要有耐心

心理问题的形成不是一天两天，原因也有很多，因此，问题的根本解决也需要一定的时间，心理咨询的过程也是循序渐进的。心理咨询一般要经过了解人们的问题、诊断、设立咨询目标、选择咨询方法、制订咨询方案、实施和反馈等过程与阶段，欲速则不达。有时在咨询的过程中，心理问题还会出现反复。遇到这种情况我们不要放弃，更不要失去信心，主动与咨询师进行沟通，重新制订咨询方案。

(3)认真完成作业

在咨询过程中，一个重要的环节就是与咨询师共同制订咨询目标和计划，我们要在咨询的不同阶段，认真完成各种实践作业，执行咨询计划，做好反馈，这样才能收到理想的咨询效果。

拓展阅读

一、有以下情况，你应当想到心理咨询

1.当在择业过程中需要准确判断自己的适应性时。

2.当某些事引起了你强烈的心理冲突，自己难以解决时。

3.当你心情烦闷，难以自拔时，一般这类常见的情况有过度抑郁或长期抑郁、神经衰弱、对某些事过度紧张焦虑等。

4.当你在人际关系中出现了问题，常与他人发生冲突时。

5.当你总觉得睡眠不好，如失眠、做噩梦或者梦游时。

6.当你恋爱中出现难以解决的问题时。

7.当你有明显不平常的感觉和行为时，例如，总感觉有人在说自己的坏话，总听到一个声音指挥、控制你等。

8.当你常会害怕一些并不可怕的事物，如害怕花、害怕水、害怕笔、害怕看人等；再如，脑子里总不停地想一些无意义的小问题，或者不停地洗手等。

9.当你有一些古怪的性问题时，或对月经、遗精等问题有困惑时。

10.当你希望进一步改善自己的性格时。

二、当你发现你周围的同学或朋友、家人出现下列情况时，也要提醒他们去做心理咨询

1.生活中遇有重大选择犹豫不定时。

2.学习压力大，无力承受但又不能自行调节时。

3.初涉世事，对新环境适应困难时。

4.经受挫折之后,精神一蹶不振时。

5.过分自卑,经常感到心情压抑者。

6.在社会交往方面,自感有障碍(如怯懦、自我封闭)的人。

7.经历了失恋、失去亲人等情况之后,心灵创伤无法自愈者。

8.时常厌食或暴食者,或感觉有睡眠障碍者。

9.性格变化很大,或出现奇怪的行为者,如暑天一个月不洗澡、无缘无故长时间不去上课等。

10.患有某种身体疾病,对此产生心理压力者。

当然,世上没有包治百病的良药,同样,心理咨询也不是“救世主”,而是通过“助人自助”,让人们增强自己的判断力和处事能力,达到自我完善。咨询作用的大小不仅取决于咨询师的学识和努力,同时也取决于人们的意愿。要想取得较好的心理咨询效果,找一个可靠的心理咨询师固然重要,但是我们有解决问题的决心和信心更重要!

心理活动方案

活动主题:让一切充满希望

活动目的:更加深入地了解抑郁症,并找到应对方法。

活动准备:视频、白纸、笔。

活动方法:

(1)观看 CCTV“关注抑郁症”公益广告《小 D 篇》,影片以代表抑郁症的卡通形象小 D 的自白为主线,阐述了一个男主人公,遇到小 D 之后生活的改变和摆脱小 D 的心路历程。影片呼吁抑郁症患者对生活充满信心,不回避心理健康问题;提醒人们对抑郁症患者不歧视、不误解,了解抑郁症的知识,用爱和陪伴来帮助他们。

(2)分小组讨论问题:抑郁症的特征有哪些?有哪些方法可以预防抑郁?如果出现抑郁,应该怎么做?发现他人有抑郁倾向,我们应该怎么做?

心理百草园

1.图书:[美]史蒂夫·C.海耶斯,斯宾斯·史密斯.《学会接受你自己:全新的接受与实现疗法》

接受与实现疗法(ACT)是一种全新的、有科学基础的心理疗法,本书从全新的视角来审视为什么我们会感觉到痛苦,什么是心理健康。要是痛苦本来就是人生不可避免的一部分,而逃避或是忍受痛苦会使你备受折磨,甚至还会毁了你的生活质量,你该怎么办?在书中,你会学会:了解为何人类语言会带来痛苦,逃离回避的陷阱;培养积极的心态来接受痛苦;使用正念,活在当下;找到人生的真正意义,过上有活力的、有意义的人生。

2.图书:[美]林恩·亨德森.《害羞与社交焦虑症:CBT治疗与社交技能训练》

在本书中,作者对害羞、社交焦虑所做的突破性研究体现在:一是创造性地提出了社会适应模型,可以帮助为社交障碍所苦的读者发展出良好的习惯和适应行为;二是提出了极其具体和实用的十二步认知行为疗法,一步步地带领读者穿越害羞和焦虑的荆棘;三是针对患有社交障碍的青少年和成人,专门提供了为期十三周的社交技能训练。此外,本书中还包括大量社交问卷和自测量表,可以帮助读者更详细地了解自己的社交行为,从而对症下药,重塑自信。

3.图书:[英]理查德·怀斯曼.《正能量》

到底什么是正能量?科学的解释是:真空能量为零,能量大于真空的物质为正,能量低于真空的物质为负。而在此书中,正能量指的是一切予人向上和希望、促使人不断追求、让生活变得圆满幸福的动力和感情。心理学大师理查德·怀斯曼向我们阐释了伟大的"表现"原理,破除了我们过去秉持的"性格决定命运""情绪决定行为"等认知。运用"表现"原理激发出的正能量,可以使我们产生一个新的自我,让我们变得更加自信、充满活力,也更有安全感。

心理测试

抑郁自评量表

指导语:请仔细阅读每一条,根据你最近一个星期的实际感觉,选择适合的答案。

	实际感觉	A.偶有	B.少有	C.常有	D.持续
	1.我感到情绪沮丧	1	2	3	4
*	2.我感到早晨心情最好	4	3	2	1
*	3.我要哭或想哭	4	3	2	1
	4.我夜间睡眠不好	1	2	3	4
*	5.我吃饭像平时一样	4	3	2	1
*	6.我的性功能正常	4	3	2	1
	7.我感到体重减轻	1	2	3	4
	8.我为便秘感到烦恼	1	2	3	4
	9.我的心跳比平时快	1	2	3	4

续表

	实际感觉	A.偶有	B.少有	C.常有	D.持续
	10.我无故感到疲劳	1	2	3	4
*	11.我的头脑像往常一样清楚	4	3	2	1
*	12.我做事情像平时一样不感到困难	4	3	2	1
	13.我坐卧不安,难以保持平衡	1	2	3	4
*	14.我对未来感到有希望	4	3	2	1
	15.我比平时更容易激怒	1	2	3	4
*	16.我觉得决定什么事很容易	4	3	2	1
*	17.我感到自己是有用的和不可缺少的人	4	3	2	1
*	18.我的生活很有意义	4	3	2	1
	19.假若我死了,别人会过得更好	1	2	3	4
*	20.我仍旧喜爱自己平时喜爱的东西	4	3	2	1

[注]:前面有“*”的为反向记分

计分方式:

正向计分题:1、4、7、8、9、10、13、15、19 题;A、B、C、D 按 1、2、3、4 分计。反向计分题:2、3、5、6、11、12、14、16、17、18、20;A、B、C、D 按 4、3、2、1 分计。总分乘以 1.25 取整数,即得标准分。

结果解释:

按照中国常模结果,SD 标准分的分界值为 53 分,其中 53～62 分为轻度抑郁,63～72分为中度抑郁,72 分以上为重度抑郁,低于 53 分属正常群体。结果仅为参考,若需进一步确诊请咨询专业人员。

第十一章

拨开职场迷雾

——大学生就业与创业心理调适

每到毕业时节，迎接毕业生的不仅有鲜花和离别，还有就业和择业的难题。提到就业，有的同学在大四期间就得到优秀单位的接纳函，可总有同学投出去的几十甚至上百份简历都石沉大海，临近毕业依旧毫无着落，可谓几家欢喜几家愁。对于找工作这件事，每个人的看法不尽相同。有人消极待命，人云亦云，随波逐流地参加校园招聘和公务员考试，最终一无所获；有人独辟蹊径，通过网络面试就轻松取得优质岗位。那么，这些同学失败与成功的原因是什么呢？我们如何在走上工作岗位之前做好必要的心理准备呢？相信本章可以给大家一个明确的解答。

第一节　大学生就业前的心理准备

案例导入

小江是某大学2006届法学专业的知名毕业生。她有着贫困且不完整的家庭，但她凭着自己不足1.6米的个头，在靠助学贷款和打工完成学业的同时还供着妹妹和弟弟上高中。她学习刻苦努力，以优异的成绩获得国家奖学金。为了提高工作能力，她还坚持在学校的招生就业处做招生志愿者，并从事勤工俭学工作。她在校社联和班委的工作中兢兢业业，从不计较个人得失，在实践中积累了大量的社会经验。

毕业时，她知道自己有很多不足的地方：个子矮小、本科毕业……但是，从小的梦想和大学四年的经历让她下定决心要到大城市去闯闯。起初，很多单位连机会都不给这个身高不足1.6米的小女生，但她并没有放弃，凭着自己的执着，充满自信地将自己大学几年来的经历向用人单位做了一一介绍，并拿出了学校和许多实习单位的意见，最后她被上海市的一家知名的律师事务所雇佣为实习律师。

面对困境时的心态是决定我们成功或失败的关键。小江自身条件虽然不出众，但是她没有失去信心，她以坚强和努力顺利毕业，找到了理想的工作。因此，在困难、挫折面前，自信豁达，积极应对，才是明智的做法。

一、认识自我

很多时候，我们会认为是外在的人或者事阻碍了我们前行的脚步，影响了我们实现理想的进程和生活幸福感。事实上，真正影响我们的是我们自己。这不仅取决于我们自身是否足够优秀，更重要的是我们对自我的认识和评价是否客观、全面，对自我是否接纳、喜欢，是否清楚自己内心想要的生活。而这些，是以健康、正确的自我认识为基础的。自我认识影响生活满意度和幸福感，积极的自我认识者生活满意度高于消极的自我认识者。积极的自我认识者往往对问题的看法比较乐观、自信，对生活充满信心，可以更好地调整自己的不良情绪，体验到更多的积极情感；而消极的自我认识者往往低估自己，责备自己，对自己没有信心而变得更加焦虑，降低了他们的主观幸福感。自我否定的认识还会导致抑郁。心理学关于自我否定意识和抑郁的研究发现，生活中重要的丧失，如亲人的去世、重要的考试失败、失恋等，会导致个体产生否定的自我认识，进而产生抑郁情绪；个体如果无力从抑郁情绪中恢复，将进一步导致自我评价降低，自信心丧失，进而加强自我否定意识，形成恶性循环，引发更严重的抑郁。

正确认识自我是高校毕业生求职成功的第一步，只有端正心态，了解自己的长处与短处，才能掌握求职主动权。正确认识自我，包括正确认识自己的兴趣、能力、特长、性格等生理、心理因素，以及认清职业岗位与自己的关系。因为只有认清自己具备的优势、劣势和发展潜力，才不会造成“高不成，低不就”的现象。

在认识自我的过程中，首先要了解自己喜欢干什么、适合干什么、愿意干什么，这需要对个人的价值观、理想、兴趣、爱好、特长、气质、性格等进行准确的分析和定位。不同的职业有不同的岗位要求，不同的岗位要求又对应着职员的不同素质要求，因而只有对自身的价值观、综合能力、个性特征有一个客观的评价，才能发现最适合自己的职业方向和工作领域。另外，毕业生还要根据自己在校期间的专业成绩、活动表现，客观分析自己的职业能力。

1.我的兴趣是什么

兴趣是最好的老师。浓厚的兴趣有助于提高个体的工作积极性，充分发挥个体的工作才能。研究表明，一个人所从事的工作与其职业兴趣相吻合，能发挥其全部才能的80%，并能长时间地保持高效率的工作而不疲劳；相反，则只能发挥其全部才能的20%，还容易感到厌倦和疲劳。另外，由兴趣而生的工作成绩往往是最令人感到满意的。兴趣能让人产生无穷的动力，让人愿意、喜欢去钻研本职工作，能够全身心地投入其中并因此获得成就感。根据兴趣寻找工作岗位，既能发挥自身所长，又能获得身心愉悦，还能提高工作效率。相反，如果所做非所愿，那么我们则会产生厌倦和懈怠的心理，久而久之，会造成工作激情不足、工作表现不突出甚至落后的现象。

2.我的性格是什么

在现实生活中，每个人的性格特征是不一样的，有的人活泼开朗，思维敏捷；有的人性格内向，不善言谈；有的人能歌善舞，艺术才能出众……大学生在毕业求职时，必须考虑自己的个性特征和职业能力，发挥自己的优势。美国心理学家和职业指导专家霍兰德经过十几年的跨国研究，提出了职业兴趣理论。他认为，人的性格大致可以划分为六种类型，这六种类型分别与六类职业相对应，如果一个人具有某一种性格类型，便易于对这一类职业产生兴趣，从而也适合于从事这类职业。

(1)现实型

现实型的人喜欢有规则的具体劳动和需要基本技能的工作。这类职业一般是指熟练的手工业和技术工作，通常要运用手工工具或机器进行劳动。这类人往往缺乏社交能力。现实型的人适合做工匠、农民、技师、工程师、机械师、鱼类和野生动物专家、车工、钳工、电工、报务员、火车司机、机械制图员、电器师、机器修理工、长途公共汽车司机等。

(2)研究型

研究型的人喜欢智力的、抽象的、分析的、推理的、独立的任务。这类职业主要指科学研究和实验方面的工作。这类人往往缺乏领导能力。研究型的人适合做气象学者、生物学者、天文学者、药剂师、动物学者、化学家、地质学者、植物学者、物理学者、数学家、实验员、科研人员、科技工作者等。

(3)艺术型

艺术型的人喜欢通过艺术作品来达到自我表现,爱想象,感情丰富,不顺从,有创造性,能反省。艺术型的人缺乏办事员的能力,适于做室内装饰专家、摄影家、作家、音乐教师、演员、记者、作曲家、诗人、编剧、雕刻家、漫画家等。

(4)社会型

社会型的人喜欢社会交往,常出席社交场所,关心社会问题,愿为别人服务,对教育活动感兴趣。这类人往往缺乏机械能力。社会型的人适合做导游、福利机构工作者、社会学者、咨询人员、社会工作者、学校教师、精神卫生工作者、公共保健护士等。

(5)企业型

企业型的人性格外倾,爱冒险,喜欢担任领导角色,具有支配、劝说和言语技能。这类人往往缺乏科学研究能力。企业型的人适于做推销员、商品批发员、进货员、旅馆经理、广告宣传员、律师、政治家、零售商等。

(6)传统型

传统型的人喜欢系统的、有条理的工作任务,具有实际、自控、友善、保守的特点。这类人往往缺乏艺术能力。传统型的人适于做记账员、银行出纳、成本估算员、核对员、打字员、办公室职员、统计员、计算机操作员、秘书、法庭速记员等。

3.我适合的工作是什么

职业能力是顺利实现就业的重要条件,包括一般就业能力和特殊就业能力两类。一般就业能力通常又称就业智力,包括专业知识、注意力、观察力、记忆力、思维力和想象力等。特殊就业能力也称就业特长,如专业运用能力、语言表达能力、动作协调能力、音乐能力、空间判断能力等。职业能力是影响人们就业活动的基本因素,是顺利就业的前提。有的毕业生存在过分的自卑心理,总认为自己技不如人,拿自己的短处与别人的长处去比,因而不敢主动地推销自己。其实,每个人都有自己的长处与短处,所谓“尺有所短,寸有所长”。成功人生的诀窍就是经营自己的长处。在人生之旅上,一个人如果站错了位置,用他的短处而不是长处来谋生的话,那后果肯定不会理想,他可能会在永久的卑微和失意中沉沦,故在选择职业时要注意发挥自己的一技之长。一个人的能力倾向,一般来说没有绝对的好坏之分,但每个人的职业倾向各有不同,只有遵循科学的方法选择最适合自己的工作类型和工作岗位,才能使自己顺利完成工作任务,获得成就感。

二、准确定位

高校毕业生顺利就业的重点在于个人的才能和机遇等条件,除此之外,还取决于自己对就业期望是否有准确的设定。很多同学就业不理想的原因在于对自己的定位不准。有的同学能力平平,但是因羡慕他人的光彩职业而好高骛远,盲目追求,最后导致两手空空。由于社会各方面的压力,大学生在踏上找工作之途后,很容易陷入迷茫、焦灼的状态,特别是四处碰壁的时候。

有些大学生找工作会经历以下几个阶段：第一阶段，非常“高调”，估价过高；第二阶段，非常“低调”，碰壁之后就开始变得不自信，开始降低期望，或越来越觉得自己不值钱；第三阶段，开始“跑调”，在接连碰壁之后，有的大学生就乱了阵脚，失去方向。因此，大学毕业生要对自己有正确的认识，对自己的性格特征、兴趣特长、职业能力进行客观分析和综合考虑，并充分考虑社会需求和工作环境去设定合理的就业期望值，同时还应主动关注宏观的就业形势变化，根据大形势及时调整自己的就业期望，抛弃一些不切实际的幻想，积极争取就业机会，才能最终取得择业的成功。

案例链接

小刘是软件工程专业的本科生，当年考大学的时候冲着软件工程是热门就报了这个专业，但是四年下来，小刘发现自己并不喜欢这个专业，每次考试都是勉强通过。现在大四该找工作了，若放弃现在的专业，小刘心有不甘，毕竟已经学了四年；再说，若选择其他职业，小刘也不知道做什么好，而且担心自己是门外汉比不过其他科班出身的求职者。因此，小刘想先找一个工资较低的企业混着。但是，招聘会跑了不少，简历投出去很多，找来找去怎么也找不到适合自己的工作，眼看着周围的同学一个个都有了自己心仪的工作，小刘不禁忧心忡忡。

从小刘身上，我们可以直观地看出他对自身的职业能力并没有清楚的认识：在盲从中选择了不适合自己的专业，四年时间内都没有找到自己的兴趣点，找工作时抱着“混一下”的心理。缺乏准确的职业定位，盲目就业是发展受挫、人职不匹配的根本原因。

三、正视现实

要成功地进行职业选择，首先应保持清醒的头脑，对自身所处的就业环境有一个理性的认识，用灵活的态度勇敢地面对各种挑战。目前，我国大学生面临的就业形势十分严峻，大学毕业生数量庞大且逐年攀升，而对应的新增就业岗位却远远不足，全球性金融危机的消极影响尚有残余。

就业现实是客观且无法改变的，同学们只能正确对待，无论它对自己有利或不利，都应当以一种沉稳乐观的心态去应对，既不幻想，也不逃避。在日益严峻的现实面前，盲目逃避必然会被时代所淘汰；而面对困难，奋起直追，也许会有更光明的未来。另外，要坚信“天生我材必有用”，豁达自信地面对择业困难，战而胜之。自信是高校毕业生应当具备的重要心理素质。自信是对个人自我价值的积极表达，是对自身力量的正确认识和估计。于人而言，只要相信“我一定行”，相信自己的实力，就会满怀热情地向既定目标前进。作为求职者，同学们只有坚信自己有实力、能胜任某项工作，才能表现出坚定的态度和从容不迫的风度，才能赢得用人单位的赏识和信任。相反，如果缺乏自信，在面试时唯唯诺诺、语不成句，则很难赢得用人单位的橄榄枝。

增强自信心是每位求职者都必须修炼的功夫。自信心将会让求职者正确对待求职困难，以最旺盛、最活跃的精神状态和最沉稳的工作作风去克服难题，以足够的耐受力面对挫折，以足够的勇气迎接挑战，这也正是高校毕业生求职成功的重要心理要素。

第二节　大学生就业心理分析

案例导入

应届毕业生小王来自云南某综合类大学，直到当年3月他还未落实工作单位。学院的刘老师十分关心他的就业问题，去参加国家食品药品监督管理总局的供需见面协调会时，顺便将小王的应聘材料带去帮忙落实单位。刚好罗平有一家制药厂要他，专业对口，又是家乡，然而小王本人的择业意向却是：单位地点必须在昆明，至于到昆明的什么单位、具体做什么工作都无关紧要，除此以外，什么单位都不考虑。在这种心态下，结果自然难以如他所愿。

小王的思想在当前毕业生的择业过程中具有一定的代表性。不少毕业生过于向往经济发达地区，尤其是沿海地区的中心城市，最低的期望也是回自己家乡所在地的中心城市。他们只注重经济文化发达、工作环境优越的一面，而忽视了人才济济、相对过剩的一面，择业期望值居高不下，甚至还有逐年上升的趋势，从而导致主观愿望与现实需求之间的巨大落差。

毕业在即，高校毕业生面临严峻的就业形势，心理承受着前所未有的生存压力。工作地点、工作待遇、工作前景等因素是困扰毕业生择业就业的关键因素，有些人因择业屡屡受挫而寝食难安，有些人本来信心满满但结果却难以让自己满意。就业困难带来的挫折使得很多毕业生内心变得敏感起来，情绪波动也较大，因此，全面分析大学生的就业心理显得十分重要。

一、大学生常见的就业心理问题

1.就业的焦虑与恐惧

焦虑是由于个体的心理冲突或者挫折引起的一种复杂的情绪反应，主要表现为恐惧、不安、忧虑以及某些心理、生理反应。就业在即，由于担心求职受挫，大学毕业生有轻微的焦虑属正常现象。一定程度的焦虑可以对人产生激励作用，促进个人不断朝着自己的目标努力奋斗；反之，过度的焦虑影响人的正常作息和健康心态，甚至导致失眠和心理疾病。

对于高校毕业生而言，就业既是机遇又是挑战。经过多年的刻苦学习、韬光养晦，每位毕业生都抱着对未来生活的美好期待，希望能够如愿以偿，找到兴趣相投、专业对口的理想工作。但在优胜劣汰的残酷竞争和现实下，理想的职业并非触手可及，家人的期盼和催促、受挫的打击和不得不面对的社会现状，使高校毕业生产生了巨大的压力，进而导致他们产生就业的焦虑和恐惧心理。例如，担心自己从小树立的志向不能实现，不愿将就、不愿尝试不适合自己专业、兴趣的陌生领域，担心自己无法适应复杂的社会竞争和就业压力。一些同学可能因屡屡受挫而产生“就业恐惧症”,对前途感到迷茫,对未来失去信心;还有一些心理承受能力较差的同学甚至会产生生理性的疾病,如失眠、神经衰弱等。

2.就业的自卑心理

自卑感是一种不能自助的复杂情感,其根本原因是缺乏自信。其表现为妄自菲薄,自惭形秽,办事时无胆量、畏首畏尾,求职时谨小慎微、怯懦紧张,甚至随声附和,没有自己的主见,一遇到错误就认为是自己的问题。这些人往往性格内向、寡言少语、不善交际,缺乏交往的勇气和信心。面对眼下日益激烈的市场竞争,对自己没有准确的认识和定位,缺乏信心,就会导致自卑心理。

有的毕业生过分放大自己的缺陷和不足,如身材不佳、性格内向、表达能力差,不能充分认识自身的特长和优势。还有一些毕业生未能选择自己心仪的学校和专业,大学期间对所学专业有偏见,从而对社会和未来期望值不高,最后导致在职业定位时失之偏颇,缺乏自信,获得满意工作的概率降低,从而不敢尝试那些自己本可以胜任的工作。

案例链接

毕业生小秦学习成绩和其他方面条件都不错,在就业的初期满怀信心。但由于专业冷门等原因,找过几家单位都碰了壁,结果产生了自卑感,在后来的择业过程中表现越来越差,陷入恶性循环而不能自拔,以致到了新的用人单位那里,只能被动地问人家“学某某专业的要不要”,其他什么话都不敢讲,最终未能落实就业单位。

自卑心理导致了小秦的失败,在择业遭受挫折后一蹶不振,对自己评价过低,丧失了应有的自信心。择业时缺乏主动争取和利用机遇的心理准备,不敢主动、大胆地与用人单位交谈,也就不能很好地表现自己。越是躲躲闪闪、胆小、畏缩,就越不容易获得用人单位的好感。

另外,传统的重男轻女的观念所导致的“女性自卑”现象也不容忽视。部分用人单位在招聘时,习惯性地认为男性比女性强,这种现象使很多女性应聘者倍感压力和焦虑。

由于自卑者在求职过程中畏首畏尾,屡次受挫,导致他们不断降低自己的职业期望值。求职不顺利不仅阻碍了个人的发展,更严重的是给求职者的自信心带来了沉重的打击,甚至因一蹶不振、诸事不顺而抑郁。

3.就业的急躁心理

许多毕业生在求职过程中总是希望尽快找到适合自己、待遇较好的单位,迟迟求而不得则会出现急躁心理。急躁心理跟过度焦虑相比,情况较轻,但也是常见的心理偏差。产生急躁心理的原因主要有以下几点。

(1)缺乏对就业现状的了解

"知己知彼,百战不殆。"大学生面对如今紧张的就业形势,若只顾专业对口、就业待遇,急于找到工作以安定生活,则会因缺乏对就业现状的了解而受挫。自主就业作为一种就业政策虽然早已为毕业生所熟知,但当今社会毕业生的就业形势如何,就业难到底难在哪里,很多同学都不甚了解。在现状不明的情况下,内心毫无方向而盲目焦虑急躁。

(2)缺乏对自我的正确认识

一些毕业生对自己的能力估计过高,从而确定了不切实际的就业目标。个别毕业生盲目提出非一线发达大城市不去,待遇不好的单位不考虑,朴素职业不考虑。一旦理想与现实背道而驰,又不能做到及时调整就业期望,则盲目急躁。

4.就业的盲目冲动心理

有些大学生在就业时容易受社会、人文等多重因素的干扰,有的人面对社会和现实的残酷,求职时缺乏应有的沉着冷静,焦躁冲动,无计划性;有的学生面试时不善管理自己的行为,签约时不做详细考虑,签约后又反悔,陷入无谓的纠结中。制订明晰的职业规划是大学生就业的前提,职业规划能帮助自己充分定位,了解职业愿景,了解企业需求。若不清楚个人的职业愿景,或对企业的用人情况缺乏了解,将很难做出合理的职业选择,也就难以真正适应企业的需要。即使已经就业,也会形成很高的流动率,成为一种"隐性失业"。

5.就业的从众心理

从众心理指个人受到外界人群行为的影响,而在自己的知觉、判断、认识上表现出符合公众舆论或多数人的行为方式。有从众心理的学生容易接受他人暗示,主要表现为无主见、不能独立思考、虚荣心强,甚至改变原有的自我期望而采取不切实际的行为。毕业生处在复杂的就业洪流中,对就业的期望易在其他就业者期望水平的影响下波动。事业有成、有良好的经济基础、服务社会、完善自身、实现个人价值是大学毕业生的憧憬。但是有些毕业生在就业过程中,对自己没有正确的定位,没有以自身的特点、自身的能力和社会形势为基础,而是与同学盲目攀比,将他人的就业方式施加于自己身上,这对自身价值的实现和长远发展极其不利。

虚荣攀比之心,人皆有之。择业时顺应时代发展无可厚非,但违背自己的意愿和志向选择了不适合的职业,就失之偏颇和缺乏理性了。

6.就业的依赖心理

在父母和老师羽翼的呵护下,有的同学十几年来习惯于听从父母和老师的安排,对自己的未来没有独立自主的规划。即使毕业分配制度已经发生了巨大变革,但仍有少数同学盼望国家继续分配,或者由父母托人安排。他们一方面希望找到称心的工作,另一方面又不愿四处奔波,于是把希望寄托于学校和家长身上,寄托于找关系托朋友上。

7.眼高手低

现在的部分大学生由于缺乏吃苦耐劳、艰苦奋斗的创业精神，往往选择大、中城市为主要求职方向，而不愿选择到偏远贫穷的地方工作。这种攀高的心理驱使他们把“工作条件好”放在第一位，把“经济收入高、待遇好”放在第二位，于是就业时万里挑一，导致选择面狭窄。

8.怯场

据有关资料显示，95%的毕业生平时与人交流往往能侃侃而谈、娓娓道来，可是一到了面试的现场，就神情紧张、手足无措，把辛辛苦苦准备好的“台词”忘得一干二净，越紧张就越容易出错。这种谨小慎微、缩头缩脚的状态，影响了正常水平的发挥。因此，在面试中怯场是我们自己最大的敌人。怯场的原因有以下几点。

(1)缺乏经验

很多毕业生由于平日很少在一些重要的场合展示自己，锻炼少，参加活动少，面对这样正式的面试场合，心虚胆怯，心理素质差。

(2)心理负担重

很多毕业生太过于看重面试，认为找一份工作不容易。面试中“第一印象”如何、能否录用等因素萦绕心头，造成心理压力过大。

(3)应变能力差

一些毕业生对面试准备不够充分，对用人单位所提的问题，知之不多，心中无数，加上应变能力差，就更难做出满意的回答。

(4)自我控制能力差

面对考官在面试中提出的问题稍有失误的回答，一些毕业生就表现出情绪波动，心态不静，慌乱惊恐。其实，出现一些失误是难免的，积极调整好自己的状态和情绪，是不会影响整个大局的。

二、就业心理问题产生的原因

1.缺乏职业规划

“凡事预则立，不预则废”，就业也是如此。对于大学生而言，为自己的未来就业制订一份详细可行的规划是十分必要的。首先，我们应该针对自我性格以及相关能力确定大致的就业方向；其次，针对大致的就业方向，将其所涵盖的就业范围进行详细划分种类，进而明确自己想要做什么；再次，将该职业特点与自身能力相对比，明确自己的优势与缺点各是什么，有计划地发扬长处、弥补短处；最后，职业规划可以是长期的，也可以是暂时性的，但最重要的是针对职业规划要有坚持执行的毅力和充分的自信心。当然，根据就业情况审时度势，适时调整就业规划也是十分必要的。

2.难以适应环境

当前，双向选择是大学生就业的主要方式，在这种背景下，大学生就业时必将遇到一些难以适应的环境因素。我国目前的大学生大多为独生子女，从小缺乏生活锻炼，依赖心理强，当他们读完大学之后需要自己身体力行地解决职业问题时，面对着“僧多粥少”的就业压力，往往显得手足无措，不能进行有效的心理调节，其结果是求职心理表现极不成熟，最终出现焦虑、抑郁、不满等心理。

3.就业观念不合理

就业观念不切实际也是造成就业问题的原因。许多大学生把就业当作一种谋生的手段，认识不到职业对个人发展、社会进步的重要意义，他们往往将职业标准过于功利化、等级化。例如，一些学生认为，上大学就是为了在城市找工作，否则就辜负了家人对自己的期望。然而，社会现实并非如此简单，常常是上了大学并不一定能找到好工作。于是，这些大学生在幻想破灭后就容易心理错乱，甚至产生心理问题。

4.自身定位不准

许多大学生都有一种“十年寒窗，一举成名”的心理，对择业的定位过高，理想与现实不符。这些大学生由于虚荣心作祟，往往对就业形势认识不清，对用人单位的需求了解不够，对自身缺乏实事求是的评价，导致对职业和薪水期望值过高。这些因素都容易导致大学生产生就业心理问题。

5.缺乏竞争意识

自主择业给大学生提供了就业的自由及通过竞争获得理想职业的机会，应该说这也是大多数学生所期望与认可的。但当大学生真正走向求职场时，许多人缺乏信心，缺乏勇气，不敢大胆参与竞争，结果是错过机会，在竞争中陷入了不战自败的境地。特别是一些冷门专业或学习成绩不佳的同学及没有“关系”的同学，就更容易产生不敢竞争、不敢尝试的心理问题。这些缺乏竞争意识的大学生在求职受挫后，随之而来的往往是苦闷、焦虑、失望等情绪，他们对求职中的挫折既缺乏估计也缺乏承受能力，不能很好地调整自己的心态，也很难通过总结求职中的经验教训来获得下一次的成功。

三、培养正确的就业心理

1.主动适应，敢于竞争

现如今，社会不断发展的内在动力便是竞争，竞争不但促进着社会的发展，引导着社会前进的方向，也影响着每个人的职业生涯。面对现实，我们首先应该做到主动适应，快速融入社会人的角色，快速适应社会本身的变化，同时担负起生活的责任，并积极参与社会市场的竞争。

2.脚踏实地，降低过高的期望值

大学生在求职过程中，可能会犹豫是选择和自己兴趣专业相投的单位还是发展前景更广、平台更高的单位，是追求短期的优厚待遇还是脚踏实地地发挥能力……鉴于此，我们不妨站在客观的角度高瞻远瞩，将个人职业的长远发展作为关注的重点，将待遇放在次要位置，不要急功近利。若置身于不适合自己的大公司，可能难以发挥自身优势，从而难以得到上司的赏识。反之，如果能够置身于一个有发展前途的单位，哪怕是一家小公司，我们的潜力也可能得到更好的激发，公司也将随着人员素质的增长而发展，最终实现我们自身的人生价值。

另外，毕业生要通过资料的查找和充分的调查询问，了解当前复杂的就业形势，结合性格测试、能力测评、职业测评的结果客观分析自身的情况与现实的关系，准确地自我定位，切忌眼高手低。“三百六十行，行行出状元”，工作岗位多种多样，切勿好高骛远，因歧视基层、害怕吃苦而错失脚踏实地的机会。职业发展是渐进式的，无论何种岗位、何种职业，只要有能力，肯努力，是金子总会发光的。

3.了解自己，确立未来规划

在就业前，大学生应对自己有清晰的认识，根据市场竞争机制和就业现状调整自己的方向，使自己对工作的选择更加切合实际。要对自己的能力、兴趣、特长、特征做到心中有数，从而找到自己的方向，选择适合自己的工作岗位。例如，对于学机械的人来说，如果自己的空间概念和动手能力强，而语言表达和沟通能力较弱，则可以选择生产型企业中的加工和维修岗位；反之，组织和沟通能力较强，愿意承担责任，喜欢与人打交道，则可以选择营销策划等岗位。如果自己有创业的打算，则最好先选择在一家生产型企业中工作一段时间，再转岗到营销策划岗位，经过这样的磨炼，积累一定的经验和阅历，为日后创业打下基础。

4.摒弃焦虑，学会从容应对

在如今的求职过程中，屡次碰壁受挫是非常正常的事。一方面，“塞翁失马，焉知非福”，在机遇与挑战并存的社会市场中，受挫也可能是另一个机遇的到来；另一方面，“梅花香自苦寒来”，挫折激励着我们更好地完善自我、不断进步，也时刻提醒着大学生，事先必须有充分的思想准备和应对策略。如此，我们便能走出低谷，以坚持不懈的心态不断进步，直至成功。

另外，大学生还要有自主择业的观念，克服依赖心理；独立参与各单位的招聘活动，对自己的未来有清晰而独立的主见；及时听取他人的意见，但不要把希望寄托在他人身上，更不要让他们代替自己做决定。

第三节　大学生就业心理调适

案例导入

我叫××，是一名应届大学毕业生，在校4年，自觉学有所成，然而却在就业时处处碰壁。我看中的单位，人家却看不中我；看中我的单位，我却看不中人家。毕业已经快一个月了，我还未与一家单位签约。时下，我处在焦虑、忧郁、自卑、不满、无法决断的状态。内心十分矛盾、痛苦。我该怎么办？

讨论：

小王在向心理咨询师伸出求助之手，他为什么如此苦恼？

——应聘受挫

——梦想破灭

——心理失衡

问题究竟出在哪里？

“我看中的单位，人家却看不中我”——缺乏应聘、面试的技巧。

“看中我的单位，我却看不中人家”——职业的自我定位过高。

大学生一直以来都被奉为天之骄子，然而处在象牙塔中的高校毕业生踏出校门走向社会的第一步便是令人备感压力的求职。当理想与现实的差距摆在面前时，很多人难以承受择业就业的巨大压力，产生焦虑、沮丧等消极情绪。适当的压力对激励同学们努力奋斗有一定的好处，但是因此带来的消极情绪则会影响我们的日常活动，甚至造成严重的心理疾病。因此，掌握科学的方法排解不良情绪、积极应对就业挑战对每个即将走上工作岗位的高校毕业生都十分重要。本节我们将介绍几种心理调适的方法，帮助大家排除就业压力造成的心理障碍。

一、避免心理冲突，消除紧张

在实际生活中，每个人的职业愿望和职业预期各不相同，同一个人的职业目标在不同时期也会发生变化。职业目标是指人们在一定时间内对实现自己的职业愿望的一种期望。很多同学在面临多个职业目标时常常不知所措，甚至不知自己能干什么，以至于选择时犹豫不决，情绪紧张，难以下定决心，从而引起心理冲突。

所谓紧张，是人们碰到那些自己认为很难对付的事情时产生的情绪和身体上的异常反应。若是过分紧张、精神负担过重，则很难发挥自己的正常水平。但紧张并不完全是消极的，适度的紧张可唤起求职的热情和成功的欲望，令求职成功。许多时候求职者的失败，并不是因为缺乏适应工作的能力，而是因为过度紧张，导致粗心大意、思维混乱、口齿不清，影响了求职的成功。因此，只有保持适度紧张，才有助于充分地调动身体潜能，取得最佳的求职效果。

那么，怎样才能克服紧张情绪呢？同学们应当放下心理负担，把这次面试当作找工作的一次演练，只有放下负担，内心才会真正放松。其实，短暂的失败并不能说明什么，恰恰是从失败中总结出的经验会成为我们最后取胜的法宝。同学们应尽量把注意力集中在谈话技巧上，切莫因着急回答问题而忽视语言表达的连贯性和逻辑性，只有沉稳的处事风格才能让我们在面试中落落大方、宠辱不惊。

二、增强信心，防止羞怯

自信心与成功的关系密切，增强自信心也是消除紧张的有效因素之一。凡事都要学会换一个角度看问题，在求职时，大学生尤其要看清问题的实质，不过分放大自己的缺点，更不能“一叶障目，不见泰山”。成功需要内心的强大——自信。

求职者在应聘面谈时自以为处于劣势，往往把招聘者看得过高，以为其把握着主动权，每次问话似乎居高临下，无形中给自己增加了心理压力。其实并非如此，“求职”与“招聘”是相对应的两个概念，求职者和用人单位是两个平等的主体，毕业生在寻找工作岗位时，用人单位也在寻找员工，而求职成功或招聘成功是双方选择的结果，用人单位在挑选合适的应聘者，而作为求职者的你也在挑选工作单位和岗位。另外，“尺有所短，寸有所长”，一个人总有自己的优势和特长，不宜妄自菲薄，也不宜自恃清高。有的应聘者用破釜沉舟、背水一战的决心去面试，有了这种“豁出去”的想法，有时也能消除紧张，毫无畏惧、放开手脚地展示自己。此外，还要做好以下几点。

1.不要过多地计较他人的评论

羞怯心理强的人，心里明知自己的缺点但害怕别人指出，于是为了掩藏自己的劣势而避免当众发表意见，避免成为别人的关注对象，久而久之这种羞怯会愈演愈烈。在人与人的交往中，任何人都会在不同的场合受到别人的评价，这是正常的事，我们应把它作为自我改进、自我完善的动力。人是社会中的人，不能脱离社会关系而独立生存，别人对自己的评判有好有坏，有客观评价也有带着主观色彩的误读，所以，我们不必过于注重别人的评论。

2.不断学习

丰富的经验、充实的知识、广阔的视野是求职成功的法宝。除了文化知识、专业理论之外，社会知识、面谈礼仪、自我推销技巧以及心理学知识等都是面试中经常会涉及的，这些知识都可以从书刊中，从同学、朋友身上和在对社会的观察体验中获得。

3.提高自控能力

面谈时，如果自己感到紧张，要自我提醒和暗示：我要镇定下来。把回答招聘者的问题当作与自己的熟人或朋友讨论问题或聊天，这样就自然多了。另外，情绪容易激动的同学则要注意切莫冲动，在回答问题之前给自己三秒钟的思考时间，让思维跟上说话的速度，避免言语混乱。

4.锻炼表达能力,熟悉面试场景

羞怯心理的消除、面谈时语言表达能力的发挥,要经过努力锻炼。求职面试之前,可以通过同学之间模拟面试场景、熟悉面试流程,进而消除临场的紧张情绪。

三、克服自卑

自卑是一种心理保护机能,它源于心理上的一种自我暗示,是缺乏自信的表现。这类人多性格内向、勤于反思而又敏感。他们有极强的自尊心,却不懂得以积极的态度和进取的精神获得自尊,而是以消极的方式、退避的做法保护自尊。在面谈中,他们为了不在别人面前暴露自己的弱点,不敢大胆地介绍自己,而谨小慎微、缩手缩脚,因而招致别人的轻视。当他们置身于陌生人面前的时候,会产生不知所措、面红耳赤、汗流浃背的现象,有的人还会身体抖动、吐字不清、言语无状,甚至全身发软。克服自卑心理,要做到以下几点。

1.正确地评价自己

每个人都会有短板,但是短板并不能影响一切,我们在看到自己缺点的同时更要看到自己的优点。

2.正确地弥补自己,增强自信心

增强自信心主要有两种做法:一是勤能补拙。与其面对自己的不足怨天尤人、止步不前,不如做有针对性的学习和训练,通过努力奋斗来弥补不足。二是扬长避短。长与短是相对而言的,每个人都有自己的长板和短板。在成才的道路上,“失之东隅,收之桑榆”的事例屡见不鲜。只要下定决心,采取科学的方法,人的缺陷是可以改变的。

3.正确地表现自己

要克服自卑感,还必须学会恰如其分地表露自己的才能。自卑感强的人,不妨多做一些把握较大、容易取得成功的事情,成功会增加人的自信,是克服自卑的有效途径。

4.强化自尊心

理直气壮地迎着对方走去,在精神上拔高自己;挺起胸膛与对方讲话,自然会觉得自己行;盯着对方的眼睛讲话,若他回避你的目光,说明你比他更坚强;在面谈未开始前,把有关内容记熟,讲话时声音洪亮、流利顺口;当对方声音大过你时,你可以突然把声音放轻,给对方造成心理压力,使他对你的讲话产生兴趣;与对方面谈时留一定的沉默间隔,从而获得思考时间,使对方觉得你是充满自信的人;要知道人都会有求于人或被人所求的时候,不必因求人而低人一等,也不要因为被人所求就趾高气扬;面谈时,你不了解对方,对方也不一定能了解你,要意识到有利条件,不可妄自菲薄。一个人对自己的态度,反映在举手投足之间,只要对自己有信心,对方就觉得你可信。

四、正确面对挫折

选择职业不可能一帆风顺，往往会遇到各种各样的障碍，使求职目标无法实现。职业愿望不能满足时，会产生挫折心理。那么，应怎样对待求职中遇到的挫折呢？

1.对症下药，分析失败原因

遭遇求职失败时，要正视既成事实，不必为暂时的挫折而难过，要认真分析应聘失败的原因，及时从失败中吸取教训。心理学的研究表明，如果个体将失败归因于外在环境，则容易产生气愤和敌意，降低以后行动的积极性；如果个体善于从主观方面寻找失败的原因，则能够提高行为的积极性。所以，大学生在遭遇求职失败时，要学会从内部和外部两方面进行综合归因，避免对社会、对他人的无谓抱怨，也不要把求职失败的原因完全归为自身，以免产生自卑、消极的心理。要客观分析内外部的原因，要看到内外部的有利因素，鼓励自己，积极进取，相信“天生我材必有用”，充满信心地迎接下一次挑战。

2.树立正确的“失败观”

人们常说“失败乃成功之母”，失败是损失，使人伤感，使人烦恼，但一次次的失败会让我们积累更多的经验，因此，失败也能令人崛起，催人前进。人跌倒了，就在跌倒的地方爬起来继续前进。如果能在一次次失败中吸取教训，积累经验，充实求职技巧，就能为下次求职成功打下基础。

第四节 大学生职场心理调整

案例导入

小明是一名应届毕业生，毕业初期就通过层层考核进入一家大型国有企业。最近，初入职场的小明感到十分苦恼，因为单位里错综复杂的人际关系和严格的工作制度让他有些喘不过气来，他开始怀疑自己是不是适合现在的岗位。

小明的表现在刚刚入职的应届毕业生里十分常见。年轻人如何能快速适应岗位要求、如何与同事相处是最普遍也最伤脑筋的问题，我们将在这一节着重阐述毕业生就业后的心理调适问题。

在社会快速发展的今天，毕业生在新的工作环境中总会面临各种各样的问题。因为毕业生走上工作岗位后，身份变了，环境与学校也不同了，新岗位总会给新来的毕业生带来种种压力，导致毕业生在新的工作中感到一切都是那么不适应、不自在、不如意，甚至导致或多或少的心理疾病。抑郁、焦虑等症状往往影响工作效率，破坏工作气氛，不论是给自己还是给他人都造成了很多难以想象的困难，确实是损人不利己。但是，造成这种心理障碍的原因是什么？如何才能彻底改变这一不良状况，从而更好地适应新的工作环境、有效地提高工作效率呢？下面我们将从以下几个方面进行分析。

一、职业适应不良的客观因素

1.环境改变

部分毕业生在走出校园、进入一个新的工作环境后难以适应与校园完全不同的社会。由于离开了丰富多彩的校园生活，离开了朝夕相处的同学伙伴，离开了一张张熟悉的面孔，转而面对工作单位中的陌生气氛，孤独、寂寞等消极情绪总会不合时宜地出现。

2.角色转变

大学生因为父母的付出，可以从家里“要”到宠爱与照顾；因为老师的付出，可以从学校里“要”到知识与技能；因为社会、国家的付出，可以从社会、国家中“要”到资助与培养。

大学生要转换成职业人，必须先“给”，否则你什么也“要”不到。将“索取”的心态变成“贡献”的心态，是成为职业人的关键。从企业的角度来说，企业对人的判断有两点：一个叫作潜力，看你未来成长的空间；一个叫作贡献，看你的加入对这个团队能够产生什么样的价值。作为职业人，应考虑我能为单位带来什么，我能为企业创造什么，而不应首先去想单位、企业或老板应该给我什么样的回报。只有既能为企业或老板带来实际的贡献，又有可持续的发展潜力的员工，才最受欢迎。

3.心态改变

毕业生成为单位的一员，意味着成为一个独立承担责任的个体。如在工作中要承担新的职责，有时候要独当一面，或者干一些实际具体的工作。这对很多毕业生来说是以前从来没有接触过的，十分具有挑战性，于是很多人会以为自己无法胜任，逐渐产生自卑、焦虑、恐惧等不良心理，正常的工作和生活都受到干扰。

4.人际关系变化

新的工作环境和陌生的同事是毕业生要面对的首要问题。在刚刚开始工作时，面对着一些比自己年龄大得多的老同志，总是觉得和他们没有什么共同语言，没有什么可说的话。大多数刚工作的大学生不知道如何更好地面对这一个尴尬的现实，怎样才能改变和调整工作中的人际关系，这种情况常会使得他们更加抑郁，从而影响工作的质量。

5.生活压力

工作后，毕业生开始脱离父母的扶持，独立面对生活琐事。既要工作，计算工资的分配，担心身心的健康，又要由自己去分配时间；不仅要工作，更要学会经营自己的生活，学会享受人生。除此之外，还要自己去面对工作和生活中的种种挫折，努力去克服和战胜一切困难。这对于“90后”甚至一些“00后”的年轻人来说，无疑是在身心上无法承受的，是造成心理障碍的主要因素之一。

二、职业适应不良的主观因素

以上问题仅是客观环境的影响，除此以外，意志力薄弱、心理不平衡等很多主观原因也是不可忽视的因素，具体分析如下。

1.适应能力差

刚毕业的大学生往往个性较强，不愿改变，在新的工作中不能及时、主动、积极地去面对现实、调整自己的心态、适应新的环境，总是为自己的懒惰找借口，为自己的失败找借口，从而逃避现实，并且总是以自己的眼光来看待环境、看待周围事物，因而造成固执己见的心理。

2.缺乏责任感

很多毕业生在新的工作中，面对新的困难、新的任务时，总是以自己是应届毕业生、没有工作经验为借口，说“我不行”“我干不了”，畏惧困难。这样不仅显得自卑，没有自信，没有克服困难、战胜困难的勇气，还反映了他们责任感薄弱、无法承担工作任务的消极状态。这会使得他们在工作中失去很多应得的良机，使自己没有“出头之日”，因而更加怨声载道。

3.心浮气躁

由于毕业生年纪尚小，因而情绪波动可能较大。在新的工作中，部分年轻人常常易于激动、冲动，不能冷静、理智、全面地去考虑问题；看待事物往往比较片面，喜欢以偏概全，而且只看到事物的表面现象，而看不到事物的本质。除此之外，很多人常常固执己见，无法认真地听取别人的正确意见，造成失败以后又不能正确地加以解决，所以遇事往往吃亏。

4.不善于处理人际关系

高情商的人不仅能将工作高效高质地完成，还能因其人格魅力收获很多朋友。在工作中，人际关系是一个非常关键的环节。在新的工作环境中，不仅有朝气蓬勃的同龄人，还有成熟稳重的前辈，如何处理和自己年龄不同的老同志的关系是毕业生面临的一个重要课题。很多毕业生不能及时、主动、积极地调节人际关系，所以只能望洋兴叹，造成很多不必要的损失，以致形成了很大的心理压力，从而影响自己的情绪。

5.骄傲自负

骄傲自负的人看不到自己的缺点，因而无法及时纠正自己的错误。在工作中，这些人做事往往以自我为中心，或者认为自己总是对的，做任何事情都要按照自己的意见和观点执行，这样就从一定程度上破坏了良好的人际关系，也破坏了和谐的工作气氛，因而常常使自己处于被动的局面中，给自己带来了难以想象的阻碍，不利于高效工作。

三、职业适应的心理调节方法

以上所述的心理障碍，极大地影响了工作的情绪，破坏了和谐的人际关系，同时影响了工作的积极性，降低了生活的质量，使自己在人生中坠入了低谷。如何才能打破这一不利局面呢？这就需要我们及时调整自己的心理状态，以便更好地适应新的工作环境，主动地为自己营造一个和谐美好的工作气氛，从而进一步提高生活质量，提高工作效率。那么，我们需要做哪些心理调节呢？

1.正确评价自我

在新的工作中，大学生对自己一定要有客观、公正的评价，既要看清自己的长处，又要清楚自己的弱势，不过分地高估或者低估自己；自尊自信的同时又不骄傲自负，调整认知方式，进一步建立完善的理性认识。要做到这一点，就要对自己进行正确的定位，正确地看待周围的事物，建立更加广泛的交际圈，经常与其他人沟通，更加广泛地交往朋友。只有这样，才能对自己有一个客观、公正、正确的认识。

2.增强自信

学会自信首先要克服自卑，对自己有信心，要相信“车到山前必有路”；在困难和挫折面前要勇于抬头，敢于面对，要有“我能行”“我能干”、不怕困难、勇往直前的信心；要学会在困难与挫折中磨炼自己，在克服困难中不断增强自己的成就感，这样便可使自己越来越有自信。这就要求我们做到凡事要尽最大的努力，把注意力和担心逐渐转移到积极的行动中来，从而极大可能地争取成功和快乐。

3.适当降低期望值

毕业生对社会环境接触甚少,对就业形势的了解也仅仅停留在老师和学长的口中。很多同学听说某位同学找到了发展前景远大、待遇很好的工作时,往往对自身的就业过程过度自信,等真正轮到自己面临各种招聘面试时便慌了手脚;也有人听说别人的就业不顺利,便对自己的就业产生了深深的忧虑。凡此种种,都在很大程度上造成了抑郁、焦虑等负面情绪。在这种情况下,就需要根据自身的实际情况,适当地降低最初的目标。首先做些比较容易的事情,之后再尝试做比较难的事情。做到这一点,就可以在一定程度上提高对工作的自信心,提高面对困难的勇气,同时也增强自己的兴趣。如果必须要做某些大事、难事,我们不妨把这件事情分成几个步骤,从而有计划地逐步实现目标,以便在最大程度上把工作做好。

4.善于沟通

在工作中,很多毕业生只顾低头工作,不愿与他人沟通,尤其内向者更是如此。在初入职场时,难免会感觉工作气氛较为沉闷、无聊和无趣。在这种情况下,更加要注重与其他人的交往和沟通(多向有经验的老同志请教),这样才能创造良好的工作环境,给自己和他人创造一种和谐的氛围,以便更好地提高工作效率,提高工作与生活的质量。

大学生择业就业问题一直是社会十分关注的热门话题,随着我国高校毕业生就业制度改革的不断深入和毕业生就业市场体制的逐步完善,毕业生就业由传统的计划分配向市场调节转变,即大学生就业的主要形式转变为“双向选择,自主就业”。这一制度为广大毕业生提供了相对公平的就业环境和广泛的就业机会,但是面对严峻的就业形势,不少毕业生也表示因此增加了不少就业压力。高校毕业生在择业就业过程中难免出现多样的负面情绪,及时调整心理压力、解决内心忧虑是毕业生顺利就业的重要保障。

第五节 大学生创业心理调适

案例导入

小李有两个身份：他是某电子科技大学研究生二年级学生，还是G市某生物科技有限公司的总经理。

“创业是自己的研发成果最好的转化方式，能自己运作自己的产品，是件十分令人高兴和有成就感的事。”小李说，他在学校研发一种产品，最大的愿望就是把这种产品推广开，最后达到回馈社会、造福社会的目的。

小李认为，现在有不少大学生在学校自己研发技术，创业园通过政策、管理等方面的培训，为他们提供创业的可能性。虽然技术层面、社会层面的问题解决了，但是现在大学生们的创业心理还有很多问题，有些大学生出现的急功近利、唯利是图等心理层面的问题仍然没有解决。创业一定要有正确、适当的心理，否则，再多的外界帮助也无法使其获得真正的成功。

近年来，随着全国各大高校的不断扩招，大学生的就业形势越来越严峻。在就业环境不乐观的情况下，越来越多的大学生考虑将创业作为自己的选择。创业不易，不仅需要智慧和资金的投入，还需要创业者具备良好的心理品质。创业心理品质，不仅关系着大学生的创业是否能够取得成功，也直接关涉到大学生的自我价值是否能够实现。时代发展到今天，行业间的竞争压力越来越大。大学生想要在此背景下创业，就必须有良好的创业心理品质。本节将对大学生创业心理品质的内容和培养途径进行相关讨论，希望给大家一个满意的答案。

一、当代大学生创业心理的主要内容

1.自信果断心理

选择自主创业的大学生普遍存在自信果断的心理，敢于直面挑战，敢于在别人做出选择之前做出自己的选择。自信是大学生创业的心理基础，一位大学生在毕业时选择创业的道路，实际上就已经具备了相当的自信，相信自己创业能够成功。同时，自信与果断是紧密联系的，在自信的基础上，必须果断。

2.团队合作心理

团队合作是每一个创业者所必须具备的素质，每一个成功的创业者都离不开团队合作。马云在创业初期就是以团队合作的形式创建了阿里巴巴集团，然后才有了淘宝、天猫。如果当初他不注重团队合作，可能就没有今天的阿里巴巴。

3.乐观心理

创业是一个漫长曲折的过程，在这个过程中，乐观开朗的态度能使创业者尽可能地保持愉悦的心情。大学生的承受能力相对较弱，能够拥有乐观的心理，对于大学生在创业过程中遇到的困难能够起到缓解作用，能够使大学生在创业过程中不断成长历练，成为更好的自己，为今后自身的发展奠定基础，为社会的进步提供动力。

4.消极悲观心理

消极悲观的创业心理是大学生创业的主要心理障碍。随着招生就业制度的改革，大学生就业难的问题随之而来，不少大学生面临失业。许多大学生创业的方向与专业不对口，加之创业面临的种种风险和挑战，无疑让大学生产生许多困惑，甚至产生消极悲观的心理，这是导致大学生创业失败的重要原因之一。消极悲观的创业心理，既有碍于自我发展，也有碍于良好人际关系的建立，更会阻碍大学生在创业中的进步，局限大学生的思想，需要大学生在今后的创业过程中不断克服和改进，从而使自身拥有更强大的素质。

二、影响大学生创业心理的因素

人力资源和社会保障部原副部长信长星曾说："目前，我国大学生的创业成功率只有1%左右。从数据上分析，我国的创业空间相当大——目前发达国家和地区平均每千人口拥有40～50个企业，发展中国家为20～30个，而我国仅有11.66个。"近年来，虽然我国从各方面加大了鼓励大学生创业的力度，但是大学生创业成功率却并不高。那么，影响创业成功的心理因素有哪些？又有什么表现呢？

1.认识因素

现在很多大学生创业，没有正确的认识。在很多大学生的认知里，创业自由，没人管束，而且容易快速积累财富。如果找一份工作，为别人打工，收入少不说，还总是被别人管，不自由。基于这样的想法，部分大学生就单干或者找几个同学凑在一起，商量一番，议论一番，到市场上看一看，就开始投入到创业大军中去了。真正实践起来才发现，原以为的工作轻松自由并不存在，现实情况也不像在电视剧中看到的那么好玩儿。创业伊始，什么事都要自己动手，选地址，找人装修，有时还要自己买材料。忙前忙后终于开业了，还要花尽心思地跑市场、找销路，自己要承受很大的压力。几个月下来，收入没有多少，人却身心俱疲。很多人开始感叹创业太苦，不能坚持下去了，就宣告放弃。

2.个人知识储备因素

现在大学生创业选择的行业多是餐饮、家教、培训、家政服务、服装等行业，一些大学生认为这些行业的门槛比较低，容易上手，还有部分大学生认为从事这些行业的人文化水平普遍不高，应该竞争不过科班出身的大学生。在国家"双创"政策的号召下，很多大学生投入到了这些行业中去。进入这些行业后，创业者们才发现掌握其中特有的行业门道并非易事。比如餐饮业，创业者要在这个行业立足生存下来，除了要有一个比较好的地理位置和较大的客流量外，最重要的是饭菜能够满足消费者的口味。很多大学生认为，炒菜跟别人学学，看几本书，就能学到七八成。这种想法过于简单了。真正投入进去后，他们才发现炒菜并没有那么简单，菜品不行，消费者就不认可；消费者不认可，就得招聘专业厨师；短时间内又不容易招到好的师傅，就是招到了，前期的品牌建设没有做好，很多消费者也流失了，很难在短时间内挽回，往往导致创业草草收场。

3.心理因素

大学生创业失败率高，这同他们的抗压能力有很大的关系。马云说："今天很残酷，明天更残酷，后天会很美好，但绝大多数人都死在明天晚上。"大学生创业是很辛苦的事，特别是创业初期，资金不充足，行业经验不丰富，应变能力不强，加之内部管理能力缺乏，企业很容易陷入困境。大学生社会经验不足，又容易产生慌乱，一旦出现问题，就会很受打击，容易放弃。

4.社会因素

社会因素体现在国家的政治环境方面。国家一直关注大学生创业问题，近些年来不断推出鼓励大学生创业的政策。例如，自 2011 年 1 月 1 日起，毕业年度内的高校毕业生在校期间创业，可向所在高校申领《高校毕业生自主创业证》。

5.校园因素

现如今，许多高校在教学课堂内增设创业指导课程，在学校内部建立创业指导平台，并举办许多创新创业大赛让学生充分参与。这样不仅能够在学校内部营造良好的创业氛围，也可以为学生今后的创业道路奠定基础。

6.家庭因素

家庭成员对创业的态度和看法对于大学生能否建立正确的创业心理、是否创业、是否能坚持创业等都会有直接的影响。家人的支持对创业的大学生而言是十分可贵的，许多家庭希望自己的孩子在大学毕业后有一份稳定的工作，而不是自主创业，这在一定程度上阻碍了大学生创新创业的步伐。

三、当代大学生创业心理存在的问题

在就业环境不乐观的情况下，越来越多的大学生考虑将创业作为出路之一。由于部分大学生在进行创业时缺乏专业的指导，创业之路风险重重，造成了很多问题。

1.创业意识淡薄

首先，由于计划生育政策的长期施行，现阶段的在校大学生多为独生子女，生活费主要由父母承担，经济上没有负担往往使得他们金钱观念淡薄，缺乏迫切创业的愿望；

其次，大多数父母都希望子女能够有一份稳定的工作，不愿让子女承担创业失败的风险，向子女灌输平凡人生的想法，导致不少现代大学生缺乏创业必备的敢于拼搏的意识；最后，由于中国延续数千年的“官本位”思想对现代社会仍有很大的影响，基于这种社会心理，人们多认为“从政”要好于“从商”，导致现代大学生缺乏创业的兴趣。

2.创业知识缺乏

从内部因素来看，许多大学生在决定创业时，对国家推出的各项优惠政策知之甚少，不知道怎样才能够有效地申请到创业贷款，不知道如何办理注册手续。他们往往缺乏成熟理性的思考，没有进行脚踏实地的市场调研，更没有制订详细完善的长远规划，仅凭一腔热情就踏上创业之路，自然是无法长久的。从外部因素来看，高校对于大学生创业的相关政策还不够完善，资金资助还不到位，一些大学开设的有关大学生创业的讲座和课程的主讲人多是辅导员或行政人员，专业性强的人才数量偏少，课程内容质量不高，导致学生的接受效果并不好。

3.创业意志脆弱

有的大学生追逐当下最热门的项目，见异思迁，不能在某一个具体项目上坚守太长时间。麦可思发布的中国大学生就业报告数据显示，毕业半年后自主创业的大学生，3 年后有超过半数的人坚持不下来而退出创业，其中，2012 年创业的应届毕业生 3 年后只有 36.4％的人还在继续，2013 年这一数字为 22.7％，2014 年为 29.6％。此外，当下大学生抗挫能力较弱，自主创业的失败对其影响较大，面对突如其来的风险和打击没有足够强大的心理承受能力。这就导致在出现问题后，大学生不能客观分析创业失败的原因，产生强烈的沮丧心理，自信心严重受挫，严重者甚至怀疑自己的能力。

四、培养大学生创业心理品质的路径

1.加强理想教育，正确认识创业

理想教育是大学生创业心理教育的核心，优秀的创业者离不开理想信念的指引。全国工商联副主席、小米科技的创始人与董事长雷军可以说是大学生创业的代表人物，他在谈及创业时表示：“我从 1989 年开始创业，已经干了 26 年了。说实话我觉得创业不是人干的……因为你一旦选择了创业，就选择了一个无比痛苦的人生，你的巨大压力、困难、困惑，别人的不理解，或者别人的看不起，其实真正能走向成功巅峰的人是极少数，绝大部分的创业者都成了铺路石。所以我一直在想，对所有的创业者来说，我觉得最重要的是什么？最重要的是一种信念，我觉得如果没有这种梦想的信念的话，是没办法支撑每天高强度的工作的。”高校创业理想教育实际上承担了培养学生意志基础的任务，理想信念就是产生强大意志的基础要素，高校应引导大学生对未来的人生发展做出规划，使大学生及时找准目标定位，明确努力方向，树立理想信念，激发强大意志，进而增强学习动力，防止产生目标不明的茫然和困惑，形成对创业的正确认知。

2.开设创业心理课程,完善知识储备

时下不少高校响应“大众创业、万众创新”号召,已经开设了不少创新创业类课程,手把手教授创业知识,增强学生的创业能力。但高校有关创业心理方面的课程仍然不足,不能满足大学生心理健康方面的急切需求。创业心理属于心理学范畴,在创业知识和创业形势教育较充分的情况下,创业心理往往不易受到重视。事实上,一些成功的创业者往往都经历过各种各样的心理上的煎熬。由于创业风险和压力与学生抗压能力不足存在的巨大差距,创业心理课程应当在高校普遍开展起来,以丰富学生对创业心理的认知,完善知识储备,增强学生应对各种各样的创业风险和创业压力的能力。

3.建立实践基地,强化创业实操能力

俗话说:“千看万看不如经手一遍,千听万听不如自己实践。”学校的创业理论教育再到位也不能涵盖创业中遇到的所有问题。归根结底,学生还是要在实践过程中不断增强创业抗压能力,增强心理调适能力。搭建平台,为大学生创业提供多元化机会,激发大学生把新创意转化为生产力,并在此基础上增强大学生的抗压能力,在实践过程中强化创业实操能力,锻炼包括心理调适能力在内的各方面能力。

创业实践教育实际上是一个扫除路障的过程,可以在知识储备和经验积累上着力,使学生对创业的基础知识、风险困难等有心理准备和形势预判,增强他们在将来的真实创业过程中的应变能力。

4.增强心理教育,提升抗挫能力

抗挫能力是指个体在遭遇挫折情境时,能否经得起打击和压力,有无摆脱和排解困境而使自己避免心理与行为失常的一种耐受能力,即个体适应挫折、抵抗和应付挫折的一种能力。一般来说,挫折承受力较强的人,往往挫折反应小,受挫时间短,挫折的消极影响小;而挫折承受力较弱的人,则容易在挫折面前不知所措,挫折的不良影响大而易受伤害,甚至导致心理和行为的失常。抗挫能力欠缺是当下不少大学生普遍存在的问题。事实上,人生不如意事十之八九,没有人能确保一切都顺风顺水。创业实践的复杂性、风险性和难以预见性,使得不短时期以来的创业成功率都保持在较低水平,这就意味着对创业大学生人群的抗挫能力的培养更为重要。抗挫能力归根结底属心理范畴,还是应该从心理教育入手,通过各种各样的形式使学生们认识到面对挫折应当具备的应对措施,使学生们正确调适心理低谷,预防心理失控,激发更强的斗志。

拓展阅读

创业是一件明亮而忧伤的事情

在创业低谷期的时候，我们应该怎样去应对这个过程当中的孤独、焦虑，以及心理上的折磨呢？

我们应对这些问题，首先要重新去认识创业这件事情。创业是一件明亮而忧伤的事情。或许大多数人可能受到创业媒体的影响，他们只看到创业明亮的一面，而忧伤的一面只有创业者自己体会！大多数人对创业这件事情的认识是不够全面的。为什么这么说呢？

我们最熟悉的一个创业团队，也许就是唐僧师徒了。我们知道唐僧不会任何法术，所以只能骑着白马去西天取经，但是孙悟空一个跟头翻十万八千里，他完全可以背着唐僧去西天取经，但为什么要经历那么多磨难，而不直接飞到西天去取经呢？后来我们知道，这是创业导师佛祖安排的，他们必须在前往西天的路上经历满九九八十一难，才能迎取真经。其实创业也是一样。

选择了创业就注定选择了一个反复痛苦和重复打击的环境。苦难是化妆了的祝福。你在创业路上遇到的一切，都是为了成就你，为了成就你的团队和你的公司。徐志摩曾用“kissing the fire”去比喻爱情，其实创业也是一样，如同与火焰相吻，美好，同时又非常痛苦。这是我理解的创业，明亮又忧伤。

（资料来源：https://www.xinli001.com/info/100302769.）

心理活动方案

活动1：照镜子（心镜）

活动目的：强化自我认识，简单反思对自己的了解。

活动准备：背景音乐《少女的祈祷》。

活动方法：请大家闭上眼睛，想象头脑中有一面镜子。这面镜子不是悬在你们的面前，而是藏在你们的心里，叫心镜。人对自我的认识，其实就是不断地自我反省。心镜不仅可以帮助我们不断地增进自我了解，而且还能帮助我们更好地完善自己。你一面照镜子，一面在音乐声中冥想：你看到镜子中的自己了吗？镜子中的你是什么样的？镜子中的你是什么表情？漂亮吗？快乐吗？独立吗？人际关系怎样？有哪些优点或优势？还有哪些不足或局限？里面的人需要什么？

讨论与交流：将你看到的心镜中的你和大家一块分享，说一说你对镜子中的你的总体评价是什么。

活动2：突围闯关

活动目的：体验压力。

活动方法：

(1)突围。选出一名队员，站在团队中央，其他的成员则手臂相连，形成包围。被包围在团体中央的成员可以采用任何方式力求挣脱；而围成一圈的成员要各尽其力，不让被包围者逃出。一段时间后，换其他成员尝试。

(2)闯关。所有的成员围成一圈并手臂相连，领导者或其他一位成员站在圈外，设法竭力打入圈内；所有成员应尽力排斥，直到闯关者成功。一段时间之后，换其他成员尝试。

讨论与交流：

(1)当你一个人面对团体时，是否感受到了压力？那是一种什么样的感受？

(2)当你和团队在一起时有压力吗？那是一种什么样的感受？

(3)这个活动让你看到了什么？

心理百草园

1.图书：[美]理查德·尼尔森·鲍利斯.《你的降落伞是什么颜色?》

全世界最权威的职业指导大师鲍利斯40年研究心得，被称为“求职圣经”。如果你正在求职或者打算跳槽，或是对自己的职业生涯感到迷茫困惑，这是一本你无论如何不应错过的著作。它告诉求职、跳槽的读者，面试至关重要的技巧、谈判薪资的秘诀、跳槽的方式。它帮助职业规划迷茫的读者，用测评工具和理性的分析方法，全面了解自己，发现自己的优势，找到职业目标和理想工作。

2.图书：[美]Robert D.Lock.《把握你的职业发展方向》

本书从心理科学的角度，系统地介绍了职业生涯规划的理论，这些理论从精神分析到行为主义、从认知主义到人本主义无所不包，基本囊括了职业心理学中主要流派的研究成果。它在帮助读者设立职业目标的同时，更教会读者一整套职业决策技能。它不仅说明了什么是职业生涯规划，更一步步地带领读者通过阅读、思考、各种练习、活动和量表，认识工作世界，了解具体职业，探索自我，并最终做出正确的职业决策。

3.图书：沈之菲.《生涯心理辅导》

本书是全国教育科学“九五”规划重点课题成果之一。作者长期从事生涯心理辅导研究的咨询工作，厚积薄发地阐述了青少年生涯心理辅导的概念、实施方式、咨询方法、测量手段，以丰富的资料、多方位的视角，系统地论述了对青少年进行生涯辅导的理论与实践，并提供了不少可以借鉴的实例，对当前大中小学生心理素质的提高具有很实在的意义。

4.电影：《歌舞青春》(*High School Musical*)

身为篮球天才的男孩Troy和学习优异、智力超群的Gabriela因共同的音乐爱好而结识。为了各自的特长和共同的音乐梦想，他们在朋友和父母的支持下相互鼓励，尽显青春的活力。女主角清新脱俗的形象和动感精彩的歌舞表演以及健康向上的价值观，鼓励青少年坚持追逐自己梦想的积极和富有教育意义的主题，再加上片中的青春流行摇滚乐，让这部原创电影令人回味无穷。影片以歌舞这种世界性的语言，鼓励青少年相信自己、表达自己，不断地去追寻自己的梦想。

5.电影:《永不妥协》(*Erin Brockovich*)

一个单身母亲，带着三个孩子，没有受过高等教育，社会地位低下，数度求职而被拒，银行账户上只有十四元钱，车停在道上挨罚单，还被其他的车撞……一个在事业、家庭、爱情之间摸爬滚打、不辞辛劳的女人，心直口快，善良机敏，偶尔还有些粗俗。她先是为自己的权益而战，继而为公众的权益而战，把公众的权益当作自己的权益。只要有一线希望，就不轻言放弃，正如片名：永不妥协。

心理测试

职业目标明确度测试

记分标准：选 A 记 1 分，选 B 记 0 分。每题分值累加得出总分。

测验题：

1.报考学校选择专业是自己的意愿吗？
A.是的　　B.不是

2.你认为现在有选择自己工作的能力吗？
A.有，对我的专业能力很有信心　　B.不确定

3.你明确公司未来的发展方向吗？
A.知道　　B.不确定

4.公司对你的将来有规划吗？
A.有　　B.没有

5.你的才能得到了充分的发挥吗？
A.我努力寻找发挥自己才能的机会　　B.不知道

6.你的工作动力来自哪里？
A.我要发展或内在需求　　B.我必须努力工作或外在压力

7.你知道自己的真正要求吗？
A.知道　　B.不知道

8.再过几年，你的工作内容会有变化吗？
A.会的　　B.不知道

9.工作与事业有不同吗？
A.可以等同　　B.不是一回事

10.如果有一个尝试新工作的机会,你会毫不犹豫地选择吗?

A.是的　　B.不一定会

11.你打算或曾经借助专业机构来明确自己的职业方向吗?

A.是的　　B.还没考虑

12.你是否认为职业的方向就是人生的方向?

A.是的　　B.不是或说不清楚

测试结果:

0~4分:做一天和尚撞一天钟。你在没有计划、没有方向地过日子,工作对你来说只是糊口的工具而已。你的生活质量不会很高,除非家底很好。当公司裁员时最先想到的也会是你,所以你的职业发展常会出问题,也常常需要帮助。

5~9分:你可能有短期目标。你较注重眼前利益,不管是你的工作还是生活都常常把握在别人的手中。切记:眼光放长远一些,这样对你会更有好处。

10~12分:你有比较明确的职业目标。你知道什么对你是最重要的,知道职业发展中该如何取舍,通常你会是职场中的佼佼者。需要提醒的是,你虽然自信,但还是要注意多听别人的意见,这样会让你在职业发展中得到更多贵人的帮助。

第十二章

善待手中网

——大学生网络依赖心理调适

1994年，国际互联网正式登陆中国大陆，自此，我国的网络使用者以几何级倍数增长。根据中国互联网络信息中心发布的第42次《中国互联网络发展状况统计报告》，截至2018年6月，我国网民规模达8.02亿，互联网普及率为57.7%，手机网民规模达7.88亿。网民以青少年、青年和中年群体为主，其中，20~29岁年龄段的网民占比最高,达27.9%，受过大专、大学本科及以上教育的网民占比达20.6%。高校大学生好奇心强，善于接受新事物，移动互联网的广泛使用，让他们时刻处在其笼罩之下。那么，健康和不健康使用网络的区别是什么？网络是一个促进自我成长的法宝，还是一个令人沉溺其中不能自拔的泥潭？网络是一个拓展视野的崭新世界，还是一个回避现实的虚幻空间？本章将为你解决这些困惑。

第一节　网络和网络心理概述

案例导入

张某在进入大学的第一天，给自己定了一个目标：考取某名牌大学的研究生，实现人生的跳跃。为此，他每天按时上课，课余泡在图书馆，并且参加了一个社团，日子忙碌而充实。一天，室友邀其组队打游戏，为了跟同学有些共同语言，一战三个小时就过去了。“游戏里还有这么多好玩的事儿，真爽快！”渐渐地，张某去图书馆的时间变少了，有时课堂上也忍不住拿出手机玩一玩，虽然玩游戏的时候有一些内疚，但一想着下次努力学习补回来就释然了。时间过得很快，转眼一学期就要结束了，张某心中莫名有些发慌，不过拿着手机的那一刻似乎好受了一些。张某感觉自己似乎成了网络的奴隶，毫无招架之力，但又不知道怎么摆脱，经常在短暂的快乐和内疚自责之间徘徊。

大学校园里，相对宽松的管理制度与缺乏自控能力的学生一经相逢，丰富多彩的网络世界便所向披靡，快速俘获一个个身处迷途的大学生。案例中的张某从被动卷入网络世界到不由自主地主动投入，一方面说明网络世界迎合了大众的需要；另一方面也对网络使用者如何健康使用网络提出了要求，带来了挑战。

一、网络概述

1.网络的概念

在日常生活中，网络通常指的就是互联网，即用物理链路将各个孤立的工作站或主机相连，组成数据链路，达到资源共享和通信的目的。20世纪末期以来，互联网已经成为全世界普遍使用的重要媒介和载体。高校作为使用科技的一个重要阵地，大学生普遍了解并掌握网络技术的应用，主要用于科研学习、沟通交流、了解时事、休闲娱乐等方面，网络对大学生的重要性甚至可调侃为“宁可食无肉，不可居无网”。

2.网络的特点

(1)开放性

互联网的本质是计算机之间的互联互通，充分实现资源的共享。只要具备基本的上网条件，世界各地的政府、学校、科研机构、企业、个人都可以在网上发布信息。互联网具有种类繁多的信息源，广泛涉及不同学科、不同地域、不同民族、不同语言，因此互联网也被称为多媒体、多语种、多类型的混合体。随着移动互联网的广泛使用、智能手机的全面普及，每个人都可以轻易地在“世界”的舞台获取各种免费的信息，同时自由发声，表达个人观点。

(2)隐秘性

网络运行具有“数字化”的特点,这一方式直接导致网络世界的虚拟化,即网络世界是一个不同于现实的编码世界,网络世界里的人也只是部分代表现实中人的一个个代码而已。网络世界中的交流,主要是以文字、图片等视觉为主的感官交流,缺乏全感官的参与。因此,个人身份在网络世界是隐秘的,很难确定与自己沟通的网友是男是女,是一个人还是一台机器。另外,沟通过程可以非实时、非面对面地发生,双方很难发现彼此的真实意图,沟通的内容表达具有隐秘性。隐秘性的特点带给使用者以安全感的体验。研究发现,互联网的讨论与聊天平台受性格内向与神经质的女性偏爱,大多数色情网站则主要为男性的光顾之地。

(3)平等性

参与平等,互联网崇尚“人人参与、人人建设”的精神理念,不论国别、种族、贫富、性别、年龄大小、宗教信仰、职位高低等,只要条件具备,每个人都可以成为互联网上的一个节点。交流平等,在网络世界中,在法律和法规的范围内,每个人都可以自由地选择交流的对象、交流的内容、交流的频率、交流的时段等;每个人都可以发表自己的所思所想,与志趣相投的人交流自己的看法,内容不拘,上至国际、国家的时事热点,下到日常生活万象;每个人都可以批判不合理的观点,表达一孔之见,同样,他人也可能否定自己的观点和看法。享用平等,网络资源丰富,每个人都有合法获取个人所需资源的权利。

(4)便捷性

便捷性可能是开发任何一项技术发明的一个重要目的。2017 年 5 月,来自“一带一路”沿线的 20 国青年评选出了中国的“新四大发明”:高铁、扫码支付、共享单车和网购。新发明简化了大众的生活,让“手机在手,世界我有”成为一个活生生的现实写照。一部小小的智能手机,不分时间地点,可以随时与世界链接:购物、娱乐、阅读、沟通、交易等,随时满足个体的需要。

二、网络心理概述

1.网络心理

20 世纪后期,西方国家开始系统地研究计算机技术与人类的关系,美国著名心理学家 P. 华莱士出版的《互联网心理学》一书,标志着网络心理研究的兴起。网络既是人们生活的一个环境和背景,同时也是诱发人类各种心理现象和行为的一种刺激。网络心理,顾名思义,就是在网络环境下人的心理与行为的发生规律与特征。

2.网络心理的分类

网络使用是大学生群体中普遍存在的一种现象,但依据《精神障碍诊断与统计手册》(第五版)(DSM-5),符合网络成瘾诊断标准的个体比例并不高,说明网络使用的影响程度存在明显的个体差异,并且这是一个连续性的过程。根据网络使用的个体需求及严重程度,大学生的网络心理可分为以下两种。

(1)网络依赖

网络依赖是指没有合适的理由,无节制地花费大量时间和精力在互联网上持续聊天、浏览的行为,以致降低学习效率,影响生活质量。据研究,“90后”大学生的平均上网时间为每天2.67小时,网络依赖现象较为普遍,但该行为一般属轻度网络沉溺,尚未达到成瘾的程度。桑标等人对162名大学生的调查研究发现,大学生中完全没有网络依赖的占69.75%,这部分学生属正常人群,使用网络只是为满足日常学习和生活的一些基本需求;严重网络依赖的占5%,这部分学生基本达到网络成瘾范畴;轻度网络依赖的占25.3%,这部分学生在成瘾和正常人群之间,其使用网络主要是为了消磨时间、结识陌生人、寻求刺激、玩游戏等,属典型的网络依赖者,表现为人际关系淡漠,交际范围变小,社会适应性较差,日常时间管理混乱,在学业及个人发展问题上存在困难。

随着移动互联网,特别是Wi-Fi的出现,人们扩展了手机以短信和通话为主的传统通信功能,更多倾向于手机游戏、音乐、影视、社交等强大的娱乐功能。智能手机的普及,导致大学生群体的网络依赖现象愈发普遍,甚至出现有的学生一部手机打电话、一部手机用于玩游戏的奇特现象。

(2)网络成瘾

1995年,美国精神病学家伊万·戈登伯格首次提出“网络成瘾障碍”。此后,其他学者又提出“强迫性网络使用”“问题性互联网使用”“病理性互联网使用”“失控性互联网使用”等别名。一种观点将“网络成瘾”界定为行为成瘾,强调个体网络行为的失控性和强迫性对自身心理、躯体和社会功能的损害。另一种观点将其界定为非适应性认知,包括自我认知失调和现实认知失调。自我认知失调是对现实生活缺乏兴趣,频繁思考与网络相关的问题,自我怀疑,自我否定,具有较低的自我效能感;现实认知失调则认为网络是实现自我价值和赢得尊重的唯一途径,过分重视虚拟世界。

网络成瘾,就是重复地使用网络所导致的一种慢性或周期性的着迷状态,并产生难以抗拒的再度使用的欲望,是一种精神行为障碍。根据网络成瘾的内容,可将其分为特异性网络成瘾和非特异性网络成瘾。特异性网络成瘾是指使用互联网的特定功能成瘾,如在网络上赌博、观看色情图片与电影等;非特异性网络成瘾是指对互联网非特定的多种服务成瘾,如网络聊天、邮件成瘾及无目的地打发时间成瘾等。

拓展阅读

《精神障碍诊断与统计手册》(第五版)提出的网络成瘾的诊断标准:

1.沉湎于游戏(惦记之前的游戏活动,或期待玩下一个游戏;网络游戏成为日常生活的主要活动);

2.不能玩游戏时出现戒断症状(典型表现为易怒、焦虑、悲伤,但无药物戒断的体征);

3.耐受症状(需要玩游戏的时间越来越长);

4.无法控制要玩游戏的意图；

5.因游戏对其他爱好丧失兴趣；

6.即使存在心理社会问题，但仍继续过度玩游戏；

7.就参与网络游戏的程度向家人、治疗师或他人撒谎；

8.用游戏逃避问题或缓解负性情绪(如无助感、内疚、焦虑)；

9.因玩游戏危及或丢掉了人际关系、工作、学习或职业发展机会。

三、网络心理的理论模型

1.ACE理论模型

美国心理学家金伯利·杨认为，网络的匿名性、便捷性、逃避现实性三个特点导致用户的网络依赖。匿名性指人们可以将网络身份和自己的现实身份相脱离，随心所欲地在网络世界里说话做事。便捷性指网络可以在人们足不出户的情况下满足交友、娱乐、学习、工作等基本需求。逃避现实性指人们可以在网络的世界里回避现实生活中的挫折，实现现实世界里所不能满足的愿望，如回避人际交往压力、在游戏里快意人生等。

2.需要满足理论

美国心理学家约翰·苏勒认为，人们容易判断自己有意识的需要，难以注意到无意识的需要，但无意识的需要会在某些活动中表达出来，而使用网络可能会导致内部无意识发生变化，并由此影响上网者的工作和生活。当需要被压制、忽略、转移或陷入表面的、间接满足的恶性循环时，人们往往会出现病态的固执或成瘾。一个人对网络的热情可能处于健康、病态或介于两者之间，具体情况取决于很多因素，包括需要的类型、需要被剥夺的潜在程度、网络活动类型、网络对人际关系的影响、对痛苦的主观感受、对有意识警觉的需要、上网的经历和阶段、网络活动和现实的平衡等。

3.三阶段模型

格罗霍认为，网络用户一般会经历三个阶段。第一阶段：网络新手被互联网迷住，或者有经验的网络用户被新的应用软件迷住；第二阶段，用户觉醒，试图摆脱导致自己上瘾的网络活动；第三阶段：用户的网络活动和其他活动达成了平衡。网络成瘾只是个体暂时被困在第一阶段，当个体付出必要的努力或者获得一定的帮助时，就能跨越。大多数用户最后都会达到第三阶段，只是存在时间上的差异。

4.网络成瘾的综合模型

我国学者刘树娟、张智君认为，网络成瘾是一种复杂的社会和心理现象，受到诸如社会、心理和生理多方面因素的制约，因此可用社会—生理—心理模型来解释。社会因素包括家庭环境、社会文化和社会生活事件等。生理因素指神经递质(如多巴胺)的生物性变化，它会影响人们的上网行为，提高人们的唤醒水平。心理因素指个体的抑郁、孤独、自尊水平等，它与网瘾程度密切相关。

5.心理需求补偿模型

我国学者高文斌等人认为,个体的心理需求如果在现实生活中无法得到满足,那么其可能寻求网络补偿。网络成瘾是个体的心理需求在现实生活中得不到充分满足时的一种"病理性补偿"。万晶晶也认为,大学生在现实生活中心理需求缺失程度较高时,他们会更多地去网络中获取有关自主、认知、人际交往、自我认同、消除苦闷、影响力、迎接挑战、轻松取胜等方面的满足。

拓展阅读

网络成瘾诊断的自测题

1.是否沉溺于网络?

2.是否为了满足需要而增加上网时间?

3.是否不能控制、缩减或停止使用网络?

4.当缩减或停止使用网络时是否会感到疲倦、忧郁、痛苦或易怒?

5.上网时间是否比最初想要上网的时间长?

6.涉及重要的人际关系、工作、学习和职业。

7.对家庭成员、临床医生和其他人隐瞒真实的上网时间。

8.使用网络是为了逃避现实生活或减轻精神困扰。

布雷德制订了"5+3"网络成瘾诊断标准,前5条是网络成瘾的必要条件,除此之外,还必须满足后3条标准中的1条,即符合"5+1"就可以诊断为网络成瘾。

第二节　网络的影响与网络依赖的诱发因素

案例导入

小王现在是某高校的一名大一学生，回想起一年前的高中生活，有种恍若隔世之感。高三时，在闹钟响起的一瞬间自动醒来，上早自习、晨跑、刷题、背诵、周考、月考，每天按部就班，没有网络，却不觉得单调，虽紧张却充实有序。伴随着高考的结束，网络逐渐成了生活的主战场。查询高考答案、高校信息，了解高考招生动态，寻访师兄师姐，查阅录取结果，找新生QQ群，和未谋面的大学同学侃天聊地，网络购票到校，在线办理报到程序，网络选课，查阅资料写论文，足不出户订外卖，和恋人视频到很晚，生病就医先网络挂号，出行查看App……

从按部就班的高中生活到与互联网不可分离的大学生活，案例中的小王，其实只是当下千千万万个学生的一个缩影。

“互联网已经渗透到了我们生活的方方面面，它的影响力变得不可思议。”哲学家克莱·舍基说，“想象今天的世界如果没有网络，但其他事情不变，就像是想象1840年时没有蒸汽动力的伦敦，1930年时没有电梯的纽约，或者1970年时没有汽车的洛杉矶。它们和时代的结合如此密切，你无法将其剥离。”互联网已经成为我们日常生活的一个重要环境，大学生作为时代的弄潮儿，又与互联网发生着怎样的联系呢？

一、网络的影响

网络是一把双刃剑，给人们带来便捷和实惠的同时，也可能带来伤害和苦痛。大学生处在人生发展的激荡阶段，虽然有强烈的自我独立需要，但是相对缺乏稳定的自我控制能力。充沛的精力、活力与充满不确定风险的现实环境，网络无疑成为一个颇有吸引力的地方。

1.积极影响

(1)开阔视野，拓展认识

传统的高校生活，基本上是教室、宿舍和图书馆“三点一线”的重复，学生的学习主要依靠老师的课堂传授、图书馆查阅资料等途径。随着互联网的广泛推广，网络以其海量的储存、丰富的资源、便捷的检索、快速的传输、跨时空的链接、高度的开放等优点，使大学生能够更全面详细地了解世界各地的时事新闻、经济动态、风土人情、文化艺术、人文景观等信息。慕课作为互联网背景下的新兴在线课程，打破了传统的教育模式，人们可以不受时间、地域的限制，自由地选择自己感兴趣的课程，共享世界一流的课程资源。如今，本科生在学术领域崭露头角、屡屡在顶级刊物上发表专业论文的现象如雨后春笋般涌现，从某种程度上而言，这都得益于网络时代信息的共享，能让大学生时刻把握国际研究前沿。

(2)扩大交际，获得群体归属感

社交是大学生上网的一项重要内容。通过网络，大学生可与自孩童时代以来的朋友保持联系，维持友谊，摆脱了传统的只能一年有限几次见面沟通或书信、电话往来的局限，甚至可超越现实交往的空间限制，与天南地北的陌生他人建立并维持友谊关系。可能正是因为地域的限制，双方不了解彼此的真实身份，更容易基于"纯粹"交往之心畅所欲言，促进单纯亲密关系的建立。有研究发现，网络自我暴露和社会补偿动机水平高的青少年，更倾向于使用网络进行交友活动。

根据马斯洛的需要层次理论可知，每个人都有群体归属的需要。科技的发展导致社会越来越开放，而个体之间的交往似乎越来越封闭。但是，被群体接纳和认可的个体需要不仅没有被取消，反而更强烈。广袤的网络世界，让每一个受环境局限而感觉孤独的个体都可以在其中找到与之志趣一致的圈子。例如，小张同学是一名喜欢古典文学的理科生，一度在现实生活中因曲高和寡难觅知音而郁郁寡欢，通过网络，小张遇见了几个遍布五湖四海有相同爱好的网友，大家撰写文章，定期交流心得，探讨体会。临近毕业时，小张已成功获得了名牌大学古典文学方向的研究生录取通知书。

(3)诱发利他行为

网络利他行为是指在网络环境中帮助他人、使他人受益，并且没有明显自私动机的自觉行为。特纳认为，网络利他行为是对现实社会支持的一种重要补充，个体在网络情境下更容易给予支持行为。的确，网络利他行为可能仅仅是一次转发、一个点评的举手之劳，便可能让弱势群体得到支持，恶劣社会现象得到遏止。马运海研究发现，大学生更容易参与到网络支持行为当中，大学生的网络使用年龄和日均上网时间越长，其参与到网络利他行为中的次数就越多，网络利他行为的意愿也更为强烈。大学生互联网＋公益现状研究发现，有72.85％的大学生表示参与过网络形式的公益行为，其中，有0.54％的大学生是发起者，有67.74％的大学生是助力者，有4.57％的大学生既是发起者同时也是助力者。

2.消极影响

(1)危害生理健康

个别大学生沉迷于网络，大脑中枢神经系统长期处于高度兴奋的状态，机械重复地刷屏、打游戏，注意力高度集中，眼睛、手指经常快速、频繁地运动，长此以往容易罹患腕管综合征、角结膜干燥综合征、心血管及紧张性头疼等疾病。此外，网络依赖者一般作息不规律，饮食不合理，长期一动不动，身体容易不堪重负，出现腰酸、背疼、头部酸胀、机体免疫力下降等不适现象，整天无精打采，没有朝气与活力，呈现一副病恹恹的样子，严重者甚至导致猝死。

网络成瘾作为严重的网络依赖现象，其形成与多巴胺的分泌有着密切的关系，多巴胺神经递质的增加，能够消除焦虑情绪，使人重新体验快感。而长时间上网会使大脑中多巴胺的水平升高，导致人短时间的高度兴奋，但之后则更加颓废、消沉。

(2)影响学业成绩

初入大学，绝大多数学生依然将取得良好的学业成绩视为大学阶段最重要的事情。然而，有限的课堂教学时间、较少的师生深度交流、海量的专业化知识、大量自由支配的课余时间、较少的学业考核和外部管控、丰富多彩的校园生活等，很容易让部分大学生“移情别恋”，放弃专业学习而转投网络世界。有这样一个段子：5 分钟刷微博、5 分钟聊 QQ、5 分钟上微信、5 分钟玩游戏、5 分钟看新闻……真抱歉，老师，一节课都排满了，哪有时间听您讲课？

更多的网络依赖导致更少的学习投入，更少的学习投入导致更多的学习困难，学习困难的负性体验会挫伤学习积极性，削弱学习毅力，诱发更多的学业放弃，从而影响学业成绩。陈权、刘伟的研究发现，大学生的网络依赖程度对学业成绩的影响是非常显著的，即有网络依赖的大学生的学业成绩显著低于正常使用网络的大学生的学业成绩。以“网络”和“退学”为关键词进行百度检索，因沉迷于游戏导致学习困难、荒废学业而面临开除学籍的案例并不鲜见。

案例链接

一位学生自述：平日里无精打采，一上网就处于兴奋状态。虽然每天都告诫自己不要沉浸在游戏里，而且还卸载了网络游戏，可一回到宿舍，就忍不住打开电脑，想停也停不下来，一玩就玩到了宿舍断电，于是又玩手机，直到手机没电关机。刚进大学时成绩还不错，后来“红灯”越挂越多，差点被除名，学校最后同意让我试读一学期。爸妈为了管住我，甚至在学校附近租了房子住下来。

(3)制约现实交往

网络交往毕竟是一种间接的、虚拟的人际交往，加上网络使用者的身体的不在场，人们很难建立真诚的、牢固的人际关系。研究发现，过多的网络使用导致与家人的交流减少、社交圈子缩小、抑郁和孤独感增加、心理幸福感降低，尤其是性格内向者，沉迷于网络的消极影响更甚。一方面，长期使用不同于现实的社交模式会让当事人产生戴着面具生活的“伪装”感觉，如现实生活中言语木讷、为人冷漠，虚拟网络中热情奔放、关心体贴，网络内外的巨大反差很容易带来情感的耗竭和内在的疲惫感；另一方面，网络社交关系多满足于精神层面的共鸣，缺乏现实生活的共同经历或互动场景，很难提供及时的、现实性的支持。此外，网络交往中建立和谐友好的关系并不轻松，需要大量的互动、尝试，而彼此交恶却可以很容易发生，不理想的网络关系可能会降低对现实交往的热情期待，从而影响现实交往中的精力投入，严重者甚至呈现社交恐惧症的特征。

(4)遭受网络暴力

网络互动中,因自我意识膨胀,人们的自我中心感强烈,并且网络的隐秘性也为个人提供了一种保护,很容易出现一言不合便开撕的冲突行为,诱发网络欺凌现象。网络欺凌的种类多样,主要有骚扰、造谣中伤、贬低嘲讽、言语威胁、侮辱谩骂等。美国、英国针对青少年的网络欺凌调查结果发现,2%的青少年经历过网络欺凌,20%的青少年承认利用电子设备欺凌过他人。网络欺凌者有可能是现实生活中的被欺凌者,这无疑加重了其网络暴力伤害值,影响心理健康。

(5)诱发网络犯罪或沦为受害者

在不同的人眼里,网络是一个不同的世界。网络自有千钟粟,网络自有黄金屋,网络自有颜如玉。由于网络的快速发展与我国整体监管的不充分,大学生很容易在网络世界里混淆是非,迷失自我。目前,大学生网络犯罪已成为大学生犯罪的新兴的重要类别,主要表现为:利用计算机网络进行网络营销、欺诈犯罪;利用计算机网络进行侵犯他人财产安全的犯罪;制作并传播计算机网络病毒;散布反动言论,危害国家统治安全;建立淫秽网站,传播色情信息;参与网络赌博,销售禁售物品,加入"网络水军"犯罪团伙等。

当前,大学生群体是社会消费的主力军之一,也是网络诈骗的频发区。犯罪分子利用大学生社会经验不足、容易轻信、法律意识淡薄、喜欢攀比等心理特点,采用电信网络诈骗、网络购物、网络社交及兼职刷信用等方式,骗取个人信息,盗取学生财物。诈骗数额轻则数十数百,多则成千上万,不仅影响大学生的日常生活消费,而且诱发大学生出现不同程度的心理问题,尤其对家庭经济困难且自尊心强的大学生而言,钱财的损失和对个人认知体系的冲突,无异于使其遭受了一场晴天霹雳。

二、网络依赖的诱发因素

1.社会因素

从客观角度而言,互联网已经从工作、社交、娱乐休闲等各方面深刻地嵌入到大众的日常生活中,成为现代人难以割裂的一个生态环境。当代大学生出生在互联网时代,耳濡目染,无处可避,这种依赖关系是共生的、不可分离的,因此,大学生的网络依赖具有天然性的特点。同时,经济的持续发展,社会的稳定进步,促进了互联网的平民化趋势。大学生作为社会新事物的尝鲜者,自主独立意识需求强烈,互联网兼具开放性、便捷性、隐秘性、丰富性、平等性等特点,能够给予大学生在现实生活中难以获得的诸多便利和满足。因此,互联网的特性与大学生的心理需求具有很强的契合性。当前,在公共场所,随处可见各个年龄段的低头族,大学生成为互联网的主力军之一,其实也有其必然性。

2.家庭因素

当代大学生的父母多为“60后”“70后”，他们体验过物资匮乏的艰苦生活，也见证了改革开放的日新月异，他们忙于工作而疏于与孩子的沟通，他们相对重视孩子的物质满足而忽视其精神需要，他们普遍视施加的压力为动力，期待子女成龙成凤。然而，父母表达的爱并不能充分适度地走进孩子的内心，甚至受到剧烈的排斥。按照家庭教养风格来看，权威型、放纵型、忽视型家庭的孩子，很难与父母建立良好的亲子关系，进入大学后，一旦遭遇苦恼又无法依靠自身排遣时，他们几乎很少选择向父母求助，而是选择上网宣泄或寻求补偿，如通宵达旦地收看综艺视频、废寝忘食地玩网络游戏、频繁地与陌生人聊天等。此外，家庭结构的变化，如父母离异、家庭重组、丧亲等，也会影响大学生与家庭成员的沟通。研究发现，家庭的经济条件、父母的文化水平，也会影响大学生的网络依赖程度。

3.学校因素

大学是完全不同于中学的新环境。新生入学，很多高校并未针对当代大学生的心理特点集中开设网络道德和网络行为的普及教育，加之学生进校后就开始持续紧张的军训，军训之后又立即进入既期待又陌生的专业学习，学生缺乏尽快适应大学生活的引导，还未建立起现实交往的强链接。其实，从高中进入大学，学生需要经历物理环境、校园文化环境、学习环境和宿舍人际环境等多方面的适应过程，其中任何一个环节出现阻碍，都可能引起适应不良，导致大学生遭遇挫败体验，产生自卑和嫉妒心理，出现自我否定或自我放弃倾向。个别大学生为缓解紧张或逃避现实压力，就会选择沉浸于网络来麻痹自我。当前，智慧校园建设如火如荼，校园 Wi-Fi 随处可用，校园网络套餐性价比高，这也为学生经常上网提供了便利。

4.同伴因素

同伴群体是直接影响大学生的最重要群体之一。同伴依恋是指青少年与同伴建立的双方互有的亲密感，相互给予温暖和支持的关系。研究发现，同伴依恋水平越高，同伴关系质量越好，青少年出现网络成瘾的风险就越低。同伴依恋是个体实现群体归属、获得群体接纳的重要中介。当前，高校大学生基本上是集体生活，室友之间无论是和谐友爱、亲如家人还是不相往来、井水不犯河水，只要同处一屋，彼此问候依然有不可低估的潜移默化的影响。据了解，初入大学，有些同学为了和室友有共同话题，结成“战斗友谊”，主动参与网络游戏，慢慢从好奇走向上瘾而不能自拔。古语说：“与善人居，如入芝兰之室，久而不闻其香，即与之化矣。与不善人居，如入鲍鱼之肆，久而不闻其臭，亦与之化矣。”因此，选择与什么样的同伴为友，如何合理有度地交往，对于个人行为的塑造、人格的完善具有重要影响。

5.个人因素

网络依赖与大学生的人格特征有关。研究发现,网络成瘾组的学生在孤独、抑郁、焦虑等自尊人格因子上的得分显著高于非成瘾组的学生。内向、孤僻、自律性差的学生,更可能喜欢在网络世界里玩游戏、结交朋友、抒发情感。

网络依赖与大学生的心理素质有关。进入大学以前,绝大多数学生饱受亲人的过度保护,唯一且最重要的任务就是学习,只要能考取理想的大学,进入心仪的专业,其他都不重要。因此,中学时代遭遇的压力主要是学业压力和同辈竞争压力。进入大学后,各种挫败接踵而至:食堂饮食久不习惯,面试社团屡屡遭拒,寝室公约众口难调,专业课程不知所云,琴棋书画一窍不通,心有暗恋巧口难开,囊中羞涩不敢买买买,“三点一线”的学习抵不过同学的侃侃而言……这一系列或大或小的事件,都可能让大学生体验到巨大的压力,品尝到失败的滋味,诱发强烈的自卑感和无力无助感。网络世界成为心理素质较差的学生舔舐伤口的首选,那里有“同是天涯沦落人”的难兄难弟,有比借酒消愁更消愁的游戏、音乐、文学作品等。

第三节　合理利用网络，织一张幸福网

案例导入

初中毕业于重庆第二外国语学校，高中毕业于重庆南开中学；2005 年，取得耶鲁大学全额奖学金；2011 年，在耶鲁大学获得经济学和政治学双学士学位，毕业回国当上了大学生村官；2012 年，在 3527 名选民投票中，以 85%的选票成功当选县人大代表；2013 年，获湖南省人民政府“一等功”奖励，共青团湖南省委第十五届“湖南青年五四奖章”；同年 10 月，获选央视“最美村官”；2014 年 1 月，当选为衡阳市第十四届人大代表；2016 年，荣获“感动中国年度人物”荣誉。秦玥飞，他俯身田垄，服务基层，利用互联网，建立“白云大家庭”微信群和乡村微信公众号，便捷与村民的沟通，打破彼此的疏离；开展“黑土麦田”乡村创客计划，带领贫困户开办农民专业合作社，发展特色种植和养殖产业；开发和利用自然资源，利用“互联网＋乡村”等项目，带动当地脱贫致富。随着秦玥飞事迹在网络媒体上的广泛传播，越来越多的优秀大学毕业生和年轻创客加入“黑土麦田”计划，他们将自我实现与帮助他人相融合，“真心觉得不错”。

案例中的大学毕业生秦玥飞，殚精竭虑，以满腔热忱帮助村民走上致富道路，不仅在平凡的岗位上实现了自己的人生价值，而且让更多的社会力量、青年学生融入互帮互助的浪潮里。千千万万的点滴力量汇集在一起，互联网发挥的积极作用不言而喻。互联网能促进信息的快速连通、共享共用，是当代大学生拓展自我、实现自我的重要平台和工具。然而，互联网也像一把双刃剑，善用者助己成长，滥用者则可能损人害己。那么，大学生使用网络的普遍心理特点是什么？大学生应当如何合理使用网络呢？

一、大学生的网络心理特点

1.强烈的知识需求

好奇心可以说是人类发展进步的一个重要条件，获取新知识则是实现个人进步的重要途径。联合国教科文组织的研究发现，信息通信技术加速了人类知识的更新速度。在 18 世纪时，知识的更新周期为 80～90 年；到 21 世纪时，许多学科的知识更新周期已缩短至 2～3 年。网络技术可提升知识的更新速度，缩短求知的路径和时间，降低知识获取的成本，扩大前沿知识的传播范围。大学生处在身心发展的过渡期，充满了对自我和世界的好奇，如同一块干燥的海绵，对能满足好奇心的知识和信息具有强大的吸纳能力。按照著名心理学家卡特尔的智力理论，大学生处于流体智力的高速发展阶段，具有极强的认知敏感性和快速的信息加工能力，当下强烈的巨大需求与即刻满足的迫切愿望，唾手可得的网络资源当仁不让地成为大学生群体获取具有热度、广度和深度知识的不二法宝。

2.矛盾的交往诉求

良好的人际关系是绝大多数大学生的诉求和期待。同时,大学阶段的学生普遍处于身心发育的转折期,自身的不稳定性与获得群体归属和认可的强烈渴望,导致他们在人际交往中经常出现进退维谷的局面。一方面,渴望与人交往,彰显自我的独立自主,获得支持和陪伴;另一方面,缺乏稳定的、必要的自我认可和赏识,容易畏怯而裹足不前。此外,独生子女的身份使他们在成长过程中被过度保护,加之中学时代相对长期的封闭学习环境,大学生缺少主动交往的技能训练和适度的挫败体验。而网络将个体隐身,这就为人际交往的需求提供了平台。

在网络世界里,现实生活中内向、严肃的人可能表现出幽默、侃侃而谈的样子,一方面,他们能在网络世界里表达自身诉求,获得在现实世界里不能满足的人际交往需求,体验被接纳和认可的心理满足感;另一方面,网络空间提供了一个相对封闭的表达环境,个体可以规避面对面交往中口头表达的及时性和全部身体参与的要求,可以有更多的准备和缓冲,避免现实交往的尴尬和无力,呈现出一个更理想的自我。

3.多元化的娱乐需求

网络游戏。有调查显示,青少年网民对网络娱乐类应用存在明显偏好,网络游戏超出网民总体水平最多,达到9.6%,大学生群体中网络游戏的使用率达 66.1%。网络游戏就是一种模拟的环境,大学生在角色扮演、竞技对战等游戏中可获得替代满足,达到暂时的心理平衡。

购物需求。王静静的调查发现,具有网络购物经历的大学生占比 90.7%,其中,男女学生的网络购物人数占比分别是 33.5%和 66.5%。网络购物因其商品种类繁多、价格相对便宜、送货上门等特点备受学生喜爱,大学生整体上较热衷于购买服装类、图书类、电子类等产品。“双十一”“双十二”及重大节假日,大学生们纷纷化身“剁手一族”,可见网络购物的魅力。

猎奇需要。大学生处在身体发育的逐步成熟阶段,性意识容易被唤醒,由于基础教育缺乏系统完备的性健康教育,所以大学生缺乏对性心理和性行为的合理认识,很容易受到网络色情作品的诱惑。此外,现实生活中难以通过正常渠道获取的信息,如历史秘闻、名人轶事、明星八卦、国外热点事件等,也是学生经常依赖网络的重要原因。

二、如何应对大学生的网络依赖

大学生的网络依赖和网络成瘾现状已经成为一个备受大众关注的社会现象,需要学校、家庭和个人等联合发力,其中,大学生作为能动的主体,更应积极转变观念,调整行为,养成合理有效的网络使用习惯。

1.合理看待网络

网络是现代社会不可或缺的一个元素,不是我们需要逃避或远离的洪水猛兽,应该正确看待，合理使用。学习科学有效地利用网络，充分发挥网络的积极影响，提高生活质量、学习效率。同时，冷静看待网络世界与现实世界的关系，二者分属不同的生态，不能简单地将网络世界当成现实生活的避难所，而应该勇敢面对现实生活中的困难和挫折；也不宜一味排斥网络世界，龟缩在现实世界里而局限了个人视野，拒绝社会化的过程，这势必会延缓个体对新时代新环境的适应过程，最终也会降低个体在现实世界里的学习和工作效率，影响生活的满意度。

2.建立现实链接

是否具有良好的人际关系是判断个体心理是否健康的一个标准，如何建立并维持良好的人际关系是大学生的普遍困惑。朋友都是从陌生人开始的，从陌生变得熟悉，然后变得亲密，这个不断深度知悉的过程需要彼此的时间付出、精力投入、理解和支持。如果过度沉浸在各自的网络世界里，就很难发生现实的交往。强制自己定期保持与亲朋好友的联系，设定大学交往计划，强制自己参加班集体活动，定期参加志愿者公益服务等，突破原有的人际圈，找到新的现实链接。

3.掌握自助技能

健康和不健康使用网络之间，并无一个严格的界限，主要是度量差异。通过采用一些适当的方法，可以控制网络使用的时间，减少其负面影响。第一，设定上网目标，把上网的目的具体化，避免毫无目的地漫游；第二，限定上网时间，根据任务或休闲安排，估计上网所需的时间，可设置一个小闹钟，到时提醒，或是与他人约定，对未遵守限时上网的行为做出惩罚，如请室友用餐，或是做多少体能锻炼等；第三，增加客观上网困难，如降低网络套餐资费、上课不带手机或充电宝、加载各类软件延缓游戏速度等。

4.积极主动求助

大学生活并不总是一帆风顺的，每个人都或多或少会遭遇一些暂时难以应对的困难或挫折，如恋爱失败、室友冲突、考试失利等，于是有人在网络世界里宣泄，如刷剧、打游戏、与同病相怜者相互吐槽、疯狂购物等。不健康的宣泄方式不但无助于现实困境的改善，反倒衍生次生伤害，如身体的损伤、金钱的损失等。因此，遭遇现实困难时，网络宣泄只是一种选择而不是唯一的选择，我们还可以向身边的朋友、亲人或老师寻求帮助。如果网络依赖严重或具有网络成瘾的典型特征，务必及时向专业的心理咨询师或心理治疗机构求助。求助行为不是弱小的表现，善于求助是强者所为。

拓展阅读

网络成瘾的认知行为疗法

认知行为疗法是心理咨询和心理治疗的常用方法。人们常常把青少年网络成瘾的原因归结为电脑或网络，其实其真正原因是人们基于电脑或网络所产生的精神活动，电脑或网络为人们构造了一个虚拟的世界，人们在这个世界里找寻自己的精神寄托。所以，应该对当事人进行领悟指导，使他们认识到真正导致网络成瘾的不是电脑或网络，而是人们对电脑或网络的主观认识活动；然后对这些认识进行讨论或辩论，以此来动摇他们对网络的信念，认识到沉溺于网络的危害。下面是美国学者金伯利·杨创立的一套较成型的认知行为疗法。

1.反向实践：了解患者使用网络的具体习惯，打破习惯，采用新的方式上网，比如以前总是晚上上网，现在把时间调整为白天。

2.外部阻止物：用患者必须要做的事情来减少其上网时间。当上网时，就想哪些是必须要做但还没有做的事情，把它们完成。

3.制定目标：帮助患者制订合理的上网时间计划，减少总体上网时间，可适当增加次数。

4.节制：不让患者使用使他上瘾的网络服务，但可以使用其他的网络服务，可以卸载相关软件，或者家长监督陪伴，不使用该网络服务。

5.提醒卡：让患者各写出5条沉迷于网络的危害和不使用网络的好处，制成卡片，随身携带，提醒自己。

6.个人目录：让患者列出因上网而失去或忽视的活动，并按重要性等级排出顺序，以提高他们对现实生活向往的意识。

7.支持小组：由于很多患者在现实生活中情感缺失，根据他们不同的背景让其参与到不同的社会团体中去，这样能得到来自现实生活中的帮助。

8.家庭治疗：家庭成员协助对患者的治疗，给患者提供认知和情感上的帮助。

（资料来源：顾海根.青少年网络成瘾预防与治疗[M].上海：华东师范大学出版社，2007.）

心理活动方案

活动主题：网络的利与弊

活动目的：促进学生对网络依赖的多方面认识，增加对自我现状的认识。

活动准备：白纸、笔。

活动人员：有网络依赖倾向的人群，8～10人。

活动方法：每个成员将白纸竖向对折，在白纸两侧分别写出网络使用的利弊方面，每项不低于10条。

交流分享：每个成员分享自己的内容，大家共同评论内容的合理性。

心理百草园

1.图书：[美]Patricia Wallace.《互联网心理学》

社会已经不可逆转地进入互联网时代，不接触、不了解互联网似乎已经成了时代发展中的落伍者。互联网作为现代人类生活的一个重要环境和载体,必然对人类的方方面面产生深刻的影响。本书作为一部心理学视野下的有关互联网的科普作品,它为人们理解互联网中的心理、社会和文化提供了一个清晰的框架,生动而又精细地介绍了网络生活中的种种现象和行为,让读者在现实生活和虚拟世界中遨游。

2.图书:顾海根.《青少年网络成瘾预防与治疗》

一人成瘾,全家忧伤。我国每年因沉溺于网络不能自拔而发生的青少年退学、猝死,甚至自杀、他杀等事件屡见于报端。网络成瘾的表现、危害、成因是什么?如何应对呢?本书作者以丰富的理论知识、翔实的现实案例,全面系统地介绍了网络成瘾这一现象,并详细阐述了青少年网络成瘾问题的预防与治疗方略。

3.电影:《头号玩家》(*Ready Player One*)

电影讲述了一个现实生活中无所寄托、沉迷于游戏的大男孩,凭着对虚拟游戏设计者的深入剖析,历经磨难,找到隐藏在关卡里的三把钥匙,成功通关游戏,并且还收获了网恋女友爱情的故事。网络世界与现实生活相互联系,沉迷于网络可能失掉自我,而真正的幸福需建筑在现实生活之中。

心理测试

青少年上网成瘾自评量表
(刘炳伦等编制)

您好,此表是为了您的健康状况而设计,每道题有5个备选答案,请根据自身情况做出最接近的选择。

	没有	不一定	有一点	大部分	总是
1.我上网时间太长或上网次数太多	1	2	3	4	5
2.我常不由自主地想起或梦见网上的内容	1	2	3	4	5
3.我感到平时处处不如别人才上网的	1	2	3	4	5
4.我上网经常超过4个小时	1	2	3	4	5
5.我曾试过少花点时间上网却做不到	1	2	3	4	5
6.我比以前要增加上网时间才能得到满足	1	2	3	4	5
7.我平均每周上网时间比前段时间增加了	1	2	3	4	5
8.我减少上网时间就心烦意乱	1	2	3	4	5
9.我减少上网时间就手指发抖	1	2	3	4	5
10.我减少上网时间就不高兴	1	2	3	4	5
11.我减少上网做其他事情就不安心	1	2	3	4	5
12.我控制不住自己上网的冲动	1	2	3	4	5
13.我在网上经常忘记时间过了多久	1	2	3	4	5

	没有	不一定	有一点	大部分	总是
14.我是平时朋友比较少才上网的	1	2	3	4	5
15.我常对别人隐瞒自己上网时间太长	1	2	3	4	5
16.我是长期心情低落才上网的	1	2	3	4	5
17.平时与人说话紧张是我上网的原因之一	1	2	3	4	5

结果分析：

网络成瘾症状(因子1)：由条目1、2、4、5、6、7、8、9、10、11、12、13、15组成，反映了网络成瘾的耐受性、渴求上网的冲动、网络成瘾戒断反应及时间控制等临床特征，符合网络依赖的概念。

网络成瘾诱因(因子2)：由条目3、14、16、17组成，反映了自卑、孤独、抑郁、社交焦虑等心理问题成为网络成瘾的高危因素。

将17个条目的选项分数相加求和，总分大于45分，表明网络成瘾倾向已经明显，分数高低反映了网络成瘾的严重程度。

后　记

当前，大学生的学习、生活和就业压力明显增大，大学生心理问题也明显增多，大学生心理健康问题已经成为全社会关注的焦点。基于此，我们根据多年的大学生心理健康教育与咨询工作经验，紧密结合大学生学习和生活中的心理实际，编写了本书。

本书以普及心理健康知识、促进大学生心理健康发展为出发点；以大学生成长过程中面临的主要困惑与压力为线索，选取与之密切相关的心理学知识，通过科学生动的表述，力求使教材体现出可操作性、可参与性和可读性的特点。

本教材作者多为资深的一线心理健康教育与咨询专家，参与本次修订的老师主要有胡晓、张艳娣、朱琳、杨化、罗丽琳、欧阳含璐、谢明星、韦敏等人，胡晓、黄晓梅、韦敏、吴康妮进行了全书的统稿工作，胡晓负责教材的最终审核定稿。西南大学出版社郑持军、雷刚、郑先俐等对本书的出版给予了大力的支持。打造一本既有科学性又有可操作性的精品教材，是编写组全体成员的共同愿望。本书由多位作者合力撰写，虽然能在最大程度上博采众人之长，但是也存在风格难以统一的弊端。我们尽可能扬长避短、精益求精，力求与精品教材的目标更近一些。

在教材的编撰和修订期间，我们广泛听取和咨询了心理健康教育的一线教师、大学生的意见与建议，在此表示衷心的感谢！由于水平有限，编撰过程中难免有不妥之处，恳请专家、同行及广大读者提出宝贵意见，使之不断提高、完善。

编者

2021 年 5 月